Denis Waitley

Für den Erfolg
zählt nur
der eigene Maßstab

Denis Waitley

Für den Erfolg zählt nur der eigene Maßstab

Leistung ist gut, persönliche Qualität ist besser

CIP-Titelaufnahme der Deutschen Bibliothek

Waitley, Denis:
Für den Erfolg zählt nur der eigene Maßstab : Leistung ist gut,
persönliche Qualität ist besser / Denis Waitley. [Aus dem
Amerikan. übertr. von Angelika Bardeleben]. – München :
mvg-Verl., 1991
  (mvg-Paperbacks ; 437)
  Einheitssacht.: Being the best < dt. >
  ISBN 3-478-08437-7
NE: GT

Titel der Originalausgabe: "Being the Best"
Copyright © by Oliver Nelson, a Division of
Thomas Nelson Publishers.
Originally published in English under the title
"Being the Best" by Denis Waitley.
All rights reserved.

Aus dem Amerikanischen übertragen von Angelika Bardeleben.

© Alle deutschsprachigen Rechte bei mvg – Moderne Verlagsgesellschaft mbH,
München
Umschlaggestaltung: Gruber & König, Augsburg
Druck- und Bindearbeiten: Ebner Ulm
Printed in Germany 080 437/291202
ISBN 3-478-08437-7

Inhalt

Vorwort:
Wer den Namen »Dumbo« trägt, muß einfach gut sein

Meine Kindheit war voller Märchen und wunderbarer Geheimnisse. Spannende Geschichten im Radio regen meine Fantasie an, und meine wöchentlichen »Orgien« in der öffentlichen Leihbücherei ließen ganze Welten von fantastischen Geschichten in mir zum Leben erwachen.

Für mich bedeutete damals, in den 30er, 40er und 50er Jahren, meine eselsohrige, orangefarbene Büchereikarte mehr als heute meine glatte, goldene Kreditkarte. Gleichgültig, ob schöne Literatur oder Sachbücher: Bücher waren für mich Freikarten für Reisen in weit entfernte und wunderbare Abenteuer.

Meine ganzes Leben lang hat mich eines schon immer fasziniert: die rätselhafte Beziehung zwischen Mythos und Wahrheit. Als Kinder verwechseln wir sehr häufig Märchen, Mythen und Wahrheiten. Aber wenn wir in unserem täglichen, aktiven Erwachsenenleben beides nicht auseinanderhalten können, dann kann dies schwerwiegende Folgen haben. Häufig verkennen wir Mythen und irreführende Vorurteile und halten sie für die Wahrheit, und bevor wir uns dessen überhaupt bewußt werden, ist unser Lebensweg mit »Lebensweisheiten« gepflastert, die uns schließlich nur in eine frustrierende Sackgasse führen.

Wie bei fast allen Kindern meiner Generation konzentrierte sich auch meine Fantasiewelt auf das Radio, die Leihbücherei und, natürlich, auf die Samstage im Roxy-Kino. Als ich mir das Geld für die Eintrittskarte selbst verdienen konnte – und sogar noch ein paar Groschen für Popcorn und Limonade übrig blieben! – da wurde die weiße Leinwand zum Nährboden, aus dem meine Träume wie Pilze emporschossen.

Als heranwachsender Junge hatte ich auch eine große Sammlung von Comicheften. An einem Tag schlüpfte ich in die Rolle von »Superman«, ein andermal war ich »Schweinchen Schlau« oder »König Löwenherz«. In meiner Traumwelt brauchte mein Vater nicht in den Krieg zu ziehen. Meine Mutter und mein Vater verstanden sich außerdem wunderbar und hatten keine finanziellen Sorgen.

Ich wurde in San Diego, Kalifornien, geboren und wuchs dort in der Zeit nach der Wirtschaftskrise und während des Zweiten Weltkriegs auf. So wie viele meiner Freunde legte ich mir jeden Morgen ein Stück Pappe in meine Schuhe, damit ich keine Löcher in die Socken lief. Meine Schuhe waren etwas ganz Besonderes: Es waren Schul-, Turn- und Sonntagsschuhe – alles in einem! Ich behandelte sie fast wie ein rohes Ei, denn ich wußte, daß sie mindestens ein Jahr lang halten mußten, oder bis sie mir zu klein sein würden. Wir hatten nur wenig Geld, aber meine Mutter hatte die tollsten Ideen, um uns wenigstens ein Gefühl von Reichtum zu geben. Unter ihren Händen wurden meine Schulbrotpakete – gewöhnlich ein Butterbrot und ein Apfel – stets zu einer Feinschmeckerköstlichkeit. Als ich sie einmal eines Morgens fragte, welchen Namen denn heute das »Butterbrot des Tages« hätte, da antwortete sie mir mit einem kleinen Zwinkern: »Heute bekommst du ein köstliches Sandwich mit Traumhühnchen.«

So war's dann auch. Mein Hühnerbrot war zwar ohne Huhn und bestand nur aus zwei Scheiben Knäckebrot mit Margarine, Salat, Salz, Pfeffer und ganz wenig Mayonnaise, aber trotzdem schmeckte es mir, auch wenn ich mir das Hühnchen dazudenken mußte.

Mein kluger Vater

Auch mein Vater hatte eine sehr lebendige Fantasie, und häufig spielten wir vor dem Schlafengehen ein kleines Gute-Nacht-Spiel, das allmählich zu unserem besonderen Abendritual wurde. Er kam abends in mein Zimmer, um mit mir zu reden und sich meine Erzählungen über die Siege und Tragödien des vergangenen Tages anzuhören. Wenn er wieder ging, dann lehnte er immer in einer ganz bestimmten Weise seinen Rücken gegen den Schalter neben meiner Tür, um wie durch ein Zauberkunststück das Licht wegzuzaubern – es schien, als puste er die Geburtstagskerzen auf einem Kuchen aus.

Während er das tat, hielt mein Vater manchmal eine kleine Rede:

»Ich blase jetzt dein Licht aus, und für dich wird es dann dunkel. Dir erscheint es dann so, als sei die ganze Welt dunkel, denn deine Welt ist genau so, wie du selbst sie siehst. Also vergiß nicht, mein Sohn, dein Licht immer ganz hell scheinen zu lassen. Nur so kannst du nämlich die Welt ganz klar und farbig sehen. Ich liebe dich, mein Junge. Gute Nacht.«

Ich lag dann häufig noch lange Zeit ganz still in meinem Bett und dachte darüber nach, was mein Vater gesagt hatte. Ich begriff, daß für mich, wenn ich abends einschlief, die Welt dunkel wurde. Und wenn ich am nächsten Morgen aufwachte, dann hatte ich die Möglichkeit, eine farbige, neue Welt zu erblicken wenn ich nur mein Licht wieder hell leuchten ließ. Mit anderen Worten: Wenn ich mit positiven Gefühlen aufwachte, dann war die Welt bunt und schön. Wenn ich dagegen schlecht gelaunt aufstand, dann war die ganze Welt wie vernagelt.

Eine väterliche Lektion, die mein Leben veränderte

Mein Vater lehrte mich einiges über die Macht, die in den Augen des Betrachters liegt. Was er mir mit seinem kleinen Licht-Zaubertrick beibringen wollte, war: »Denis, es kommt nur auf den Blickwinkel an, aus dem heraus du die Dinge des Lebens betrachtest. Es kommt nicht darauf an, was »da draußen« geschieht, sondern vielmehr darauf, was du daraus machst.«

Anstatt mir einzureden, daß meine Zukunft wie ein Glas Wasser sei, das »leider halb leer« ist, zeigte mein Vater mir, daß es bis zum Rand gefüllt ist. Er brachte mir bei, das Leben als eine ständige aufregende Herausforderung zu betrachten – ein Füllhorn voller neuer Chancen und vieler Gelegenheiten zur Freude, Glück und Zufriedenheit.

Irgendwann einmal hatte er ein wenig von der Theorie der Quantenphysik mitbekommen. Abhängig vom Aufbau des Experiments, kann danach ein Lichtpartikel entweder zu einem Lichtstrahl oder zu einer Lichtwelle werden. Alles hängt davon ab, wie man es betrachten will. Das Licht kann seine Form verändern, und zwar nicht auf Grund seiner besonderen Eigenschaften – es bleibt immer Licht –, sondern entsprechend dem besonderen Standpunkt und der besonderen Sichtweise, die der Beobachter einnimmt. Mein Vater brachte mir bei, daß Häßlichkeit und Schönheit immer vom Bewußtsein des Betrachters abhängen. Fülle und Reichtum, Kargheit und Armut bestehen auch immer nur im Auge des Betrachters. Ob man mittelmäßig oder der Beste ist – auch das liegt im Auge des Betrachters.

Das kleine allabendliche Ritual mit meinem Vater hat mich eines gelehrt: Es war gleichgültig, was die anderen Kinder sagten, was sie anhatten oder was sie machten. Ihre Meinung über mich war sowieso nicht ausschlaggebend. Wichtig war nur die Art und Weise, wie ich mit dem, was sie vielleicht sagten oder taten, umging.

Da ich so viel Freude hatte an meinen Lieblingsbüchern aus der Bibliothek, an meinen Lieblingssendungen im Radio, an der Sonntags-Kindervorstellung im Kino, an der Schule, an meinen Freunden und vor allem in meiner Familie, kann ich mich nicht erinnern, jemals den Wunsch gehabt zu haben, meine Familie möge reich und berühmt sein. Durch meine kleinen Jobs als Bote und »Rasenmäher« hatte ich immer soviel Geld, wie ich brauchte, um mir alle meine kindlichen Wünsche zu erfüllen. Ich weiß, daß meine ältere Schwester Diana und mein jüngerer Bruder Damon ebenso empfanden.

In meiner Kindheit entdeckte ich einige der Perlen von Schönheit und Wahrheit, die in den Mythen und Fantasien, denen ich begegnete, enthalten waren. Für mich war es Walt Disney, der einige der schönsten Märchen und Sagen der Welt für viele Menschen zu einem Allgemeingut gemacht hat. Einer meiner Lieblingsfiguren war Dumbo, der tapsige Dickhäuter mit den Segelohren. Im Film verliert Dumbo seine »Zauberfeder«, mit deren Hilfe er fliegen kann, und stürzt geradewegs in den Abgrund. Plötzlich hat er jedoch die Idee, seine Ohren auszubreiten – und schwingt sich damit in die Lüfte! An dieser Stelle riß es mich – und alle anderen Kinder – aus dem Kinositz: Dumbo brauchte ja die Feder gar nicht!

Welche Lehre auch immer in der Geschichte enthalten ist – ich verstand sie so: »Man braucht einfach Zuversicht!« Wenn Sie nämlich Zuversicht haben, dann gibt Ihnen dieses Gefühl die Kraft, in Krisenzeiten das Notwendige zu tun. Wenn selbst Dumbo, das dicke Elefantenkind, den Mut hatte, sich in die Lüfte zu heben – wozu wohl wäre ich dann fähig?

Die Krönung von »Dumbo« Waitley

Mir ist, als sei es erst gestern gewesen: Am Wochenende hatte ich »Dumbo« im Kino gesehen, und am folgenden Montag zog mich Michael, der Klassenschreck, heftig an meinen abstehenden Ohren und machte sich einen Spaß daraus, sie mit dem Lineal nachzumessen. Dann erklärte er der ganzen Klasse, daß er mich von heute an zu »Dumbo« Waitley, dem Kind mit den größten Ohren am Gymnasium von Pacific Beach, gekrönt habe. Die anderen Kinder jubelten – und fielen dann über mich her. Mein leicht verletztbares Selbstbewußtsein flatterte zu Boden wie die Zauberfeder von Dumbo. Während der nächsten sieben Jahre, bis ich mein Abitur an diesem Gymnasium gemacht hatte, haftete mir der Spitzname »Dumbo« an.

*Es macht keinen Unterschied, was da draußen geschieht –
der Unterschied liegt darin, wie Sie es aufnehmen!*

In meiner Welt der Märchen und Sagen entdeckte ich täglich neue Wahrheiten. Meine Großmutter las mir aus der Bibel vor und brachte mir eine goldene Lebensregel bei, die die Weisheiten des fliegenden Elefanten noch übertraf. Wie sehr habe ich diese großartige, lebenskluge alte Dame doch geliebt! Sie brachte mir einen wichtigen Grundsatz bei: Mochten die Kinder noch so grausam zu mir sein – ich sollte jedermann immer so behandeln, wie ich selbst gerne behandelt werden wollte. Und diesen Ratschlag habe ich dann mein ganzes Leben lang beherzigt.

Ich lernte, daß man Fehler und persönliche Unzulänglichkeiten in eine Stufenleiter der persönlichen Entwicklung verwandeln kann. Ich erinnerte mich daran, was mein Vater mir beigebracht hatte – über das Licht und über das Auge des Betrachters, von dem alles abhängt, und daß es nicht darauf ankam, was in meinem Leben geschah, sondern wie ich damit fertig wurde. Ich entschloß mich deshalb einfach, aus meinem Spitznamen Profit zu schlagen. Wenn mir nun schon einmal dieser Name anhing, dann würde ich ihn einfach groß herausstellen. Wer den Namen »Dumbo« trug, der mußte eigentlich großartig sein. So entschloß ich mich, allen anderen mit gutem Beispiel voranzugehen: als erstklassiger Schüler, als hervorragender Sportler und als politisch interessierter junger Staatsbürger.

»Genau das ist es«, sagte ich mir. »Ich werde diese Niederlage in einen Plan für mein seelisches Wachstum verwandeln!«

Ich fand heraus, daß ich dafür nicht einmal eine Zauberfeder, geschweige denn sonst irgendeinen faulen Trick nötig hatte. Ich erhielt weiterhin Auszeichnungen und gute Noten. Das kostete mich vor allem Zuversicht, Lernbereitschaft und sehr viele Stunden harter Arbeit. Ich brauchte Durchhaltevermögen, Disziplin und feste innere Grundsätze, die ich glücklicherweise von meinem Vater, meiner Großmutter und meiner Mutter mitbekommen hatte, und durch die ich gegen den Druck meiner Klassenkameraden unempfindlich wurde.

In meinem letzten Schuljahr kandidierte ich sogar als Schulsprecher, und dies waren einige meiner Wahlslogans: »Sei nicht dumm – wähle Dumbo!« – »Ein Elefant hält, was er versprochen hat.« – »Bring Schwung in die Schule – mit Dumbo!«.

Mein Gott, war das ein Gefühl, als ich das Gymnasium mit einem der besten Abiturzeugnisse verließ und vorher auch noch zum Schulsprecher gewählt worden war – dabei war ich körperlich ziemlich schmächtig und stammte aus einer Familie, deren Einkommen weit unter dem Durchschnitt lag –, und all dies auch noch trotz meiner außerordentlich ausladenden Segelohren!

In diesem Zusammenhang erinnere ich mich an eine andere Märchenfigur ein, die Walt Disney in einem seiner

Filme dargestellt hat. Er hat mir wirklich Wahrheiten gezeigt, die mir das ganze Leben lang weitergeholfen haben.

Als ich das Gymnasium abgeschlossen hatte, erhielt ich zu der Zeit, als der Koreakrieg ausbrach, einen Ausbildungsplatz an der Marineakademie von Annapolis. Ich fühlte mich wie Pinocchio, die hölzerne Marionette, nachdem sie ihre Fäden verloren hat und »lebendig« geworden ist. Und genau wie Pinocchio wurde auch ich arrogant und hochnäsig. Da ich es doch geschafft hatte, mich aus meinem Dumbo-SegelohrenDasein in die Sphären jener Auserwählten zu erheben, die die blau-goldene Uniform der Seeoffiziere von Annapolis trugen, gab es sicherlich für mich in diesem Leben keine Grenzen!

Mit anderen Worten: Ich begann meine Karriere an der Marineakademie in dem Glauben, daß ich mehr oder weniger allmächtig und keinerlei Einschränkungen unterworfen sei. Warum sollte ich das, was ich mir im Geiste vorstellte, nicht auch realisieren können? Ich hatte den Weg nach oben geschafft und hatte dafür meinen Preis bezahlt. Ich war ein »Senkrechtstarter« – allerdings sollte die Fahrt von jetzt an erst einmal in die entgegengesetzte Richtung gehen.

Ebenso wie Pinocchio, der immer nach dem bequemsten Weg sucht und das schnelle Glück will, erwartete ich nun, daß ich die Marineakademie von Annapolis »mit links« absolvieren würde und sah mich schon als Kapitän meines eigenen Flugzeugträgers. Vielleicht erinnern Sie sich an das Märchen von der hölzernen Marionette: Pinocchio blähte sich vor Stolz so richtig auf, verbog und verzerrte die Wahrheit, und dabei wuchs ihm dann eine Riesennase mit einem Vogelnest darauf mitten aus dem Gesicht heraus. Er kam in schlechte Gesellschaft, reiste zur Vergnügungsinsel, wagte ein Tänzchen mit der Disziplinlosigkeit und Trägheit, verwandelte sich in einen Esel, wurde von Monstro, dem Wal, verschluckt, versöhnte sich dann wieder mit seinem Vater, entdeckte die Freuden der Ehrlichkeit und Aufrichtigkeit und wurde schließlich ein richtiger Junge.

Meine Karriere an der Marineakademie ähnelte dem Lebensweg des Pinocchio. Auch ich begann voller Arroganz und suchte nach dem Weg des geringsten Widerstands – aber er war einfach nicht zu finden. Ich versuchte, meine Karriere mit geschwollenen Sprüchen und Reden zu fördern – und wäre dabei fast rausgeflogen. Schließlich erkannte ich, daß mir damals aus dem Spiegel ein Esel entgegenblickte. Ich schluckte also meinen Stolz herunter, machte eine gewaltige Anstrengung – und wurde ein richtiger Oberfähnrich.

So war ich schließlich bereit, mich in meinem ersten Jahr in Annapolis ganz gewaltig anzustrengen: Ich studierte, marschierte, sang im Chor mit, trieb eifrig Sport und verwandelte alle meine Kinderfantasien und Märchen in ein persönliches Engagement für das Erwachsenenleben und die Suche nach Wahrheit. Und auch während der nächsten dreißig Jahre habe ich auf diese Weise immer weiter gelernt und versucht, gemeinsam mit anderen Menschen die grundlegenden Wahrheiten für ein erfolgreiches und erfülltes Leben herauszufinden.

Jetzt wäre ich gern Ihr besseres »Ich«

Viele Leute nennen mich ihre innere Stimme, die sie dazu bringt, ihrem Gewissen zu folgen, nach der Wahrheit zu suchen und niemals ihre Ziele aufzugeben. Und natürlich nannten mich meine ehemaligen Schulkameraden beim 35. Klassentreffen immer noch Dumbo.

Nachdem ich 1955 die Marineakademie in Annapolis abgeschlossen hatte und Student der Flugschule von Pensacola geworden war, intensivierte ich meine Suche nach einer Antwort auf die Frage, was Menschen ein erfülltes Leben führen läßt. Die Geschichte meiner Karriere als Firmenberater, als PR-Mann für das Salk-Institut für biologische Studien (gegründet von Dr. Jonas Salk) und schließlich als professioneller Vortragsreisender, Autor und Seminarleiter, werde ich Ihnen in den Kapiteln 6 und 7 erzählen.

Mein Tonbandkassettenprogramm »Die Psychologie des Erfolgs« habe ich im Jahre 1978 veröffentlicht. Es wurde zu einem Welt-Bestseller zum Thema des persönlichen Wachstums. Ob ich nun vor einem Kongreß sprach oder in einem Klassenzimmer: Meine Botschaft ist immer gleichgeblieben. Ich wollte den Mythos vom leichten und einfachen Erfolg in Frage stellen und die Wahrheiten lehren und zeigen, die man beherzigen muß, um das Beste aus seinem Leben zu machen.

Bitte lesen Sie genau. Es hieß: das Beste daraus zu machen; nicht: das Beste herauszuholen. Zwischen beidem gibt es einen riesengroßen Unterschied, und um eben diesen Unterschied geht es in diesem Buch. Es könnte Ihnen, Ihrer Familie, ihren Mitarbeitern und Ihren Freunden dabei helfen, zwei entscheidende Fragen zu beantworten:

Gehören Sie zu den ewig Nehmenden, die hoffen, daß das Leben Ihnen Gutes bringen wird, wenn Sie nur schlau, zäh und ehrgeizig genug sind und daneben noch entsprechend »Schwein haben«?

Oder:

Gehören Sie zu den Aktiven, die das Beste aus ihrem Leben machen, indem sie von sich das Beste geben und der Beste sind, der Sie überhaupt sein können?

Eine dieser beiden Fragestellungen beruht auf einem Leben von Illusionen, die andere auf der Tatsache, mit beiden Füßen im Leben zu stehen. Der Schlüssel zum Erfolg ist immer die Fähigkeit, die Wahrheit von der Illusion unterscheiden zu können – in einem Leben, in dem die Uhr immer weiterläuft und in dem es keine Stagnation gibt. Wenn Sie die Tür zum Erfolg öffnen wollen, dann lesen Sie weiter.

1. Illusionen und Vorurteile zum Thema »Erfolg«

Was ich bisher über Erfolgsillusionen, die es zu entlarven gilt, klingt vielleicht, als hätte ich grundsätzlich etwas gegen den Erfolg, aber das ist durchaus nicht der Fall. Ich glaube, daß man das Leben an jedem Tag voll ausschöpfen sollte. Denn was sollte sonst der Sinn des Lebens sein, wenn man nicht danach trachtet, es jeden Tag zu einem Erfolg zu machen?

Ich glaube jedoch nicht an die Möglichkeit, ein für allemal den Erfolg zu besitzen. Erfolg bedeutet vielmehr, all das zu verwirklichen, was man sein kann und sollte. Wer von uns bewunderte nicht Mutter Theresa, die sich mit großer Energie darum bemüht, die Wunden der Kranken und Hilflosen in Kalkutta zu heilen? Wir müssen uns immer bewußt sein, daß Erfolg nur sehr wenig mit Geld zu tun hat – obwohl natürlich nichts daran verkehrt ist, reich und gleichzeitig erfolgreich zu sein. Einige Reiche sind wirklich außerordentlich erfolgreich – andere dagegen nicht.

Erfolg hat nur wenig damit zu tun, wie Sie in Ihrem Leben im Vergleich mit anderen abschneiden – obwohl natürlich wiederum gegen ein gutes Abschneiden nichts einzuwenden ist, wenn Sie dabei fair und offen gewesen sind. Hüten Sie sich jedoch vor der Vorstellung, daß Sie jeden anderen übertreffen müßten, um ein wirklich erfolgreicher Mensch zu werden. Wenn Sie Ihren Erfolg zudem nur daran messen, was Sie kaufen oder herstellen, dann werden Sie unweigerlich ewig unzufrieden sein. Es wird mit Sicherheit immer jemanden geben, der sich bestimmte Dinge früher leisten kann oder der ein Produkt etwas schneller und besser herstellen kann. Außerdem gibt es immer jemanden, der besser aussieht, der beliebter, schneller, schlauer oder stärker ist wie Sie. Welchen Maßstab Sie bei solcher Sichtweise auch anlegen mögen – der Erfolg wird dann immer »gerade ein kleines bißchen höher« angesiedelt sein.

Warum also habe ich dieses Buch »Der Beste sein« genannt? Was bedeutet es, der Beste zu sein? »Der Beste sein« ist ein deutliches Werturteil gegenüber unserer Umwelt. Es bedeutet, daß es Kriterien gibt, die uns dabei helfen können, herauszufinden, ob wir persönlich erfolgreich sind oder nicht. Eines ist sicher: Viele der traditionellen Wertvorstellungen und Lebensprinzipien, die man früher immer mit dem Erfolg in Zusammenhang brachte, wie Wahrheitsliebe und Aufrichtigkeit, sind durch falsche Vorstellungen, durch Vorurteile und einen gefährlichen Mythos verzerrt worden und in Vergessenheit geraten: Ich meine hier vor allem den Mythos, das Ego, die Gier und den persönlichen Stolz zu befriedigen. Die verführerischen Mythen, die Vorurteile, die unsere Gesellschaft inzwischen geprägt haben, werden uns von allen Seiten eingehämmert. Hier sind einige Beispiele:

- Die Welt liegt dir zu Füßen, du brauchst dich ihrer nur zu bedienen.
- Wer Zweiter ist, hätte ebensogut als Letzter durchs Ziel gehen können.
- Wenn du's hast, dann zeig es auch.
- Gewinnen ist alles. Es ist im Grunde das einzig Lohnenswerte.

Sie projizieren immer das nach außen, was Sie innerlich fühlen!

Das Fernsehen und die anderen Massenmedien mit ihrem gleichsam hypnotisierenden Einfluß wollen uns glauben machen, daß es in jedem Lebensbereich bestimmte feste Maßstäbe gibt, die wir unbedingt erreichen müssen, wenn wir zu den Gewinnern gehören wollen. Wir sollen die Vor-

stellung bekommen, daß das Leben eine große Show ist, wie ein Schützenfest, auf dem man unter anderem folgende Preise schießen kann:
- Bekanntheit
- Reichtum
- dauernde Glückseligkeit
- ewige Jugend, Kraft und Schönheit
- das Image, der Größte zu sein.

Diese krankhaften Vorstellungen vom Erfolg wuchern wie ein Krebsgeschwür in unserem kulturellen Umfeld. Wir müssen uns nur einmal deutlich bewußt machen, wie sehr unsere Gedanken unaufhörlich um materiellen Wohlstand kreisen, um so zu erkennen, daß wir wirklich in Gefahr sind. Aber die Werbung will uns weismachen, daß Glück etwas sei, das es nur gierig in sich einzusaugen gelte. Wir können aber das Glück nicht kaufen, es nicht anziehen, mieten oder darin reisen! Glück ist der Weg, nicht das Ziel. Die Wurzeln des Glücks liegen in uns, einfach in unserem Sein und unserem täglichen Leben, nicht in irgendwelchen Äußerlichkeiten, in materiellem Wohlstand, einer beruflichen Position oder in der Bewunderung, die uns andere zollen.

Was nützen uns Wohlstand und Berühmtheit, wenn wir die wirklich wertvollen Dinge des Lebens eben nicht besitzen: Liebe, eine Familie, Freunde, Anerkennung und Gesundheit, um nur einige wenige Grundlagen zu nennen. Ein sehr reicher, aber gleichzeitig sehr kranker Mann soll einmal gesagt haben: »Es ist gar nichts Besonderes daran, einen goldenen Nachttopf zu benutzen. Ich würde allerdings meinen gesamten Reichtum hergeben, wenn ich dafür nur zwei weitere gesunde Lebensjahre bekommen könnte.«

Sicherlich ist es gut, nach hervorragenden Leistungen zu streben, aber das Image vom Erfolg, mit dem zum Beispiel das Fernsehen unseren Geist hypnotisiert, erinnert mich an den Gesang von Sirenen. Wenn die Schiffe sich den Inseln der Sirenen näherten, klangen deren Gesänge zunächst einmal sehr süß und schließlich ganz und gar unwiderstehlich, bis sich die Seeleute schließlich von ihnen in den Abgrund reißen ließen.

Ich bin fest davon überzeugt, daß wir alle ebenso in den Abgrund gerissen werden, wenn es unserer Gesellschaft nicht gelingt, neue Wertmaßstäbe für den Erfolg zu entwikkeln.

Ich möchte unbedingt zwei Lesergruppen mit meinen Gedanken warnen – und ihnen damit weiterhelfen.

Die erste Gruppe will gerade am Beginn ihrer Karriere unbedingt mehr über den Erfolg, und darüber, wie man ihn erlangt, lernen. Wenn Sie zu dieser Gruppe gehören, dann möchten Sie vielleicht ein paar gute Ratschläge hören, denn Sie haben nicht das mindeste Interesse an Umwegen, die zu Frustrationen und Verzögerungen beim Aufstieg auf Ihrer Erfolgsleiter führen könnten.

Oder vielleicht gehören Sie zur zweiten Gruppe, die schon ein wenig älter ist. Sie haben sämtliche Kassettenprogramme zum Thema Erfolg im Kopf, alle Erfolgsvideos im Unterbewußtsein, und Sie haben sich in allen möglichen Erfolgsseminaren berieseln lassen. Sie haben alles ausprobiert, aber die süßesten Früchte hängen immer noch viel zu hoch.

Aber selbst wenn Sie alles haben, so bedeutet das nicht, daß sie notwendigerweise zufrieden sind. Erstaunlicherweise bekommen die Yuppies (young urban professionals – junge karrierebewußte, großstädtische Menschen) häufig plötzlich Gefühle von Enttäuschung und innerer Leere. Sie entdecken, daß ein gutbezahlter Job möglicherweise ein hohes Einkommen, aber nur wenig Freude und Befriedigung bedeutet. Douglas LaBier, ein Psychologe, der fast zehn Jahre lang wissenschaftliche Untersuchungen über die Yuppie Generation anstellte, hat ein Buch geschrieben, das sich mit der Angst dieser jungen Menschen beschäftigt. Sein Titel lautet: »*Moderner Wahnsinn.* Negative Wirkungen des Erfolgs auf unsere Gefühle.« *(Modern Madness: The Emotional Fallout of Success).*

Nicht wenige dieser Yuppies finden plötzlich heraus, daß sie zwar ihre tollen, luxuriös renovierten Altbauwohnungen vom Keller bis zum Speicher mit Antiquitäten vollstellen und mit High-Tech-Spielereien ausstaffieren können, daß sich damit aber das Gefühl innerer Leere nicht vertreiben läßt. Eine neununddreißigjährige Rechtsanwältin verdiente sehr viel Geld, indem sie bis spät in die Nacht Fälle bearbeitete, die ihr im Grunde langweilig und absurd erschienen. Sie beklagte sich bei ihrem Vorgesetzten, aber der konnte ihr im Grunde auch nicht weiterhelfen. Kein Mensch, sagte er, erwartete, daß diese Arbeit interessant und sinnvoll sei. Sie habe nämlich überhaupt keinen sozialen Wert – außer, daß sie beide daran eine hübsche Summe Geld verdienten.

Viele junge Leute entdecken irgendwann, daß es im Leben Wichtigeres gibt als nur das Geld. Sie suchen nach dem Sinn. Sicherlich findet man häufig unter den Yuppies sehr desillusionierte Menschen, aber noch schlimmer ergeht es einer Gruppe, die wir vielleicht die »Dovoks« nennen könnten – Doppelverdiener ohne Kinder. Das sind solche Yuppies, die meinen, an der Spitze zu sein und alles zu haben, bedeute, daß man es auch nicht mit Kindern teilen dürfe. Ihr einziges Lebensziel ist das Geldverdienen, das Geldausgeben und das »süße Leben«.

Dazu fällt mir das Buch von Rabbi Kushner ein: »Wenn alles zu haben nicht ausreicht« *(When All You Have Ever Wanted Isn't Enough).* Fragen sie doch einmal Ihre Freunde und Bekannten, was sie sich vom Leben erhoffen. Gewöhnlich werden Sie etwa folgende Antwort bekommen: »Ich möchte vor allem glücklich sein.« In seinem Buch stellt Kushner fest, daß wir alle sehr hart daran arbeiten, glücklich zu werden. Wir kaufen Bücher, besuchen Kurse zu diesem Thema und probieren verschiedene Lebensmöglichkeiten aus – und schließlich fühlen wir uns immer noch nicht glücklich. Kushner fragt sich, warum uns das Glück immer wieder zwischen den Fingern zu zerrinnen scheint. Warum in aller Welt sollten Leute wie die Yuppies, die anscheinend allen Grund haben, glücklich zu sein, immer noch das Gefühl haben, daß irgend etwas fehlt? Ist es vielleicht zuviel verlangt, wenn wir uns das Glück wünschen? Ist das Glück vielleicht gar ein unerreichbares Ziel? Oder können wir doch glücklich sein, wenn wir es nur richtig anstellen?

Auch mir hat man das Etikett aufgedrückt, einer jener »Erfolgsgurus« zu sein, die angeblich wissen, wie man es anstellt, glücklich zu sein. Aber ich mag keine Etiketten. Oder besser: Ich will mein Etikett selbst beschriften.

Ich denke, ich sollte Ihnen mitteilen, was ich mit »der Beste sein« meine.

In diesem Buch geht es mir darum, mit einigen der Märchen und Vorurteilen über das Geheimnis des Erfolgs einmal gründlich aufzuräumen und statt dessen einige Wahrheiten zu enthüllen, die auch Ihnen helfen werden, erfolgreich zu leben, was auch immer Ihr Beruf, Ihre Ausbildung oder Ihre Fähigkeiten sein mögen.

Glück ist der Weg, nicht das Ziel!

Dieses Buch *Der Beste sein* ist für jedermann gedacht, für den großen Boß und für den kleinen Verwaltungsangestellten. Es ist für Ingenieure, Buchhalter, Computerspezialisten, Verkaufsleiter, für den Sachbearbeiter im Büro und für den, der ein Taxi fährt – und ebenso für die Leute, die uns das Essen servieren oder unsere Autos reparieren.

Und: *Der Beste sein* ist vor allem gedacht für Mütter, Familienväter und Kinder (Entschuldigung, liebe »Dovoks«!). Ich hätte ihm auch folgenden Titel geben können: »Über das, was Sie immer Ihren Kindern beibringen wollten, aber leider selbst vergessen haben.« Wir haben es vergessen, weil unsere Köpfe vollgestopft sind mit Werbesprüchen und mit anderem Blödsinn, der uns von unserem wirklichen Wert, unseren wirklichen Fähigkeiten und Stärken ablenkt. Unter diesem ganzen Müll liegen die eigentlichen Wahrheiten begraben.

So lautet zum Beispiel eine solche Mülleimer-Devise:
»Sie müssen sich Ihren Wert erst erarbeiten. Denn ursprünglich sind Sie fast gar nichts wert.«
Die Wahrheit, kläglich verschüttet, lautet dagegen:

Sie werden als unendlich wertvolles Wesen geboren.

... und Sie brauchen nur das einzusetzen, was Ihr Schöpfer Ihnen mitgegeben hat.

Wahrscheinlich tönt Ihnen auch folgender Spruch in den Ohren:
»Der Zweck heiligt die Mittel.«
Die Wahrheit heißt aber:

Mit Rücksichtslosigkeit schaufele ich mir mein eigenes Grab.

... und Ehrlichkeit und Wahrhaftigkeit sind zwar sehr altmodische Werte, aber sie sind kostbarer als Platin.

Einige Menschen scheinen sich für diese Lebensdevise entschieden zu haben:
»Keiner kann aus seiner Haut – und leider ist diese Haut häufig nicht gut genug.«
Wahr ist dagegen:

Sie sind so groß, wie Ihre Vorstellungskraft reicht.

Aber um diese, Ihre eigentliche Größe zu erreichen, brauchen Sie nicht blindlings irgendwelchen Werbesprüchen zu folgen, die nur darauf abzielen, daß Sie bestimmte Produkte kaufen müssen, um aus Ihrer mittelmäßigen, grauen Haut herausschlüpfen zu können.

Diejenigen, die die falschen und irreführenden Erfolgsdevisen produzieren, sagen:

»Es ist zwecklos, gegen die Umstände anzukämpfen – du bist in jedem Fall ein Opfer.«

Die Wahrheit aber ist:

Deine persönlichen Möglichkeiten sind fast unbegrenzt.

und man kann Sie niemals zu irgend etwas zwingen. Sie können wählen: Ihre Ziele, Ihre Lebensweise, Ihren Beruf und Ihre Beziehungen.

Diejenigen, die die Erfolgsmythen nachplappern, sagen:
»Gott sei Dank, es ist Freitag.«

Aber die Wahrheit heißt:

Gott sei Dank – heute ist heute.

Und jeder Tag gibt Ihnen eine neue Gelegenheit, Ihre Ziele zu erreichen, etwas in Bewegung zu setzen und den Sinn Ihres Lebens zu erkennen.

Eine andere Mülleimer-Devise heißt:
»Veränderung ist für die Jungen – was Hänschen nicht lernt, lernt Hans nimmermehr.«

Aber die Wahrheit sieht anders aus:

Schlechte Angewohnheiten können durch Gute ersetzt werden.

... und mit Gottes Hilfe und mit der richtigen, positiven Einstellung können Sie Ihr Leben neu formen.

Zyniker wollen uns glauben machen:
»Verletz' lieber jemand anderen, bevor du selbst verletzt wirst.«

Richtig aber ist:

Wer auf andere Rücksicht nimmt, wird auch von anderen Wohlwollen und Rücksichtnahme ernten.

... und diese goldene Regel gilt für alle Lebensbereiche, ohne Ausnahme!

Wir reden uns und anderen ein:

»Vorsicht ist die Mutter der Porzellankiste ... Wer sich in Gefahr begibt, kommt darin um ... Erst wägen, dann wagen.«

Aber die Wahrheit lautet:

Aus Fehlschlägen besteht die Leiter des Erfolgs.

... und Sie können Ihr Leben in den Griff bekommen, indem Sie aus Ihren Fehlern und Enttäuschungen lernen und daran wachsen.

Und hier noch ein letztes dieser schrecklichen Vorurteile:

»Mit Arbeit (und Freundlichkeit) ist noch keiner reich geworden.«

Richtig ist dagegen:

Harte Arbeit und Menschenfreundlichkeit sind die Grundlage des Erfolgs.

Wer nämlich hart arbeitet, wer seine Ziele konsequent verfolgt und zugleich Rücksicht nimmt auf seine Mitmenschen, der hat schon den längsten Teil des Weges zum Erfolg hinter sich gelassen.

Es gibt im Leben mehr als nur zwei Ebenen

Mein eigentliches Anliegen in diesem Buch ist es, die Vorurteile zu entlarven, von denen sich viele Menschen versklaven lassen, und die zeitlosen Wahrheiten zu erneuern, die uns wirklich frei machen. Viele Menschen fühlen sich dauernd frustriert, weil sie meinen, es gäbe im Leben nur zwei Ebenen – nämlich die, an der Spitze zu sein (Superman, der Erste, ein Sieger und also ein Mensch mit Erfolg zu sein), oder die andere, die des Unterlegenen (der Zweitbeste, ein Verlierer und also ein Mensch mit Mißerfolg zu sein), weil man eben eine Stufe auf der Leiter es Erfolgs verfehlt hat.

Und, was sogar noch wichtiger ist: Während wir uns bemühen, die Spitze zu erreichen, ist es zugleich möglich, unbelastet zu bleiben von den bleischweren Gewichten, mit denen wir uns durch unseren Stolz und unseren verbissenen Ehrgeiz das Leben erschweren.

In Ihrem Buch »Hoffnung für die Blumen« erzählt uns die amerikanische Autorin Trina Paulus eine Geschichte, die uns eben die Sinnlosigkeit eines verbissenen Kampfes, die Spitze zu erreichen, vor Augen führt. Stripe, eine männliche Raupe, findet sein Dasein langweilig und sinnlos und macht sich auf den Weg, das Geheimnis des Lebens zu erkunden. Er trifft andere Raupen, die anscheinend auch nicht mehr über den Sinn des Lebens wissen als er, die aber immerhin alle in eine bestimmte Richtung kriechen. So schließt er sich ihnen erst einmal an.

Bald treffen sie auf eine riesige Säule von wimmelnden, krabbelnden Raupen, die anscheinend unendlich hoch bis in den Himmel hinaufragt. Die Raupen versuchen verzweifelt, übereinanderzusteigen, um die Spitze der Säule zu erreichen, und Stripe merkte, wie ihn eine kribbelnde Erregung erfaßt. Vielleicht wird er ganz oben auf der Säule das finden, wonach er sucht.

»Was ist denn dort oben?« fragt Stripe, als eine andere Raupe vorbeikriecht. Offensichtlich weiß es der Andere auch nicht so genau: »Es muß etwas ganz Tolles sein, da jeder dort hinauf will.«

Stripe beobachtet, wie immer mehr seiner Artgenossen an ihm vorbeikriechen und in der Raupensäule verschwinden. Und schließlich faßt er einen Entschluß. Er stürzt sich in die Masse von wimmelnden Raupenkörpern und beginnt ebenfalls, sich seinen Weg in die Säule hinein zu erkämpfen. Er trampelt auf anderen herum, und auch andere treten ihn, während er den Weg an die Spitze antritt.

Eines Tages freundet Stripe sich mit einer weiblichen Raupe, Yellow, an. Beide fühlen sich im Kampf auf dem Weg nach oben ein wenig müde und desillusioniert. Sie ver-

lieben sich ineinander und beschließen, sich dem Raupen-
rennen zu entziehen. Irgendwie gelangen sie schließlich
nach unten auf den Boden der Säule und entfernen sich von
dem allgemeinen Gewimmel, um in Glück und Eintracht zu-
sammenzuleben – aber nur für kurze Zeit. Schon bald beginnt Stripe wieder, sich zu langweilen, und er stürzt sich erneut in den Raupenkampf. Vergeblich versucht Yellow, ihn
davon abzubringen. Sie trennen sich, und Stripe kehrt zurück zu der wimmelnden, krabbelnden Raupensäule, um
noch einmal beim Rennen um die Spitze sein Glück zu versuchen.

Yellow geht indessen ihren Weg weiter und entdeckt, wie
man als Raupe zu einem Schmetterling wird. Während sie
sich in ihren Kokon einspinnt, erkämpft sich Stripe noch
einmal den Weg an die Spitze der Raupensäule. Mit Energie
und Skrupellosigkeit trampelt er auf den anderen herum,
um den Gipfel zu erreichen. Als er sich dem höchsten Punkt
dieser wimmelnden Säule nähert, entdeckt er, daß er nicht
ganz bis oben hinauf kommen kann, wenn er nicht die vor
ihm liegenden Raupen beiseite stößt. Er hört schon die
Schreie der fallenden Raupen, die von ihren Kameraden in
den Abgrund befördert worden sind. Als er jedoch nur noch
ein paar Zentimeter von der Spitze entfernt ist, hört er jemanden flüstern: »Dort oben ist ja gar nichts.«

Stripe hält inne und sieht sich um. Er befindet sich am
Rande der Säule, und während er über die krabbelnde
Menge hinabschaut, erkennt er, daß um ihn herum die
ganze Welt aus nichts anderem als aus riesigen Säulen besteht, ganz ähnlich seiner eigenen, jede zusammengesetzt
aus zahllosen Raupen, die versuchen, nach oben zu kommen.

Stripe fällt jedoch nichts Besseres ein, als weiterzumachen. Plötzlich bemerkt er eine allgemeine Unruhe. Er blickt
nach oben und sieht einen wunderschönen gelben Schmetterling, der mit leichtem Schlagen seiner schönen Flügel die

Säule umschwebt. Der Schmetterling kommt näher und blickt offen in Stripes Augen. »Irgendwie«, denkt Stripe, sind mir jene Augen sehr »vertraut«. Plötzlich kommt in ihm eine Erinnerung hoch: »Könnte das vielleicht Yellow sein? Hat sie den Sinn und das Geheimnis des Lebens entdeckt?« Es gibt nur einen Weg, um das herauszufinden.

Stripe dreht sich um und beginnt seinen Rückzug. Während er sich nach unten drängt, erzählt er den anderen, wie sinnlos ihr Kampf ist. Er versucht, ihnen zu sagen, daß dort oben wirklich gar nichts ist – aber sie können nicht zuhören: Sie sind zu sehr mit sich selbst und mit ihrem Wühlen und Drängen beschäftigt. Natürlich nehmen sie an, er sei nur neidisch, weil er es selbst nicht bis ganz oben geschafft hat. Insgeheim sind sie sich zwar ein wenig unsicher, aber sie wissen nicht, was sie sonst tun sollten. Selbst wenn dort oben nichts wäre, so möchten sie es eigentlich gar nicht wissen. Sie müssen immer weitersteigen, denn sie haben keine Alternative in ihrem Leben.

Einer der Krabbler bemerkt, Stripe sei eben ein Dummkopf, wenn er meint, er könne etwas anderes als eine Raupe sein. Er ist und bleibt eben ein Wurm – und er solle versuchen, dieses Leben als Wurm einfach zu genießen.

Stripe wird unsicher. Immerhin gibt es keine Beweise, daß er tatsächlich zu einem Schmetterling werden kann. Aber er beschließt, sich darum zu bemühen, seinen eigenen Weg zu finden. Schließlich kommt Stripe wieder auf dem Boden an. Er kriecht davon, um Yellow wiederzufinden, und schafft es schließlich wie sie, seinen eigenen Kokon zu spinnen und ein schöner Schmetterling zu werden.

Die Lehre, die wir aus dieser Geschichte ziehen können, liegt auf der Hand. Die »Spitze« des Erfolgs ist nämlich gar nicht so wunderbar. Es bleibt einem dort oben nichts anderes übrig, als seine Stellung zu halten und aufzupassen, daß andere einem die einmal gewonnene Position nicht streitig machen. An der Spitze kann man sich niemals entspannen, man muß hart und kalt werden, weil man Angst haben muß, daß Weichheit als Schwäche betrachtet wird. Wenn Sie nur einen Augenblick lang unaufmerksam sind, dann werden die Raupen unter Ihnen Sie den Felsen des Mißerfolgs hinabstürzen.

Diese kleine Parabel hat mich zutiefst angerührt, weil ihre einfache Geschichte genau das demonstriert, was ich immer und immer wieder erfahre, wenn ich durch Land reise und mit Menschen spreche, die darum kämpfen, die Besten zu sein. Für sie gibt es oft nichts anderes, als um jeden Preis zu gewinnen. Und während wir so verbissen kämpfend uns darum bemühen, die Nummer Eins zu werden, verlieren wir eigentlich etwas sehr Wertvolles: unsere Rechtschaffenheit, unsere Feinfühligkeit und die harmonische Zusammenarbeit mit unseren Mitmenschen. Es waren aber genau diese Qualitäten, die unsere moderne Industriegesellschaft haben groß werden lassen.

Der Erfolg ist nichts Statisches; er bedeutet nicht, daß wir eine bestimmte Ebene erreicht haben; vielmehr bedeutet er, daß wir uns immer weiter in Richtung auf die Vollkommenheit unserer gesamten Lebenssituation hin entwickeln. Tatsächlich finden wir den Erfolg in ganz verschiedenen Bedingungen und Umständen unseres Lebens.

Der Langstreckenlauf

Eine der besten Interpretationen des Erfolgs, die ich jemals gesehen habe, ist ein 14minütiger Verkaufsfilm, den mir eine große Firma freundlicherweise für meine Seminare zur Verfügung gestellt hat. Der Film zeigt einen Langstreckenlauf, der in jedem Jahr in einer Kleinstadt irgendwo in den USA stattfindet. Mehr als einhundert Läufer nehmen an dem Rennen teil, aber im Film werden besonders drei von ihnen gezeigt. Da ist zum Einen eine junge Frau, die sich für diesen

Tag vorgenommen hat, ihre persönliche Bestzeit um wenigstens ein paar Sekunden zu verbessern. Das letzte Mal ist sie drei Stunden und dreiundfünfzig Minuten gelaufen. Für dieses Mal hofft sie, daß sie wenigstens 3:50 oder 3:51 schaffen wird.

Jeder Läufer hat ein anderes Ziel – das, welches er sich persönlich gesetzt hat!

Als nächstes zeigt die Kamera einen jungen Mann, der zwar voller Hoffnungen, aber nicht besonders erfolgsorientiert ist. Seine Vorstellung vom Erfolg ist einfach, das Rennen durchzuhalten – etwas, was ihm vorher nie gelungen ist. Es interessiert ihn nicht besonders, ob er nun 3:53 oder sogar 4:53 läuft. Für ihn bedeutet »Erfolg«, eben jene Ziellinie zu überqueren und zu wissen, daß er es schaffen kann, jene 26 anstrengenden Meilen zurückzulegen.

Unser dritter Läufer ist ein junger Mann, der es »wirklich wissen will«. Die Vorstellung, einmal das Letzte aus sich herauszuholen, um zu sehen, wie gut er wirklich ist, fasziniert ihn.

Der Startschuß fällt, und alle drei Läufer machen sich, zusammen mit vielen anderen, auf den Weg. Beim Lauf durch Straßen der kleinen Stadt trennt sich das Teilnehmerfeld bald in gute und langsame Läufer.

Wer gewinnt nun das Rennen? Keiner der drei Menschen, die wir zuvor etwas näher kennengelernt haben. Ein Fremder, der zum ersten Mal an diesem Lauf teilnimmt, geht als erster durch die Ziellinie. Aber bedeutet das nun, daß alle anderen verloren haben? Es hängt davon ab, wie man es betrachten will. Vielleicht gibt es zwar nach außen hin einen offiziellen Gewinner, aber jeder der anderen Läufer weiß, daß auch er etwas gewonnen hat. Die Ziellinie, auf die es ankommt, ist nicht diejenige, die man willkürlich in einer der Straßen der kleinen Stadt auf das Pflaster gemalt hat. Jeder der Läufer hat nämlich eigentlich ein anderes Ziel: das, das er sich für sich selbst gesteckt hat. Alle drei Läufer, die wir näher beobachtet haben, haben etwas gewonnen – ebenso wie die vielen anderen, die auch teilgenommen haben. Die Frau hat in der Tat ihre eigene Bestzeit um einige Sekunden übertroffen; der Mann, der einfach nur zum Ziel kommen wollte, hat das auch geschafft; und der andere Mann, der einmal sehen wollte, wieviel er aus sich herausholen kann, hat sich völlig verausgabt und wirklich einen der vordersten Plätze erreicht. Für alle drei bedeutete das Rennen einen Schritt in Richtung auf einen persönlichen Erfolg, den sie mit ihrer Leistung erbracht haben: Sie haben sich ein Ziel gesetzt, haben Kräfte in sich mobilisiert und sind für sich persönlich einen Schritt weitergekommen.

Keiner der Läufer ist ein Verlierer. Sie alle wissen, daß es in dem Rennen nicht um den ersten Platz, sondern um den Lauf selbst ging. Sie spüren diese besondere freudige Erregung, das schöne Hochgefühl, das daher kommt, daß sie ihr Allerbestes gegeben haben.

Ich glaube, es gibt einen Weg zum Glück

In den folgenden Kapiteln möchte ich Ihnen einige grundlegende Wahrheiten und Lebensprinzipien nahebringen, die Ihnen dabei helfen sollen, Ihr eigenes Rennen zu laufen – und zu siegen. Ich möchte Sie dazu bringen, einige irreführende Vorurteile kritisch zu betrachten und sich dann Ihrem individuellen Ziel zu nähern: nämlich der Beste zu sein, der Sie persönlich sein können. Auf den Seiten dieses Buches habe ich die Essenz dessen, was ich während der letzten drei Jahrzehnte vermitteln wollte, herauszufiltern versucht.

In allen folgenden Kapiteln, von Kapitel 2 bis 11, möchte ich Sie zum Nachdenken anregen. Ich möchte keine Patentrezepte verteilen, sondern vielmehr gemeinsam mit Ihnen darüber nachdenken, wie man es anstellt, der Beste zu sein. Mit Ihnen zusammen möchte ich meine Gedanken zu den folgenden Themen entwickeln:

– Wir müssen an die Freiheit und den inneren Wert jedes einzelnen Menschen glauben – und wir müssen diese Voraussetzungen zu würdigen wissen.

– Wir müssen begreifen, daß wir im individuellen und im sozialen Bereich eine bestimmte Verantwortung füreinander haben.

– Ein wirklicher Erfolg wird nicht auf Kosten eines anderen Menschen errungen. Nicht jeder Sieg bedeutet, daß ein anderer geschlagen wird. Wenn Sie der Beste sein wollen, so bedeutet das, daß Sie das Talent oder das Potential, mit dem Sie geboren wurden, so intensiv wie möglich ausnutzen – und zwar zu einem Zweck, durch den Sie sich selbst als wertvoll empfinden und durch den auch andere einen Gewinn haben.

– Es ist besser, das Vertrauen und den Respekt eines einzigen Kindes zu gewinnen, als danach zu streben, mit möglichst vielen Menschen bekannt zu sein und von allen bewundert zu werden.

– Wenn das, was Sie tun, Ihren Kindern nicht als Vorbild dienen kann, dann sollten Sie es besser lassen.

– In unserem prestigeorientierten kulturellen Umfeld erscheint es wichtiger, andere zu schlagen und zu übertreffen, als mit anderen zu teilen und für andere zu sorgen. Wir sind so süchtig geworden nach der sofortigen Befriedigung unserer materiellen und sinnlichen Bedürfnisse, daß wir in andauernder Angst leben, die wir oft nur momentan durch eine besondere Leistung oder durch irgendeine Art von schmerzbetäubendem Mittel lindern können.

– Erfolg bedeutet nicht, daß wir finanziellen Reichtum erwerben. Ich weiß, daß ich das bereits gesagt habe, aber es ist eine Aussage, die es verdient, mehrmals wiederholt zu werden. Ich bin nicht gegen Geld, vielmehr genieße ich es sehr, genügend davon zu haben. Aber Geld ist wie eine Fahrkarte für einen Zug oder ein Ticket für ein Flugzeug. Wenn Sie es nicht gebrauchen, können Sie damit auch nicht weit kommen. Eine Fahrkarte nützt Ihnen nichts, wenn sie nur in der Schublade herumliegt. Geld könnte man auch mit einer Benutzerkarte für die Leihbibliothek vergleichen. Eigentlich sind sich Geld und Wissen sehr ähnlich. Wenn Sie sie einfach nur sammeln, dann haben sie keine Bedeutung. Sie bedeuten auf der anderen Seite sehr viel, wenn Sie sie benutzen, Ihren Mitmenschen etwas davon abgeben und damit arbeiten.

– Erfolg an sich ist kein Problem – aber möglicherweise das, was der Erfolg mit uns macht. Macht und das Teilen mit anderen sind absolute Gegensätze. Das Teilen zwingt uns dazu, die Bedürfnisse des anderen in Betracht zu ziehen und einige unserer eigenen Wünsche aufzuschieben oder aufzugeben.

– Allmählich verändert sich das Denken über den Erfolg, und darüber, wer der Beste ist. Früher kreiste dieses Denken im wesentlichen um äußere Kriterien, die von einer am Egoismus ihrer Mitglieder sehr stark an momentaner Befriedigung orientierten Gesellschaft aufgestellt wurden.

– Unsere neue Sichtweise dessen, wie man es anstellt, der Beste zu sein, beruht dagegen auf gottgegebenen, zeitlosen moralischen Prinzipien. Diese Prinzipien haben eines gemeinsam: Sie stehen für geistige und ethische Werte, welche die gesamte Menschheit und die Natur, die uns umgibt, schützen und bewahren.

Ich glaube, es gibt einen Weg, um glücklich und zufrieden zu sein. Ich glaube, wir können es schaffen, die Fertigkeiten, die Haltungen und die Disziplin zu erwerben, die wir brauchen, um der Beste zu sein, der wir persönlich sein können. Ich glaube, es gibt wirklich einen Schlüssel, der die Tür zu unseren Träumen von Befriedigung, Glück und Zufriedenheit öffnet. Wir können harmonische Menschen sein, die sehr viel vollkommener, tüchtiger und liebevoller sind. Wenn wir an dieses Ziel gelangen, dann werden wir verstehen, was »Erfolg« wirklich ist.

2. Wie man von innen heraus lebt

»Wieviel sind Sie wert?«

Wenn Sie verschiedenen Menschen diese Frage stellen, dann werden Sie ganz verschiedene Antworten bekommen:

»Das geht Sie nichts an!«

»Fragen Sie meinen Steuerberater.«

»Also, ich würde sagen, ein paar Hunderttausend!«

Ich war einmal auf einer Party, wo einer der Gäste 200 Millionen Dollar Bargeld besaß. Erstaunlicherweise habe ich von ihm sehr viel über wahre Werte, aber sehr wenig über den richtigen Umgang mit Geld gelernt.

Der Wert eines einzelnen Menschen hat nur sehr wenig mit seinem Gehalt, seinem Besitz oder mit seiner beruflichen oder gesellschaftlichen Position zu tun. Ihr eigener Wert (oder der Wert anderer Menschen) ist etwas, was Sie selbst erkennen, würdigen und genießen müssen – oder Ihre Antwort auf die Frage: »Wieviel sind Sie wert?« wird lauten: »Nicht viel – wahrscheinlich gar nichts.«

In den letzten Jahren hat uns eine regelrechte Welle von Selbsthilfebüchern, -tonbändern und -filmen überschwemmt. Sie sollten uns davon überzeugen, daß alles, was auf dieser Erde existiert und von Gott geschaffen ist, einen Sinn und einen Wert hat. Trotz aller dieser positiven Einflüsse glauben viele Menschen immer noch an eine sehr gefährliche Devise:

Sie müssen sich ihren Wert erst einmal verdienen, denn im Grunde genommen sind sie ein Nichts.

Warum glauben wir diese Lüge? Wir alle werden mit einem ewigen, unveräußerbaren Wert geboren, aber das Leben preßt bald die Gefühle für unseren eigenen Wert und unsere Selbstachtung aus uns heraus – so wie eine Saftpresse eine Orange auspreßt. Dieser Vorgang beginnt, sobald wir alt genug sind, um unseren Eltern und Lehrern dabei zuzuhören, wie sie uns mit anderen vergleichen und uns herabsetzen. »Ist das kleine Mädchen von nebenan nicht wirklich süß? Ich wünschte, unsere Bettina hätte auch so ein niedliches Stupsnäschen wie sie.« – »Helen, stör mich jetzt nicht. Kannst du nicht sehen, daß deine Mutter gerade etwas Besseres zu tun hat?« – »Harald, ich muß mich wirklich sehr wundern. Dein Bruder war ein As im Bruchrechnen – und du bringst schon bei den einfachsten Aufgaben eine Fünf nach Hause.«

Wenn wir weiterführende Schulen besuchen, dann wird unsere Selbstachtung fast unweigerlich weiter ausgehöhlt. Ich habe Lehrfilme über das Verhalten von Oberstufenschülern gesehen – und fast immer war ich entsetzt darüber, wie wenig Selbstachtung sie besitzen. Einige hocken ganz einfach nur zusammengesunken auf ihren Stühlen und starren auf ihre im Schoß gefalteten Hände. Andere zeigen ganz deutlich, wie wenig sie von sich selbst und von ihren Mitschülern halten, indem sie mit unhöflichem, arrogantem Geschwätz oder mit unangebrachten Bemerkungen die anderen Schüler unterbrechen. Oder sie lehnen sich verächtlich in ihren Stühlen zurück und blicken Mitschüler und Lehrer voller Kälte an – eine Haltung, an der im Grunde nur eine sehr verletzliche Selbstachtung und ein sehr geringes Gefühl für den eigenen Wert abzulesen ist.

Ich erinnere mich aus meiner eigenen Jugend, daß wir alle verzweifelt danach trachteten, ein respektiertes Mitglied der Klassengemeinschaft zu werden. Oft spielte ich deshalb den Clown und versuchte mit allen Mitteln, die beliebtesten Mädchen und Jungen meiner Klasse zu beeindrucken. Wenn ich akzeptiert wurde, dann fühlte ich mich großartig. Wenn ich dagegen ignoriert oder gar zurückgewiesen wurde, dann stürzte die Welt ein. Heute ist es genauso: In einer Zeit, in der sogar noch mehr Gewicht auf Äußerlichkeiten und auf Materielles gelegt wird, rivalisieren junge Leute andauernd um die Aufmerksamkeit und die Anerkennung ihrer Kameraden, als gäbe es einen Weg, sich eine Position in der Gruppe der Gewinner zu erkämpfen oder zu erkaufen.

Ich habe selbst mit meiner schlechten Selbstachtung gekämpft

Es ist jedoch ein riesiger Unterschied, ob wir uns wünschen, der Beste zu sein, um dadurch unsere Selbstachtung zu heben, oder ob wir vielmehr unserem eigenen inneren Wert entsprechend leben und auf diese Weise versuchen, das Beste aus uns herauszuholen. Häufig geht diese Entscheidung nicht ohne innere Kämpfe ab. Auch in mir haben solche Kämpfe getobt, und ich bin immer noch dabei, daran zu arbeiten. Ein Grund dafür, warum ich einen großen Teil meines Lebens mit dem Studium des menschlichen Verhaltens zugebracht habe – vor allem mit dem Erforschen des Unterschieds zwischen Gewinnern und Verlierern –, ist, daß ich diese Fragen gerne für mich selbst und für mein eigenes Leben beantworten wollte.

Vor ungefähr zehn Jahren hätten andere sicherlich an mir bestimmte Symptome einer, wie ich sie einmal nennen möchte, Ego-Persönlichkeit entdeckt. Ich wollte selbst immer gerne der Beste sein, und ich strengte mich bewußt an, um andere mit dem, was ich besaß und erreicht hatte, zu beeindrucken. Das Zentrum meiner Welt war mein kleines Ego, und dieses Ego mußte noch künstlich aufgebläht werden, indem ich andauernd für mich selbst Werbung machte. Im Grunde war mein Selbstwertgefühl äußerst zerbrechlich.

Menschen mit einem guten Selbstwertgefühl sind zugleich auch immer sehr bescheiden. Sie akzeptieren sich selbst, fühlen sich gut so, wie sie sind, und verwenden nur sehr wenig Zeit darauf, über sich selbst und ihre Taten zu sprechen. Sie haben das einfach nicht nötig. Sie verbringen den größten Teil ihrer Zeit damit, anderen zuzuhören und sie dadurch in ihrem Wert zu bestätigen. Sie sind sehr beschäftigt damit, ihren eigenen wertvollen Beitrag zum Leben zu leisten, und sie haben nur wenig Zeit dafür, die Wände ihres Schlafzimmers oder ihres Büros mit Trophäen und Urkunden oder mit Zeitungsausschnitten zu tapezieren.

Während dieser Zeit, die ich einmal meine Ego-Phase nennen möchte (tatsächlich dauerte sie fast zwei Jahre lang), versuchte ich mir meinen Weg dorthin, was ich für den Erfolg hielt, zu erkaufen. Es gibt eine gefährliche Ansicht, die besagt, Erfolg bedeute, reich, berühmt und die Nummer Eins zu sein. So kaufte ich mir ein großes Haus und stellte direkt in das Fenster des Wohnzimmers ein riesiges Aquarium. Jeder Spaziergänger sollte wissen, daß ich der Besitzer eines großartigen Aquariums mit tropischen Salzwasserfischen war und daß dieses Aquarium eine ganze Fensterfront ausfüllte. In meinem Garten gab es Orangenbäume, Designer-Freizeitmöbel, ein großes Schwimmbecken und einen Hochglanz-Mercedes zu bewundern. Ich hätte den Mercedes auch in der Garage parken können, aber er mußte auf der Straße stehen, damit jeder ihn sehen konnte. Wozu soll ein Mercedes in der Garage, wo niemand ihn sehen kann, denn gut sein?

Mein teures Reitpferd ließ ich ganz nahe an der Straße weiden, so daß die Leute an den Zaun kommen und unseren schönen Hengst bewundern konnten. Oder war das Pferd vielleicht ein Wallach oder eine Stute? Ich machte mir nicht einmal die Mühe, es genau anzuschauen. Dafür war schließlich ein von mir angestellter Tierpfleger zuständig.

Ich ließ vor unserer Auffahrt ein Tor aus dickem Schmiedeeisen errichten, durch das die Leute nicht hindurchgehen konnten, ohne erst einmal auf einen Knopf zu drücken und um Erlaubnis zu bitten. Ich war der Ansicht, dadurch könnte ich meine Besucher als erstes einmal tief beeindrucken. Ich stellte mir vor, wie der Briefträger oder der Müllmann vor Ehrfurcht erstarren würden. Im Grunde genommen waren sie über jenes Tor furchtbar verärgert – aber das wußte ich nicht. Eines Tages kam jemand herangefahren, drückte auf den Knopf und bestellte, um mich aufzuziehen, einen Hamburger, eine große Portion Pommes Frites und eine Erdbeermilch!

Vielleicht der einzige, dem mein Eisentor wirklich gleichgültig war, war der Zeitungsjunge. Er ließ die Morgenzeitung ganz einfach vor dem Tor fallen, so daß ich kommen und sie holen mußte. Auf diese Weise habe ich mir drei Paar Gucci-Hausschuhe ruiniert!

Ich hatte nun also meine eigenes Schloß und meinen eigenen speziellen »Schloßgraben«. Natürlich war es angefüllt mit Lithographien von Picasso und mit anderen Kunstobjekten, die einzig dem Zweck dienen sollten, andere zu beeindrucken und ihnen neidische Blicke zu entlocken.

Als ich nun mein Aquarium hatte, meinen Pferdestall und Korallen im Badezimmer, die ich von meiner letzten Südseereise mitgebracht hatte, plus all der anderen Kinkerlitzchen, von denen ich meinte, daß sie den Erfolg symbolisierten, gab ich eine Party. Ich lud jeden ein, dessen Bekanntschaft ich jemals gemacht, und sogar einige, die ich noch nie gesehen hatte – aber das war ziemlich gleichgültig. Den Begriff »Yuppie« gab es damals noch nicht, aber ich selbst gehörte sicherlich zu jenen jungen, erfolgreichen, großstädtischen Leuten, die man heute so bezeichnen würde – und jeder sollte das wissen.

Meine Gäste kamen in ihrer besten Abendgarderobe. Was ich nicht begriffen hatte, war, daß die meisten nicht kamen, um mich und meine Frau Susanne zu besuchen, sondern vielmehr, um selbst gesehen zu werden und vielleicht einige Tips zu bekommen, wie sie sich selbst ein Image von Erfolg geben könnten.

Den ganzen Abend lang versuchte ich krampfhaft, sie mit

dem, was ich hatte, wo ich gewesen war und was ich gemacht hatte, zu beeindrucken. In zwei oder drei Stunden verschlangen meine Gäste allein Vorspeisen im Wert von 1500 Dollar. Eigentlich konnte ich mir eine solche Bewirtung gar nicht leisten, aber ich bezahlte sie einfach mit meiner goldenen Kreditkarte und war deshalb von mir selbst außerordentlich beeindruckt. Es war mir eben nicht klar, daß die vielen Leute in Wirklichkeit nur deshalb gekommen waren, um sich ein wenig von den Einrichtungsideen in meinem Haus inspirieren zu lassen, und um zu lernen, wie auch sie ihr Leben noch eindrucksvoller gestalten könnten, um dann auch solche Parties zu veranstalten.

Dieses merkwürdige Leben führte ich länger als ein Jahr. Leute, die ich beeindrucken wollte, kamen weiterhin zu mir und verschlangen meine Vorspeisen. Da meine Salzwasser-Tropenfische immer wieder eingingen, stellte ich mich auf die leuchtendsten und buntesten Arten von Süßwasserfischen um, denn jeder sollte mein Aquarium mit den prachtvollen Fischen, das die ganze Fensterfront in meinem Hause einnahm, bewundern. In Wirklichkeit war unsere Katze die einzige, die von dem Aquarium Notiz nahm – sehr zum Ärger seiner Bewohner.

Dann geschahen zwei Dinge, die mir dabei halfen, meiner Reise zum Erfolg eine ganz andere Richtung zu geben.

Ein faszinierendes Paar – wirklich wunderbare Gesprächspartner!

Das erste Ereignis war, daß uns eines Abends ein Ehepaar besuchte, gerade nachdem ich von einer Vortragsreise zurückgekommen war. Ich war sehr müde, und anstatt das Gespräch an mich zu reißen und wie üblich eine kleine Story nach der anderen zu erzählen, saß ich zur Abwechslung einmal nur still da und ließ die anderen reden.

Während ich zuhörte, passierte etwas ganz Erstaunliches. Ich lernte diese beiden Menschen wirklich ein wenig kennen. Ich erfuhr, daß sie interessant und gebildet waren, daß sie nette Familien hatten und daß sie Dinge getan hatten, die ich noch nie ausprobiert hatte.

Susanne und ich hörten zwei oder drei Stunden lang zu, und ich warf nur ein paar kleine Bemerkungen ein: »Wirklich?« oder: »Mein Gott, das ist interessant!« oder: »Erzählen Sie mir doch bitte mehr darüber! Kennen Sie vielleicht ein weiteres Beispiel?«

Schließlich wollten meine Gäste nach Hause gehen. Als sie die Auffahrt unseres Hauses hinuntergingen, rannte ich zum Fenster unseres Schlafzimmers, um zu hören, was sie über den Abend sagten. Ich war immer noch ein wenig unsicher und verstand den Unterschied nicht zwischen dem Versuch, andere zu beeindrucken – und dem Versuch, andere ganz einfach zu mögen und zu schätzen. Ich wollte hören, was sie zu sagen hatten. Vielleicht sagten sie ja etwas über mich!

Ich strengte mich also sehr an, um etwas mitzubekommen. Als sie die Autotüren öffneten, konnte ich hören, wie der Ehemann zu seiner Frau sagte: »Meinst du nicht, daß dies die faszinierendsten Leute waren, die du jemals getroffen hast? Was für großartige Unterhalter! Es waren einfach tolle, wunderbare Menschen.«

Ich sah Susanne an, und sie sah mich an. Ich sagte: »Aber wir haben doch überhaupt nichts gesagt – nur ein paar Fragen gestellt.« Und Susanne meinte: »Genau.« Sie gingen mit dem Gefühl nach Hause, daß wir sie zu schätzen wissen, da wir ihnen einen ganzen Abend lang unsere Aufmerksamkeit geschenkt hatten.

An diesem Abend hatte ich etwas Entscheidendes gelernt. Ich hatte weder eine einzige Anekdote noch eine meiner Erfolgsgeschichten erzählt. Dennoch gingen unsere Gäste fort und meinten: »Dies waren die tollsten Leute, mit denen wir uns jemals unterhalten haben.«

Nach jener Nacht begann ich, wieder mehr zuzuhören als zu reden. Das Zuhören war immer eine meiner Stärken gewesen, bis ich begann, nur noch Zeitungsausschnitte mit Berichten über meine Auftritte in der Öffentlichkeit zu sammeln und zu lesen. Sollten Sie das auch tun, dann sind Sie sehr in Gefahr, wirklich zu glauben, es käme den Leuten auf jedes einzelne Wort von Ihnen an! In Wahrheit möchten die meisten Leute jedoch, daß man *ihnen* zuhört und jedes einzelne *ihrer* Worte ernst und wichtig nimmt. Sie möchten nämlich, daß man sich für sie interessiert – und das kann man am besten durch Zuhören beweisen.

Der reichste Mann der Stadt

Der andere Vorfall, der mir dabei half, mein Prestigedenken abzulegen, ereignete sich nicht lange nach dem Abend, den ich gerade beschrieben habe. Ich war zu einer Party in eine Art Palast eingeladen, der einem der reichsten Männer in unserer Gegend gehörte. Er kaute permanent an einer extra-langen Zigarre, die allerdings nie angezündet wurde. Er war groß und dick und eindrucksvoll – das perfekte Bild dessen, was einige Autoren von Erfolgsbüchern einen »starken Persönlichkeitstypus« nennen.

Er besaß das größte Privathaus, das ich jemals gesehen hatte. Ich war praktisch sofort, als ich durch das Eingangstor ging, zutiefst deprimiert, denn im selben Augenblick hatte ich das Spiel »Vergleiche die Statussymbole« zu spielen begonnen. Ich erkannte sofort, daß mein eigenes Haus in seinen Weinkeller hineingepaßt hätte.

Ein anderer Gast an jenem Abend war ein Farmer, der ein paar saubere Jeans und ein flottes Hemd trug – und kaum wie ein Großgrundbesitzer oder ein Millionär aussah. Was mein Gastgeber eben nicht wußte, war, daß diesem Farmer das ganze umliegende Land gehörte – in einer der teuersten Gegenden im südlichen Kalifornien. Er hatte es alles aufgekauft und besaß mehr als 200 Millionen Dollar in bar – neben dem Grundbesitz.

Mein Gastgeber tat dasselbe, was ich auch immer getan hatte – nur noch ein wenig großspuriger. Er hatte uns alle zu sich eingeladen, um uns seine Besitztümer zu zeigen. Er wollte, daß wir das Denkmal seines wachsenden Erfolges bewunderten. Wir mußten uns das schon lecker duftende Grillfleisch sauer verdienen: Indem wir erst einmal alle eine Besichtigungstour durch sein Anwesen über uns ergehen lassen mußten.

Mit der Ausnahme des Farmers in den Jeans ging es uns allen nicht so sehr um unseren Gastgeber. Vielmehr wollten wir selbst gesehen werden und vielleicht ein paar Einrichtungsideen mitnehmen. Es war wie in dem Film »Die oberen Zehntausend«.

Der bescheiden gekleidete Farmer schloß sich uns bei der Hausbesichtigung an. Finanziell hätte er jeden von uns in die Tasche stecken können – aber nach außen hin machte er gar nicht diesen Eindruck. Ich fragte die anderen über ihn aus und bekam zur Antwort: »Er ist der netteste Typ der Welt. Man würde sich nicht träumen lassen, daß er soviel Geld hat.«

Ich schloß mich der Herde, die von Zimmer zu Zimmer trabte, an und versuchte, mir auf all das einen Reim zu machen. Ich meinte immer noch, es ging darum, die anderen zu übertreffen und glaubte, daß der, der seinen Erben das meiste Spielzeug hinterläßt, gewonnen hat.

In der Tat: Unser Gastgeber besaß wirklich eine ganze Menge Spielzeug. Es dauerte geschlagene fünfundvierzig Minuten, bis wir alle Räume durchwandert hatten – einschließlich des Chef-Schlafzimmers, des einzigen übrigens im Hause. Offensichtlich wollte unser Gastgeber keine Besucher haben, die bei ihm übernachteten. Er schlief in einem

48

drehbaren Bett und blickte daraus auf ein Dachfenster, das sich wie automatische Rolläden öffnen und schließen ließ. Das Ganze war hermetisch abgeschlossen und thermostatisch kontrolliert.

Ich stand direkt hinter dem reichen Farmer und hörte, wie er etwas von »allmählich hungrig werden« murmelte. Er war nämlich gekommen, um das gegrillte Fleisch zu essen und die Ehrengäste zu treffen – eine Fußballmannschaft, die vor allem um der Wirkung willen eingeladen worden war.

Zur letzten Station der Hausbesichtigung mußten wir mit dem Fahrstuhl in den Weinkeller fahren. Unser Gastgeber hatte ihn wie den Weinkeller in einem französischen Schloß gestalten lassen – Steine, Holz und anderes Material waren eigens für ihn aus einem kleinen Dorf in der Nähe von Paris eingeflogen worden. Wir stiegen aus dem Aufzug und sahen mehr Flaschen edelsten Weins, als ich jemals vorher bei meinem Weinhändler um die Ecke zusammen gesehen hatte. Und ich dachte: »Mensch, hat der einen Haufen Geld! Hat der Mann vielleicht Erfolg! Ein wirklicher Gewinner!«

Dann langte unser Gastgeber in eines der Regale, die alle auf Kufen standen. (Diese Art der Aufbewahrung garantiert, daß sich die Sedimente am Boden absetzen!) Er holte eine Flasche hervor und sprach: »Dies ist ein äußerst seltener Pinot Noir. Vielleicht ist es der feinste Wein dieser Sorte auf der ganzen Welt. Deshalb ist er auch 20 000 Dollar wert.«

Der Farmer meinte trocken: »Dann sollten wir sie am besten gleich aufmachen. Das ist sicherlich ein besonders feiner Tropfen. Ja, Sie sind wirklich ein schlauer alter Fuchs. Sie haben bis zum Schluß gewartet, um jene 20 000-Dollar-Weinflasche herauszuholen und mit Ihren Nachbarn und Freunden anzustoßen. Wir sind hier fünfundzwanzig Leute. Das macht also ungefähr 800 Dollar pro Glas. Dann mal los. Jeder probiert einen Schluck – und dann stoßen wir auf Ihr Glück an.«

Unser Gastgeber war puterrot angelaufen: »Die Flasche

ist nicht zum Trinken. Sie ist nur zum Präsentieren gedacht. Sie ist ein Teil meiner Sammlung.«

Der Farmer blickte ihm offen ins Gesicht und sagte: »Also, ich lade niemals jemanden ein und zeige ihm meine Vorratsschränke, wenn ich nicht zugleich bereit bin, mit ihm zu teilen. Ich denke, wenn Sie uns Essen und Trinken zeigen, dann sollten Sie uns auch eine Probe davon anbieten.«

Unser Gastgeber blickte ein wenig indigniert und meinte: »Nun, es tut mir leid, wenn ich einen falschen Eindruck erweckt habe, aber ich wollte Ihnen nur meine Sammlung zeigen.«

Der Farmer lächelte: »Und nun dachte ich gerade, Sie wollten mit uns feiern und uns nicht nur mit Ihren Schätzen beeindrucken.«

Tatsächlich haben die Worte dieses Mannes irgendwo tief in mir eine Veränderung bewirkt. Ich verließ die Party ziemlich früh. Ich fuhr nach Hause, parkte meinen Mercedes in der Garage, führte mein Pferd auf die Weide im Hintergarten, öffnete die Eisentore zu meiner Auffahrt und schleppte das Aquarium an einen anderen Platz. Es hatte zwar eine Weile gedauert, aber es war mir jetzt immerhin klar geworden, daß der Mensch mit den meisten Statussymbolen an sich überhaupt noch kein Gewinner ist. Jeder, der sehr viele Statussymbole »nur zum Vorzeigen« hat und seinen Wohlstand nicht wirklich mit anderen teilen will, muß noch ein ganzes Stück wachsen, um zu einer wirklich reifen und selbstbewußten Persönlichkeit zu werden.

Ringen sie um den Erfolg – aber klammern Sie sich nicht daran fest

Früher, zur Zeit des Aquariums und des Mercedes zum Vorzeigen, dachte ich, daß ich selbst »ein Erfolg« sein könnte. Jetzt weiß ich, daß das eigentlich nicht möglich ist. Zwar kann man in gewissen Lebensbereichen zu gewissen Lebenszeiten erfolgreiche Momente haben, aber es kann durchaus sein, daß man schon in der Woche darauf nicht so gut dasteht. Vielleicht ist der Absatz im Geschäft nicht so gut. Die Investitionen waren möglicherweise schlecht geplant. Eines der Kinder könnte sich verletzen. Der Arzt könnte mir sagen: »Schränken Sie mal Ihre Kalorienzufuhr ein, und nehmen Sie sieben Kilo ab.«

Wenn Sie behaupten: »Ich selbst bin ein Erfolg«, dann sind Sie anscheinend der Meinung, es würde sich niemals irgend etwas ändern und die Dinge würden immer so bleiben, wie sie jetzt sind. Aber das Leben ist nicht statisch. Alles ändert sich – und vor allem der Erfolg. Als Robert Redford für den Oscar nominiert wurde, da sagte er einem der Fernsehjournalisten, daß er schon immer ganz gerne nach oben kommen wollte, aber daß man es vermeiden müsse, sich vom Ruhm den Kopf verdrehen zu lassen. Immer, wenn er seinen eigenen Werbekampagnen Glauben schenkt, mache er sich bewußt, daß Erfolg etwas sei, womit man ringen müsse, woran man sich aber niemals festklammern dürfe.

Der Erfolg an sich ist launisch und flüchtig, aber erfolgreich zu leben, indem man für sich selbst den besten Weg findet, kann immer möglich sein. Der falschen Vorstellung, man müsse sich seinen Wert erst verdienen, sollten Sie einmal diese einfache, aber großartige Wahrheit entgegenstellen:

Sie sind wertvoll!

Seien Sie sich immer dessen bewußt, daß es keiner Tricks und keiner großen Besitztümer bedarf, um sich selbst zu achten. Ihren ganzen Wert haben Sie in dem Moment erhalten, als Gott Ihnen das Geschenk Ihres Lebens gegeben hat. Es ist nicht notwendig, daß Sie Ihren eigenen Wert erst finden oder aufbauen müssen oder daß Sie erst wertvoll werden müssen. Es bedeutet, daß Sie dem Wert entsprechend leben, der Ihnen von Anfang an innewohnt. Seinem angeborenen Wert entsprechend zu leben, bedeutet zugleich, für sich selbst den besten Weg zu finden.

Ich weiß wohl, daß ich wertvoll bin, aber . . .

Vielleicht denken Sie jetzt, das klinge zwar alles recht gut, aber Ihre Selbstachtung braucht immer noch ein wenig Nahrung. Vielleicht waren es die vielen schlechten Einflüsse, denen Sie als Kind ausgesetzt waren. Vielleicht haben die Medien es geschafft, Sie in einen Zustand stiller Verzweiflung zu versetzen. Vielleicht haben Sie gerade Ihren Job verloren oder Ihren in der Firma für sie reservierten Parkplatz oder Ihre Partnerin hat Sie verlassen.

Dann ist es an der Zeit, daß Sie sich selbst ein paar grundlegende Fragen stellen:

1. Bin ich jetzt wertvoll, indem ich ich selbst bin?
2. Bin ich fähig – das heißt, gibt es etwas, das ich gut mache?
3. Werde ich zum jetzigen Zeitpunkt von irgend jemandem respektiert?
4. Werde ich zum jetzigen Zeitpunkt geliebt und geschätzt – einfach, weil »ich ich bin«?

Ich glaube, daß Menschen die meisten oder alle diese Fragen positiv beantworten können – es sei denn, sie hätten ernsthafte emotionale Probleme. Es kann natürlich auch sein, daß Sie zu einem bestimmten Zeitpunkt das Gefühl haben, in einem dieser Bereiche (oder sogar in allen) stimmt etwas nicht. Beispielsweise fühle ich mich vielleicht nicht allzu fähig, respektiert oder geliebt, nachdem mein Sprößling – wieder einmal – mein Auto kaputtgefahren hat. Oder eine Geschäftsfrau empfindet vielleicht nicht, daß ihre Angestellten sie wirklich respektieren oder sie für sehr fähig halten, nachdem diese Angestellten auf ihrem Schreibtisch gerade den neuen Merkzettel über geplante unbezahlte Überstunden vorgefunden haben.

Was Sie und ich verstehen und glauben müssen – und wonach wir handeln müssen –, ist, unsere Selbstachtung nicht durch Gefühlsreaktionen beeinflussen zu lassen. Spontane Gefühle sind natürlich wichtig, aber verwechseln Sie niemals bestimmte Reaktionen mit dem permanenten, festen Wert, der jedem Menschen von Geburt an mitgegeben ist.

Als Kinder mußten viele von uns den Erwachsenen gegenüber eine untergeordnete Rolle spielen. Man schrieb uns vor, was wir tun und was wir lassen mußten. Andauernd wurden wir an unsere Fehler und Schwächen erinnert. Dieses emotionale Schnellfeuer kann dann später seinen Tribut fordern – und wenn man es permanent verstärkt und fortsetzt, dann können daraus für den jungen Menschen Probleme, Mißverständnisse zwischen Jung und Alt und ein eingeschränktes persönliches und berufliches Wachstum resultieren.

Viele Menschen sind schrecklich leicht zu verletzen. Auf Grund meiner eigenen Untersuchungen ist mir klar geworden, daß die Leute, die am leichtesten verletzt und gekränkt werden können, auch die geringste Selbstachtung besitzen. Menschen, die meinen, sie hätten nichts Gutes verdient, die an ihren eigenen Fähigkeiten zweifeln und von sich selbst eine schlechte Meinung haben, werden häufig schon aus dem geringsten Anlaß deprimiert, wütend oder eifersüchtig. Und Eifersucht, die Geißel jeder gesunden Beziehung, wird fast immer von derartigen Selbstzweifeln verursacht. Menschen mit einem Gefühl für den eigenen Wert hegen gegen andere keine feindseligen Gefühle, sie brauchen sich nicht dauernd zu beweisen, sie können die Wahrheit klar erkennen und stellen an andere keine überhöhten Ansprüche.

Selbstachtung ist ein Geschenk, das Sie mit Ihrem gesamten persönlichen Wert von Anfang an mitbekommen haben. Es bedeutet, daß Sie wissen und glauben, daß es für Sie keine von anderen Menschen aufgezwungenen Einschränkungen gibt. Ihre Selbstachtung ist Ihr individuelles Potential. Sie ist das Material, aus dem Sie gemacht sind – nicht nur die äußere Form.

Einige Menschen glauben, daß Kinder von geachteten, erfolgreichen und talentierten Eltern die größte Selbstachtung besitzen. Es ist allerdings ein großer Trugschluß, zu glauben, daß dies eine Garantie für hohe Selbstachtung sei. Ihr persönlicher Wert hat sicher nichts damit zu tun, ob Ihre Mutter oder Ihr Vater Ihnen einen goldenen Taufring oder einen billigen Schnuller mitgegeben hat.

In Wahrheit sind einige Leute, die aus äußerst ärmlichen familiären Verhältnissen kamen, die erfolgreichsten Menschen geworden – und umgekehrt haben einige aus idealen Verhältnissen später kläglich versagt. Es hängt alles davon ab, was man mit diesem unschätzbaren Geschenk des inneren Wertes, den Gott uns auf unseren Lebensweg mitgegeben hat, anfängt. Die richtige Einstellung und die Wahrnehmung unserer individuellen Fähigkeiten sind von entscheidender Bedeutung. Der familiäre Hintergrund, eine Kindheit im Überfluß, eine teure Ausbildung und so weiter sind letztlich alle es nur sekundäre Faktoren. Früher oder später wird jeder von uns ein inneres Wertesystem entwickeln, das widerspiegelt, wie wir uns selbst und andere sehen.

Gäbe es eine Skala oder eine Hierarchie der Selbstachtung, dann würde sie, so glaube ich, diesem Schaubild entsprechen:

Innenorientierter Mensch	
Altruist	*hoch*
Tüchtiger Mensch	
Materialist	
Clown	
Prahlhans	*gering, niedrig*
Betrüger	

Tyrann
Ausbeuter
Terrorist
Mörder

am niedrigsten

Die Hierarchie der Selbstachtung

Am unteren Ende der Skala steht der Mörder, dem es praktisch völlig am Gefühl für seinen inneren Wert mangelt. Der Mörder trachtet anderen, und vor allem wichtigen Menschen, nach dem Leben, um auf diese Weise ein besseres Selbstwertgefühl zu erlangen.

Als nächstes kommt der Terrorist, der auf der Wertskala eine winzige Stufe höher steht als der Mörder. Der Terrorist hat es nötig, unschuldige Opfer zu verletzen oder zu entführen, um seine Überzeugung zu demonstrieren. Eine kleine Stufe höher steht der Ausbeuter, derjenige, der andere mißbraucht und durch schlechte Behandlung anderer Menschen Aufmerksamkeit und Erfolg erzwingt. Ausbeuter stoßen andere Menschen herum, im wörtlichen oder im übertragenen Sinne, um Macht auszuüben und sich durchzusetzen. Durch Ihr verletzendes Verhalten versuchen sie, zu demonstrieren, wie wichtig sie doch sind.

Ein kleines Stückchen über dem Ausbeuter steht der Tyrann, der körperlich nicht ganz so bedrohlich ist, aber es liebt, andere einzuschüchtern. Tyrannen sind im allgemeinen Feiglinge, aber sie unternehmen heftige Anstrengungen, um ihre Furcht zu verstecken und die winzigen kleinen Mengen von Selbstachtung zu schützen, über die sie noch verfügen.

Als nächstes kommt der Betrüger, der, um sich überhaupt wichtig fühlen zu können, durch Lügen und Falschheit seine Ziele zu erreichen versucht. Der Betrüger glaubt an »Erfolg um jeden Preis, solange ich ihn kostenlos haben kann«. Der Betrüger ist immer auf der Nehmer-, niemals auf der Geberseite. Betrüger können niemals ihren wirklichen Wert erkennen. Sie versuchen, diesen Wert zu erlangen, indem sie stehlen, um nach außen hin als erfolgreich zu erscheinen oder an eine bestimmte Position, an Geld oder Besitz zu gelangen. Betrüger gibt es in allen Lebensbereichen, in der Ehe ebenso wie an der Börse, auf den Tennisplätzen ebenso wie am Nachlaßgericht, unter den fliegenden Händlern ebenso wie unter den Katzendieben.

Auf der mittleren Stufe unserer Selbstachtungshierarchie stehen Menschen, die es nicht nötig haben, zu töten, zu verletzen, jemanden zu mißbrauchen, einzuschüchtern oder zu stehlen, um auf diese Weise Aufmerksamkeit zu bekommen oder um Gefühle der Selbstachtung entwickeln zu können. Sie sind zu ihrer Selbstachtung auf sozial akzeptierten Wegen gelangt, aber es kann immer noch sehr anstrengend sein, mit ihnen zu leben oder zu arbeiten.

Zunächst einmal ist da der Angeber, der prahlt, um Aufmerksamkeit zu erlangen. Der Angeber liebt es zu sagen: »Hast du gesehen, was ich erreicht, was ich getan habe, was ich anhatte . . . ?«

Auf der nächsten Stufe der Skala steht der Clown, den Menschen häufig gerne zur Unterhaltung um sich haben mögen. Clowns sind durchaus beliebt. Sie sagen gleichsam zur Welt: »Sieh mich an, ich bin lustig, bitte lache!« Gewöhnlich werden Clowns von ihrer Umgebung akzeptiert – bis sie es übertreiben und niemand mehr über sie lachen kann.

Noch eine kleine Stufe höher steht der Materialist, der die oberflächliche Verpackung braucht, den Glanz und die Schau, um sich wichtig fühlen zu können. Eine ganze Menge Leute passen in diese Kategorie – obwohl sie es vielleicht selbst nicht offen zugeben mögen. Ich selbst gehörte auch dorthin, als ich mein Aquarium im Fenster hatte, meinen Mercedes dort parkte, wo jedermann ihn sehen konnte, und als ich mein riesiges eisernes Tor errichten ließ. Ich meinte, ich müßte andere beeindrucken, um mich selbst wichtig fühlen zu können. Wie sehr ich mich doch irrte!

Auf einer hohen Stufe der Selbstachtungshierarchie ist der Tüchtige, der gerne möchte, daß man ihn um seiner persönlichen Erfolge willen anerkennt. Tüchtige Leute arbeiten hart, um den Respekt ihrer Mitmenschen zu verdienen. Sie sind in der Tat mehr daran interessiert, Respekt zu erlangen als Aufmerksamkeit.

Solche Tüchtigen findet man häufig beim Sport oder in Verkaufsorganisationen. Manchmal werden sie in ihrem Team eher unterschätzt. Vielleicht bekommen diese Tüchtigen keine öffentliche Anerkennung, aber solange sie wissen, daß ihre Kameraden und Gegner sie insgeheim als tüchtig anerkennen, sind sie glücklich. Während sie es nach außen hin nicht nötig haben, andere zu beeindrucken, lieben sie doch sehr die Anerkennung. Sie verlangen immer wieder aufs Neue einen spürbaren Beweis dieser Anerkennung – wie eine Trophäe, eine Medaille, eine Plakette oder ein »Gut gemacht!«.

Sogar noch höher auf der Leiter der Selbstachtungshierarchie steht der *Altruist*. Altruisten brauchen nicht so sehr Aufmerksamkeit und Anerkennung, sondern möchten vor allem gerne wissen, daß andere von ihrem Tun profitieren. Häufig sind sie sehr großzügig und engagiert, aber ihre Selbstachtung hängt zu einem gewissen Grade immer noch davon ab, daß andere ihnen Respekt und Anerkennung zollen.

Auf der nächsten Stufe der Hierarchie steht derjenige, den ich einmal den *innenorientierten Menschen* nennen möchte. Innenorientierte Menschen richten sich anschließlich nach ihrem Gewissen und nach ihrer inneren Stimme. Sie geben nicht an und sind nicht arrogant. Sie lieben es, anderen zuzuhören. Die Meinung, die sie über sich selbst haben, richtet sich nach ihrem persönlichen Wertesystem und nicht so sehr danach, was andere Leute über sie sagen.

Solche innenorientierten Menschen haben die höchste Stufe der Selbstachtungshierarchie erklommen. Der in sich ruhende, innenorientierte Mensch kann sagen: »Ich habe mein Bestes getan. Ich habe alle meine Kräfte eingesetzt. Ich bedaure nichts.« Das innere Wertesystem eines solchen Menschen ist sicher verankert, und es ist nicht bestimmten Situationen, einem wechselnden moralischen Klima oder gesellschaftlichen Zwängen unterworfen.

Ein leerer Beutel kann nicht aufrecht stehen

Während Sie die verschiedenen Ebene der Selbstachtungs-hierarchie betrachtet haben, haben Sie vielleicht gedacht: »Ich bin zum jetzigen Zeitpunkt wirklich noch nicht ganz oben angelangt. Tatsächlich glaube ich, daß ich irgendwo in der Mitte bin, daß ich immer noch versuche, andere zu be-eindrucken, Aufmerksamkeit zu erlangen, Respekt oder An-erkennung zu gewinnen.«

Das ist durchaus in Ordnung. Wenn Sie sich ganz ehrlich selbst einschätzen können, dann ist das doch schon großar-tig! Sie haben dadurch eine Ausgangsbasis gewonnen, die es Ihnen erlaubt, sich selbst neue Ziele zu setzen, so daß Sie in der Selbstachtungsskala weiter nach oben rücken können. Sie versuchen nicht, sich über andere zu erheben – und so brauchen Sie andere nicht zu beherrschen. Sie versuchen ganz einfach, der Beste zu sein, der Sie persönlich werden können, den vollen Wert, der Ihnen von Geburt an mitgege-ben wurde, zu akzeptieren und auszuleben. Je besser Sie das verstehen, desto mehr Selbstachtung werden Sie gewinnen – und desto mehr werden Sie anderen geben können, um auf diese Weise Ihre Selbstachtung immer weiter zu festigen.

Winston Churchill pflegte zu sagen: »Man sollte von einem leeren Beutel nicht erwarten, daß er aufrecht stehen kann.« Wenn Sie selbst hier und dort ein wenig in sich zu-sammenfallen, dann haben Sie zwei Möglichkeiten: (1) Sie können sich verstecken – die Probleme einfach vermeiden und versuchen, irgendwie durchzukommen. Vielleicht sind Sie dann aber niemals fähig, Ihren Kopf zu erheben und zu sagen: »Ich bin wertvoll«. Sie können aber auch (2) einmal Ihre Lebensweise überprüfen und sich entscheiden, etwas daran zu ändern.

Einige praktische Ge- und Verbote

Hier sind einige praktische Tips, die Ihnen zu mehr Selbstachtung verhelfen können:

Machen Sie Begeisterung, Enthusiasmus zu einem Bestandteil Ihres täglichen Lebens. Das Wort Enthusiasmus kommt aus dem Griechischen: »theos« heißt »Gott« und »entos« bedeutet »darin.« Die Fähigkeit zur Begeisterung ist eine seelische Kraft, die von innen heraus erzeugt wird; man braucht dafür keine besonderen Anlässe. Sie singen, weil Sie glücklich sind – und Sie werden während des Singens immer glücklicher. Enthusiasmus ist – ebenso wie das Lächeln oder Lachen – ansteckend.

Ich suche mir immer wirkliche Optimisten als Freunde. Homer Mitton, ein Siebenundachtzigjähriger, der vor einigen Jahren mein Nachbar war, pflanzte einige Orangen- und Grapefruitkerne in seinen Hinterhof, weil er gerne immer frisch gepreßten Fruchtsaft trinken wollte. Daß es vier Jahre dauern würde, bis die Bäume Früchte trugen, kümmerte ihn wenig. Er besaß genug Enthusiasmus, um zu glauben, daß er immer noch Zeit genug haben würde, um die Früchte zu genießen.

Nun, ich hatte keine Lust, mich von einem Achtzigjährigen übertreffen zu lassen. Ich kaufte sofort eine junge Rotbuche, die ich auch, *bis sie voll ausgewachsen war,* pflegen wollte. Und Sie wissen, wie lange diese Bäume leben!

Lassen Sie es nicht zu, daß negative Menschen Ihren Selbstwert bestimmen. Suchen Sie nach Freunden und Kollegen, von deren Lebensstil und Äußerungen Sie sich positiv inspiriert fühlen. Wenn Sie mit negativ eingestellten Familienmitgliedern, oder Arbeitskollegen zu tun haben, dann machen Sie eine bewußte Anstrengung, um sich von diesen nicht anstecken zu lassen.

Sehen Sie diese Leute als das, was sie sind: einsam, unglücklich, frustriert. Sagen Sie sich niemals, daß Sie wertlos seien, nur weil Sie von solchen Menschen schlecht behandelt worden sind.

Die höchste Kunst der Kommunikation besteht darin, andere in ihrem Wert zu bestätigen!

Gewöhnen Sie es sich an, sich selbst ermutigend zuzureden. Sich selbst zureden – damit meine ich jene geistigen Gespräche, die Sie während des ganzen Tages immer wieder mit sich selbst führen. In der Literatur wird dies gelegentlich als »Zwiesprache mit sich selbst« bezeichnet. Ich ziehe es vor, solche Gespräche »Drehbuchschreiben« zu nennen – das Schreiben des eigenen Drehbuchs und das Spielen der eigenen Geschichte bis hin zum glücklichen Ende. Wir werden später noch mehr darüber hören.

Gewöhnen Sie sich ein ermutigendes, positives Vokabular an. Kinder, Angestellte und Partner brauchen nicht noch mehr Kritiker und noch mehr negative Verstärkung; sie brauchen bessere Vorbilder und noch mehr positive Ermutigung. Ich habe hier eine kleine Liste von Wörtern aufgestellt, die Sie in Zukunft nicht mehr benutzen – und von anderen, die Sie häufiger im Munde führen sollten:

Wörter, die man vergessen kann:	Wörter, die man häufiger im Munde führen sollte:
Ich kann nicht	Ich kann
Ich werd's versuchen	Ich werde es tun
Ich muß	Ich möchte gern

Ich hätte sollen	Ist in Ordnung
Wenn nur ...	Das nächste Mal ...
Problem	Chance
Schwierigkeit	Herausforderung
angestrengt	motiviert
ich, mich, mein	Sie, Ihr, Du, Dein
Haß	Liebe

Halten Sie sich von denen fern, die immer nur grollen und schmollen. Nur allzu viele Menschen verbringen jeden Tag damit, indem sie an vergangenes Unrecht und an vergangene Kränkungen denken – etwa im Büro oder in ihren Beziehungen oder, ganz allgemein gesprochen, hinsichtlich aller Übel dieser Welt. Hören Sie auf, Ihre Energie damit zu verschwenden! Verwenden Sie vielmehr Ihre geistigen Energien darauf, zu vergeben und zu vergessen.

Pflegen Sie angenehme und erfreuliche Gedanken. Viele Leute glauben, es sei Norman Vincent Peale gewesen, der das positive Denken erfunden hat. Aber Dr. Peale selbst, der mehr als 50 Jahre lang im Dienste der Kirche stand, würde Ihnen sagen, daß der Apostel Paulus ihm weit voraus war. Im ersten Jahrhundert nach Christi schrieb Paulus:

Das Wahre, das Vornehme, das Gerechte, das Reine, das Schöne – alles, was gut und alles, was tugendhaft und lobenswert ist –, damit beschäftige dich in deinen Gedanken, Vorstellungen und Fantasien und meditiere darüber.

Seien Sie kein Angeber. Diejenigen, die dauernd nach Aufmerksamkeit suchen, brauchen auch dauernde Bestätigung. Lassen Sie dagegen Ihre Handlungen für sich selbst sprechen. Wenn Sie einen wirklichen inneren Wert haben, dann brauchen Sie ihn nicht nach außen hin krampfhaft zu demonstrieren.

Berauschen Sie sich – daran Gutes tun. Niemand in der ganzen Geschichte der Menschheit hat durch den Gebrauch von Drogen oder durch das Streben nach Reichtum und Besitz zu dauernder Zufriedenheit gefunden. Wirkliche Freude entsteht nur durch eine gute Arbeit, durch großzügige Taten oder positive Gedanken.

Geben Sie nicht den ewigen Verlockungen der Werbung und dem ewigen Zwang zum Konsum nach. Hören Sie auf die feinen Schwingungen der Wahrheit, und suchen Sie nach ihr. Anstatt nur das zu hören, was Sie hören wollen, versuchen Sie, die Wahrheit herauszufinden. Alles, was Sie denken, ist nur ihre (augenblickliche) Meinung – sie basiert auf Eindrücken und auf sehr begrenzten Informationen. Versuchen Sie, herauszufinden, worauf Ihr persönliches Wertesystem beruht.

Beginnen Sie den Tag mit Freude. Optimismus ist eine Einstellung, die erlernt werden kann. (Genauso ist es mit dem Pessimismus. Weshalb also wollen Sie nicht etwas lernen, was Ihnen hilft?) Üben Sie sich also schon am frühen Morgen im positiven Denken. Wenn das Rasseln des Weckers an Ihren Nerven sägt, dann wachen Sie lieber mit Musik auf. Ich rate Ihnen allen Ernstes, nicht mehr die Morgennachrichten anzustellen. Sie sind nämlich fast immer deprimierend. Statt dessen sollten Sie auf Ihrem Weg zur Arbeit einen Musiksender oder Ihre Lieblingskassetten hören.

Suchen Sie sich einen Kreis von Gleichgesinnten, der Ihnen positive Unterstützung gibt. Suchen Sie sich ein paar positiv eingestellte Bekannte, mit denen Sie sich wenigstens einmal im Monat treffen, um bestimmte Lebensziele und Wege zu diesen Zielen zu diskutieren. Zu den Gruppen, die ich persönlich als sehr hilfreich empfunden habe, gehören Menschen ganz verschiedener Gesellschaftsschichten, mit jeweils verschiedenem Lebensstil, mit unterschiedlichen Lebensanschauungen und Ansichten. Zugleich würde ich niemals mit jemandem meine Probleme diskutieren, der mir nicht dabei hilft, nach Lösungsmöglichkeiten zu suchen. Ich suche stets nach Menschen, deren Einstellungen für mich hilfreich sind – seien sie nun besonders optimistisch oder für mich in anderer Weise inspirierend. Dadurch werden meine Kreativität und meine Vorstellungskraft angeregt.

Vor allem machen Sie aus jedem Tag Ihres Lebens das Allerbeste. Wenn die Uhr nachts Zwölf schlägt, dann ist er unwiderruflich vorüber. Wenn Sie dagegen kreativ mit Ihrer Lebenszeit umgehen, dann trägt diese Kreativität reiche Früchte. Ihre Haltung sollte der Schlüssel sein, der Ihnen die Tür zu immer größerer Selbstachtung und zum klareren »Sie selbst sein« erschließt und Ihnen immer schönere und erfolgreichere Lebensmomente eröffnet.

Mein optimistischer Nachbar, Homer Mitton, lebte wirklich lange genug, um den köstlichen Saft aus den Früchten seiner selbstgepflanzten Bäume genießen zu können. In einem Zustand freudiger Erregung und mit einem Lächeln auf den Lippen, starb Homer, während er mit dem Leiter seines Reisebüros telefonierte: Er war gerade dabei, eine Weltreise zu planen!

Homer hätte mir sicherlich in diesem Punkt recht gegeben: Ihre Einstellungen und Wahrnehmungen bestimmen, wie Ihre Lebensmöglichkeiten aussehen. Anstatt nach dem Erfolg zu streben, sollten Sie sich vielmehr darum bemühen, erfolgreich zu leben. Verschwenden Sie nicht Ihre Zeit und Ihre Energie darauf, nach irgendeinem »Status quo« von Erfolg zu angeln, der ohnehin nicht andauern kann. Entschließen Sie sich, von innen heraus zu leben, und zwar, indem Sie in jedem Moment nach Ihren eigenen Maßstäben der Beste sind!

Wie sie anderen positive Verstärkung geben können

Widerspenstige, störende und trödelnde Kinder können zu mehr Kooperation erzogen werden, wenn man nur das Positive an ihnen hervorhebt. Sagen Sie ihnen deshalb – wenn Sie das auch wirklich meinen:
- Du hast dich heute selbst übertroffen.
- Du machst es jeden Tag besser.
- Dies ist eine gute schriftliche Arbeit – und sie sieht zudem sauber aus.
- Es scheint, du hast geübt, denn du machst es jetzt viel besser als vorher.
- Ich bin stolz auf deine Leistung.
- Diese Arbeit ist wirklich vollständig. Es fehlt nichts.

Auch im Geschäftsleben, in der Kirche und in anderen Bereichen, in denen Menschen zusammenleben, braucht man positive Verstärkung. Formulieren Sie deshalb Ihre Ermutigung so – oder heften Sie Ihre Bemerkungen ans Schwarze Brett:
- Sie arbeiten als würden Sie dafür bezahlt!
- Genauso ist es richtig!
- Es macht mich glücklich, soviel Fleiß und Tüchtigkeit zu sehen.
- Durch Sie macht mir meine Arbeit noch sehr viel mehr Freude.
- Diese Arbeit – oder dieses Verhalten – macht mich glücklich.
- Sie haben heute eine erstklassige Leistung gebracht.
- Wir hatten heute wirklich einen guten Tag.
- Dies ist sicherlich eine der besten Abteilungen in dieser Firma.

Kinder, die nur sehr wenig Lob verdienen, benötigen es am dringendsten. Solche Kinder haben häufig ein sehr schlechtes Selbstbild – und sie scheinen diesem Selbstbild entsprechend zu leben. Gehen Sie vorsichtig mit ihnen um, seien Sie positiv, aber vermeiden Sie auch leere Schmeicheleien in Ihrem Lob. Richten Sie Ihre Aufmerksamkeit auf die zwei oder drei Dinge, die gut gemacht wurden – und nicht auf die vielen Dinge, die falsch gelaufen sind. Ermutigen Sie solche Kinder so:

- Das nächste Mal wird es besser.
- Das sieht schon ganz gut aus.
- Viele deiner Aufgaben hast du richtig gelöst.
- Du machst bereits große Fortschritte.
- Ich kenne niemanden, der sich mehr Mühe dabei gegeben hat.
- Du hast das schon fast gemeistert.
- Du bist auf dem richtigem Weg – weiter so!

3. Charakterstärke kann man nicht erschwindeln

Im Operationssaal eines großen, bekannten Krankenhauses stand eine frisch examinierte Krankenschwester, die gerade den ersten Tag in voller eigener Verantwortung gearbeitet hatte.

»Herr Doktor, Sie haben nur 11 Tupfer entfernt«, sagte sie zu dem Chirurgen. »Wir haben aber 12 benutzt.«

»Ich habe sie alle entfernt«, erwiderte der Arzt. »Wir werden die Wunde jetzt schließen.« »Nein«, beharrte die Krankenschwester. »Wir haben 12 Tupfer benutzt.«

»Ich werde die Verantwortung dafür übernehmen«, sagte der Chirurg düster. »Fäden!« – »Das können Sie nicht machen«, brach es aus der Schwester hervor. »Denken Sie doch an den Patienten!« Der Chirurg lächelte, hob seinen Fuß und zeigte der Schwester den zwölften Tupfer, der auf dem Boden lag. »Sie sind schon in Ordnung«, sagte er.

Eine junge Frau, die die Straßen einer großen Stadt entlangging, hielt einen Fremden an, um sich nach dem Weg zum Museum zu erkundigen. Der Fremde sagte: »Gehen Sie zwei Häuserblocks nach rechts und dann nach links.«

Die Frau ging in die angezeigte Richtung, aber bald hörte sie, daß der Fremde ihr nachrief. Plötzlich hörte sie ihn keuchend herankommen.

»Ich bin froh, daß ich Sie noch erwischt habe«, rief er. »Nachdem Sie um die Ecke gegangen waren, wurde mir klar, daß ich Ihnen etwas Falsches gesagt hatte, und ich wollte doch nicht, daß Sie sich verlaufen.«

In einem Wettbewerb, in dem die Rechtschreibsicherheit von Gymnasiasten getestet wurde, gelangte eine Schülerin in die Endrunde – und buchstabierte ein Wort falsch. Die Schiedsrichter hatten das jedoch nicht deutlich gehört und nickten zustimmend. Die Schülerin aber, der plötzlich klar wurde, daß sie einen Fehler gemacht hatte, schied freiwillig aus dem Wettbewerb aus.

Was haben diese drei kleinen Geschichten gemeinsam? Alle drei erzählen von einer sehr seltenen Eigenschaft – die leider in unserem Alltag immer seltener wird. Aber ohne diese Eigenschaft gibt es keine Möglichkeit, seinen eigenen besten Weg zu finden. Ich nenne diese seltene Eigenschaft Aufrichtigkeit, Rechtschaffenheit oder Integrität. Ich meine damit einen bestimmten inneren Moralkodex und eine bestimmte ethische Einstellung, die nicht um der Bequemlichkeit oder um des persönlichen Vorteils willen abgewandelt werden.

Am Ende des zweiten Kapitels haben wir eine Art Hierarchie oder Stufenleiter der Selbstachtung aufgestellt, auf deren unterster Stufe die Mörder und Terroristen angesiedelt waren, dagegen die Tüchtigen, die Altruisten und die mit dem »inneren Kompaß« ganz oben standen. Wenn Sie die höchste Stufe der Selbstachtung erreicht haben, dann verfügen Sie auch über Ihre eigenen inneren Maßstäbe, mit denen Sie sich selbst beurteilen können. Sie sind sich Ihrer selbst sicher, und die Meinungen anderer Menschen können Sie nicht zum abhängigen Sklaven machen.

Sie besitzen etwas sehr Kostbares: Ihre persönliche Selbstachtung. Wenn Sie Ihr persönliches Bekenntnis zur Selbstachtung formulieren und aussprechen wollten, dann könnte es vielleicht so klingen:

Mein persönliches Bekenntnis zur Selbstachtung:

Ich bin wertvoll, weil Gott mich als wertvollen Menschen erschaffen hat. Ich brauche mir diesen Wert nicht erst zu verdienen. Ich achte mich selbst und sehe ein, daß ich einzigartig und kostbar bin. Mein Wert ist mir von Geburt an mitgegeben. Ich brauche ihn mir nicht erst zu erkämpfen. Ich besitze ihn zu jeder Zeit. Für mich bedeutet es eine persönliche Herausforderung, dieses Gefühl meines eigenen Wertes zu steigern und zu nähren, und es davor zu bewahren, von einer Gesellschaft, die den Erfolg um jeden Preis proklamiert, verbogen oder verzerrt zu werden.

Wenn ich mich nicht dazu verleiten lasse, den Erfolg um jeden Preis anzustreben oder mich auf Kosten anderer mit Erfolgen zu schmücken, dann fällt es mir leicht, meine Selbstachtung zu bewahren. Für mich wird es wichtiger sein, bestimmte Dinge zu tun, durch die auch andere Menschen von meinem Wert – von dem wunderbaren Geschenk, das mir von Geburt an mitgegeben worden ist – profitieren. Für mich ist das die wesentliche Motivation, um das Beste aus mir herauszuholen.

Mein Wert zeigt sich in gegebenen Versprechen, die ich anderen Menschen gebe. Ich engagiere mich und verpflichte mich zu bestimmten Dingen – und ich halte, was ich versprochen und angekündigt habe. Dies ist mehr als wichtig – es ist von entscheidender Bedeutung. Ich sage zu anderen: »Ich bin wertvoll, ebenso wie du wertvoll bist. Wir werden einander etwas von diesem kostbaren Schatz abgeben. Ich werde dir das Beste anbieten, was ich zu geben habe, und ich nehme an, du wirst mir ebenso das Beste zurückgeben.«

Menschen, die von sich selbst annehmen, daß sie keinen oder nur einen sehr geringen Wert haben, können nicht im Sinne eines solchen Bekenntnisses handeln. Es könnte ihnen sogar widerwärtig oder unangenehm sein. Anstatt aus ihrer eigenen Quelle von Selbstachtung zu schöpfen, werden sie versuchen, durch Manipulationen, durch das Verbreiten von Halbwahrheiten und dadurch, daß sie eine »Schau abziehen«, um so Anerkennung zu erlangen.

Leider ist bei vielen Menschen das innere Wertesystem durcheinandergeraten – ja, bei vielen ist es sogar vollkommen umgekrempelt worden. Zum Beispiel scheinen viele junge Leute sich nicht mehr über den Wert einer echt empfundenen Selbstachtung im klaren zu sein. Wenn ich Teenager sprechen höre, dann erscheinen mir Angeber, Clowns und Materialisten als diejenigen, die im Leben die Gewinner darstellen.

Viele junge Leute denken, daß diejenigen, die als erfolgreich oder beliebt angesehen werden, Grund haben, auch arrogant sein zu können. Und diejenigen, die sich unglaublich arrogant verhalten, werden von vielen jungen Menschen sogar noch als Idole verehrt. Das Geschäft mit den Stars der Popmusik ist ein Beispiel dafür. Sehen Sie, daß an diesem Wertsystem tatsächlich etwas falsch ist?

Es ist wichtig, daß ein junger Mensch lernt, durch die äußere Schale hindurchzublicken und den Kern einer Situation oder eines Problems zu erkennen. Einige junge Leute können das recht gut, und sie lassen sich nicht von großen Worten, einem auffälligen oder bizarren Aussehen, vornehmer Kleidung oder einem hübschen Gesicht irreführen. Leider können die meisten Menschen das jedoch nicht. Sie werden erwachsen in dem Glauben, daß im Leben die Äußerlichkeiten zählen würden. Aber sagt nicht schon die Bibel: »Der Mensch schaut auf das Äußere, aber der Herr schaut ins Herz.«?

Wie wir uns von Äußerlichkeiten irreführen lassen

Jeder, der nur an Äußerlichkeiten interessiert ist, ist dazu verdammt, ein seichtes, oberflächliches Leben zu führen. Männer und Frauen, denen es an echter Selbstachtung fehlt, die sich auf Äußerlichkeiten verlassen, um sich mit sich selbst wohl fühlen zu können, werden unweigerlich alles tun, um ihre gute Erscheinung und ihr gepflegtes Äußeres zu erhalten, aber sie werden nur sehr wenig tun, um ihre Seele und ihren inneren Wert zu entwickeln.

Diese Bestechung durch Äußerlichkeiten können wir

überall beobachten – und nirgendwo wird dies deutlicher als in den Werbesendungen im Fernsehen, im Radio oder in der Zeitschriften- und Zeitungswerbung. Wunderschöne Mannequins, Schauspieler und Schauspielerinnen versuchen, uns auf sehr subtile Weise weiszumachen, daß es allein auf einen bestimmten »Look« ankomme. Natürlich brauchen wir nur ein bestimmtes Produkt zu benutzen, und wir werden bald alles bekommen, was wir brauchen – Bewunderung, Sex, Liebe oder was auch immer.

Überall starren uns von den Plakatflächen attraktive Mannequins an – und fast verächtlich halten sie uns das »Wundermittel zum Erfolg« vor die Nase. Die Lösung unserer Probleme liegt auf der Hand. Wir müssen nur bestimmte Markenprodukte kaufen, um selbst zu den oberen Zehntausend zu gehören.

Können wir darauf vertrauen, daß uns diese Welt der schönen Bilder auch einen Rückhalt gibt, wenn wir einmal gerade nicht auf dem Erfolgstrip sind? Wir wissen es nicht. Wir können es nicht wissen, denn all dies sind Werte, die nur in unserer Fantasie bestehen. Es geht in jener Welt nicht um Werte wie Integrität und Rechtschaffenheit, es geht vielmehr darum, eine bestimmte Jeansmarke oder ein anderes Produkt zu verkaufen. Der eigentliche Wert, um den es in jedem Fall geht, ist jedoch unsere persönliche Rechtschaffenheit.

Wie ist es mit der Integrität in der Welt, die uns umgibt, bestellt? Wenn Politiker gezwungen sind, vor Untersuchungsausschüssen auszusagen, dann sprechen Sie sich zunächst einmal mit ihren Rechtsanwälten ab und legen sich ihre Aussagen bis ins einzelne zurecht. Die Börsenmakler an der Wallstreet zittern davor, daß Insiderinformationen über ein gutes Geschäft an der Öffentlichkeit dringen könnten. In Amerika jagt eine Skandalgeschichte über bestimmte Fernsehprediger die andere. Und Politiker, selbst solche, die nach dem allerhöchsten Staatsamt streben, zeigen, für jedermann ganz offensichtlich, eine doppelte Moral in ihrer Lebensführung, während sie zugleich mit dem Brustton der Überzeugung die moralische Erneuerung der Nation fordern.

Allgemein herrscht die Meinung vor, daß das einzige, was zählt, der Erfolg um jeden Preis sei. Die Wahrheit aber ist, daß ein Mangel an moralischen und ethischen Grundsätzen möglicherweise zu einem schnell vergänglichen Ruhm, aber letztlich doch zur Niederlage führt. Integrität, Rechtschaffenheit und ein wirkliches Wertesystem sind das einzige, was wirklich zählt – und was letztlich überall Bestand hat.

Eine kürzlich in einem großen Wirtschaftsmagazin veröffentliche Studie zeigte, daß der entscheidende Faktor beim Einstellen oder Befördern von Managern (oder bei der Einschätzung ihres zukünftigen Erfolgs) ihre persönliche Integrität ist. Seltsamerweise wurden als Qualitäten, die wenig Bedeutung zu haben schienen, folgende genannt: das Aussehen, ein verbindliches Auftreten und die allgemeine Beliebtheit. Finden Sie es nicht auch interessant, daß genau die Charakteristika, die von vielen Heranwachsenden, von der Öffentlichkeit im allgemeinen und von den Massenmedien in den Himmel gehoben werden, am wenigsten zu einem wirklichen, dauerhaften Erfolg beitragen?

Die Krise der Jugend: eine Widerspiegelung des Wertesystems der Erwachsenen

Nichts sagt mehr aus über den Zustand, in dem sich eine Nation befindet, als die Gewohnheiten und die Lebensweise ihrer Jugend. Und diese Lebensweise spiegelt ganz genau das Wertesystem der Erwachsenen wider. Es ist sinnlos, das, was wir in diesem Bereich beobachten, beschönigen zu wollen. Wir alle wissen, daß Schwangerschaften unter Teenagern weit verbreitet sind, und die Legalisierung von Schwangerschaftsunterbrechungen wird häufig als einzige Lösung dieses Problems vorgeschlagen und diskutiert.

Für jeden Bürger mit einem gesunden Menschenverstand ist hier die Beziehung zwischen Preis und Nachfrage ganz offensichtlich. Die Vorstellung, daß Teenager vielleicht davon abgehalten werden könnten, schwanger zu werden, indem man ihnen die Möglichkeit der Abtreibung erleichtert, ähnelt der Erwartung, daß Leute, die man kostenlos tanken läßt, das Autofahren einschränken würden.

Alle fünfzehn Sekunden geschieht in den Vereinigten Staaten ein Verkehrsunfall, in den ein alkoholisierter Fahrer verwickelt ist. Alle dreiundzwanzig Minuten stirbt eines unserer Kinder bei einem Verkehrsunfall – und in den meisten Fällen hat dies auch mit Drogen oder Alkohol zu tun.

Unter den Teenagern ist heute Selbstmord die zweithäufigste Todesursache. Und Amerika ist in dieser Jugendkrise nicht allein. Dasselbe gilt für jedes andere Land in der sogenannten freien Welt und ebenso für viele Länder des Ostblocks.

Überall in der Welt steigt die Anzahl derjenigen, die Kokain nehmen, rapide an – vor allem in den Oberstufen, aber auch schon in den mittleren Klassen der weiterführenden Schulen. Wenn »Koks« von Sportlern, Bühnenstars und all den »wunderbaren« Menschen, die wir Yuppies nennen, genommen wird, dann betrachten es natürlich auch die Teenager, die verzweifelt einer dieser Gruppen angehören wollen, als etwas Tolles.

Warum zerstören sich so viele Menschen selbst?

Was verursacht diese Flut von gewaltsamer Selbstzerstörung, diese wachsende Zahl menschlicher Tragödien? Die Kultur unserer Jugend mit den dafür charakteristischen Seuchen widerspiegelt nur den modernen Bankrott der Moral und der inneren Werte. Wenn es im moralischen Bereich keine absoluten Maßstäbe gibt, wenn die moralischen Maßstäbe von der Situation und den Umständen abhängen, wenn Menschen immer das tun, wozu sie augenblicklich Lust haben, dann werden sie schließlich ihre Integrität und ihre Selbstachtung verlieren, und dies wird letztendlich zu persönlicher Hoffnungslosigkeit und zu sozialem Chaos führen.

Wenn es an Selbstrespekt fehlt, dann wachsen die Bedürfnisse der Menschen ins Unermeßliche. Man will Liebe ohne inneres Engagement. Man möchte Vergünstigungen und Lob, ohne dafür zu arbeiten; man möchte Befriedigung ohne Verantwortung. Man möchte sozusagen die ganze Lotterie mit einem einzigen Dollar gewinnen. Alles, was man zu brauchen scheint, ist eine Einstellung des ewigen Siegers. Man möchte sich ohne Anstrengung immerfort gut fühlen – und wobei könnte man sich besser fühlen als bei dem dauernden Beifall, der dem Gewinner im Spiel des Lebens gespendet wird?

Berühmtheit – im Gegensatz zu Selbstachtung

Berühmtheit geht nicht notwendigerweise Hand in Hand mit Integrität, wirklicher Charakterstärke und Selbstachtung. Dafür gibt es unzählige Beispiele. So versteckt beispielsweise der amerikanische Rockstar Alice Cooper seine nur durchschnittliche Gesangsstimme unter seinem bizarren Aussehen, allen möglichen Schaueffekten und bestimmten akustischen Tricks. In einer seiner Shows im amerikanischen Fernsehen zeigte sich Cooper in eine riesige Pythonschlange eingewickelt, und es kamen Effekte von Hexerei und Okkultismus hinzu – die Fantasie des Zuschauers wurde dadurch auf künstliche und ungesunde Weise angeregt und hochgekitzelt.

Bieten Sie den Menschen das Beste an, was Sie zu geben haben – und glauben Sie zunächst daran, daß auch Sie das Beste von Ihnen bekommen werden

Die wertvolle Charakterstärke, die auf dem Boden von Rechtschaffenheit und Selbstrespekt wächst, fehlt häufig auch den Sportlern. Der Tennissuperstar John McEnroe, ein ausgezeichneter Spieler, ist allen Fernsehzuschauern der Welt dafür bekannt, daß er während des Spiels auftrumpft, ein verächtliches Gesicht zieht und Öbzönitäten von sich gibt, die darauf abzielen, andere einzuschüchtern. Dabei ist es gleichgültig, ob er auf seinen Gegner wütend ist oder auf die Linienrichter oder auf den Schiedsrichter.

Für mich ist der Preis, den diese »Stars« für ihre Bekanntheit und ihren Erfolg zahlen, zu hoch. Für sie scheint die folgende Devise zu gelten:

Erfolg um jeden Preis; was zählt, sind die Resultate – der Verkauf, die Präsentation, der Sieg!

Wie ein Krebsgeschwür verbreitet sich diese Devise in allen Bereichen unserer Gesellschaft – im Geschäftsleben, in der Regierung, im Bereich des professionellen Sports und des Amateursports. Sogar die Kirche ist von dieser Mentalität des »Gewinnens um jeden Preis« betroffen. Und haben Sie sich in letzter Zeit einmal darum gekümmert, wie es um die Sitten der Schüler Ihrer Oberschule um die Ecke bestellt ist?

»Warum einen Mißerfolg in Kauf nehmen, wenn es doch so leicht ist zu betrügen?«

Die Devise vom »Gewinnen um jeden Preis« führt viele Studenten dahin, daß sie den Eindruck gewinnen, es sei ganz in Ordnung zu betrügen, wenn es einem nur hilft, auf der Erfolgsleiter vorwärts zu kommen! Gute Schüler beschreiben, wie sie es schaffen, die Noten zu bekommen, die für den Besuch der Universität Voraussetzung sind: Sie kritzeln bestimmte Antworten auf Bleistifte, auf Papiertücher, sogar auf die Hülle von Taschenrechnern. Häufig wird versucht, in bestimmte Arbeiten und Tests vorher Einblick zu gewinnen.

Betrügen Schüler und Studenten nur deshalb, weil sie korrupt, bösartig und schlecht sind? Nein, einige von ihnen betrügen, weil sie einfach zu faul zum Lernen sind. Jedoch rechtfertigt die Mehrzahl der Betrüger ihr Verhalten damit, daß sie unter einem besonderen Druck stehen. Es gibt den Zwang zu guten Noten, weil man auf eine Universität gehen will. Auf der Universität wird dann sogar ein noch größerer Zwang herrschen, weil man danach einen Job bekommen muß. Und natürlich ist es schwierig, an gute Jobs heranzukommen – und ohne jenen guten Hochschulabschluß stehen die Türen für einen guten Arbeitsplatz nicht ohne weiteres offen.

Sicherlich betrügen Schüler und Studenten nicht, weil sie dumm sind. Sie setzen ihre angeborene Intelligenz in verschiedener Weise ein, um einen ehrenvollen Abschluß zu machen, oder aber um eben durchzukommen und die Ausbildung möglichst reibungslos hinter sich zu bringen. Wenn die Lehrer träge sind und nicht jedes Jahr ihre Klassenarbeiten und Tests verändern, dann behalten die Schüler diese Tests und verleihen oder verkaufen sie an andere.

Sogar Schüler mit einem sehr guten Abschluß geben zu, daß nur in sehr wenigen Klassen nicht geschummelt wird. Vielleicht steht sogar in der Schulordnung, daß diejenigen

Schüler, die man beim Schummeln erwischt, die Prüfung automatisch nicht bestanden haben, und daß man sich mit ihren Eltern in Verbindung setzen wird. Schülern oder Studenten, die dann immer noch schummeln, droht man vielleicht, sie von bestimmten Schulaktivitäten auszuschließen. Ich frage mich manchmal, was diese Schüler tun würden, wenn sie wüßten, daß das Schummeln automatisch zum endgültigen Ausschluß von Besuch der Schule führt – und zwar ohne jede Chance, jemals irgendeine Art von Abschluß zu erwerben?

Die meisten Schulverwaltungsbeamten wollen jedoch nicht so viel Wind machen. Sie machen so weiter wie bisher, wedeln drohend mit der Schulordnung – aber häufig, ohne die Regeln wirklich durchzusetzen. Was ist das Ergebnis? Jeder opfert seine persönliche Integrität auf dem harten, kalten Altar des Opportunismus. Genau diese Tatsache wurde von einem Schüler mit einem leichten Zucken der Achseln so ausgedrückt: »Ich kann nicht verstehen, warum Leute durchfallen, wenn sie doch die Gelegenheit zum Schummeln bekommen haben.«

Es ist also Zeit, einmal laut und deutlich zu warnen:

Der Erfolg hat immer einen Preis; was wirklich dabei zählt, ist Integrität!

Wenn wir das Ziel des Erfolgs um jeden Preis vor Augen haben, dann gibt es keinen Raum für die Integrität. Ohne Integrität gibt es aber wiederum keinen Platz für die Selbstachtung. Was ist das Ergebnis? Ein moralischer und geistiger Bankrott. Unter solchen Umständen für sich selbst den besten Weg zu finden, ist dann nichts als eine hohle Phrase.

Aber es liegt an uns, der Integrität wieder zum Durchbruch zu verhelfen. Wir müssen einfach nach Beispielen Ausschau halten, in denen uns gezeigt wird, daß es noch so etwas wie Integrität und Rechtschaffenheit gibt. Vor einiger

Zeit las ich in einem Sportmagazin über Reuben Gonzales, der am Ausscheidungsspiel eines Racquetballturniers (ein Spiel ähnlich wie Handball, bei dem die Spieler aber Schläger mit kurzen Griffen benutzen) teilnahm. Obwohl der Linienrichter und auch der Schiedsrichter es nicht bemerkt hatten, daß einer von Gonzales' Bällen im »Aus« gelandet war, brach Gonzales plötzlich das Spiel ab, stellte fest, daß er eben den entscheidenden Fehler gemacht habe und gratulierte seinem Gegner zum Sieg. Niemand hatte das erwartet.

In der nächsten Ausgabe des betreffenden Sportmagazins war Reuben Gonzales auf dem Titelbild zu sehen. Im Leitartikel wurde nach einer Erklärung für seine – für den Racquetsport bisher einmalige – Reaktion gesucht. Wer hätte sich eine solche Reaktion jemals beim Sport oder in einem anderen Lebensbereich vorgestellt? Ein Spieler, der offiziell den Sieg schon in der Hand hatte, disqualifizierte sich selbst und verlor!

Als er gefragt wurde, warum er das getan hatte, sagte Reuben Gonzales: »Es war das einzige, was ich hatte tun können, um vor mir selbst meine persönliche Integrität zu bewahren.«

Nach meiner Meinung hat Reuben zwar das Spiel verloren, aber er hat dafür etwas bei weitem Wichtigeres gewonnen. Er bewahrte seine Selbstachtung und gewann außerdem die Achtung seiner Gruppe, seiner Sportskameraden und die Achtung der Menschen, die das Glück hatten, seine beispielhafte Reaktion zu beobachten.

Die Integrität beginnt bei Ihnen zu Hause

Was können wir tun, um den Verlust an Integrität in der heutigen Welt aufzuhalten? Ebenso wie die Barmherzigkeit, beginnt auch die Integrität zu Hause. Eines der schönsten Geschenke, das wir unseren Kindern machen können, sind vom Herzen kommende moralische und ethische Werte. Sie sollten es lernen, so früh wie möglich für ihre Handlungen die Verantwortung zu übernehmen. Je mehr Verantwortungsgefühl sie entwickeln, desto wohler werden sie sich mit sich selbst fühlen.

Das Übernehmen von Verantwortung beginnt schon in einem sehr frühen Alter – wenn etwa der Kleine, der eben Laufen gelernt hat, kleine Aufgaben, wie etwa das Aufheben und Weglegen von Spielzeug, übernimmt. Es bedeutet auch, daß das Kind lernt, daß man schmutzige Kleidung in den Wäschekorb wirft und ein wenig Sinn für Ordnung entwickelt. Wenn die Kinder älter werden, dann lernen sie es, kleine regelmäßige Pflichten zu übernehmen und sinnvoll mit dem Taschengeld umzugehen. Man sollte niemals Kindern kleine Aufgaben abnehmen, die sie selbst schon erledigen können. Ihre Rolle als Erzieher besteht darin, ihnen zu helfen, unabhängige, selbständige Erwachsene zu werden, die mit anderen durch gegenseitigen Respekt und nicht durch Abhängigkeit verbunden sind.

Es ist vor allem notwendig, daß Sie Ihren Kindern Wohlwollen und Dankbarkeit beibringen und Ihnen zeigen, wie man teilt, wie man sich um die Rechte und das Wohlergehen auch von anderen kümmert. Bringen Sie Ihren Kindern bei, daß ihre wirklichen Belohnungen im Leben davon abhängig sein werden, wie sehr sie es lernen, anderen zu dienen und zu helfen und daß sie andere immer so behandeln sollten, wie diese anderen sie behandeln. Zu jedem »Recht« gehört eine entsprechende Verantwortung.

Es ist tragisch, daß sehr viele Eltern ihre Kinder zum Egoismus erziehen. Kinder lernen es, sich mehr mit ihren Rechten als mit ihren Pflichten zu befassen. Es fehlt ihnen zwar jegliche Bereitschaft zur Verantwortung, zugleich aber spricht man dauernd davon, ein »Recht« oder einen »Anspruch« auf etwas zu haben. Motiviert von Gefühlen der Furcht, der Faulheit und der Gier, akzeptieren allmählich immer mehr Menschen einen geringen Produktivitätsstandard, schlampige Arbeit und niedrige oder gar keine moralischen Wertvorstellungen. Integrität wird ersetzt durch die Devise des »Ich will alles« (ohne Gegenleistung) und der Gier nach sinnlicher Befriedigung um jeden Preis, die in unserer westlichen Welt immer mehr propagiert werden.

Du sollst ein besseres Beispiel geben

Wenn ich einmal die »Zehn Gebote für Eltern« schreiben sollte, dann hieße das wichtigste: »Du sollst deinen Kindern ein Beispiel geben, das es wert ist, nachgeahmt zu werden.« Oder, anders ausgedrückt: »Wenn Ihre Kinder es nicht tun, dann sollten Sie es auch nicht tun.«

Als ich beispielsweise meinen Kindern sagte, sie sollten ihre Zimmer aufräumen, da bemerkten sie plötzlich, welch ein Durcheinander in meiner Garage herrschte.

Als ich ihnen sagte, daß Ehrlichkeit in unserer Familie ganz obenan stünde, da machten sie einige passende Bemerkungen über den Radardetektor, den ich an meinem Auto angebracht hatte, und sie begannen, sich brennend für meinen Lohnsteuerjahresausgleich zu interessieren.

Als ich ihnen sagte, sie sollten keine Drogen nehmen und keinen Alkohol trinken, da beobachteten sie vom Balkon im ersten Stock unseres Hauses, wie sich die Gäste auf unseren Parties benahmen. Ich glaube, sie haben sogar die Medizinschränke durchgestöbert, um zu sehen, welche Medikamente wir nahmen.

Gleichgültig, wie alt sie waren, meine Kinder verarbeiteten das, was ich in sie hineinlegte, sogar noch bevor sie gehen oder sprechen konnten. In meinen Vorträgen und den Videofilmen über die »Psychologie des Erfolgs« erzähle ich die wahre Geschichte der Konfrontation mit einer meiner Töchter, Dayna, als sie noch als Baby im Hochstuhl saß.

Ich werde jenen schicksalhaften Tag niemals vergessen. Ich muß zunächst einige Bemerkungen vorwegschicken, damit sie die Situationskomik wirklich nachvollziehen können. Ich war damals ein hitzköpfiger Marinepilot, der der Meinung war, der Himmel und seine Familie seien ihm untertan. Beim Rasenmähen trug ich meine Pilotenuniform – um die Nachbarn zu beeindrucken. Manchmal trug ich meinen Flughelm, während ich am Steuer meines schwarzen Porsche saß und die »Klapperkisten« auf den Autobahnen jagte.

Es war Freitagabend, und ich hatte wieder einmal den ganzen Tag lang mit meinem Armeeflugzeug harmlose Farmer auf ihren Traktoren über die Felder gescheucht – wobei ich immer zu Übungszwecken annahm, daß es sich dabei um bewegliche sowjetische Raketenbasen handelte. Natürlich erwies ich der Nation damit einen ungeheuren Dienst.

Zu Hause angelangt, stürzte ich schnurstracks in die Küche. Da ich den ganzen Tag lang in so schwere strategische Manöver verwickelt gewesen war, hatte ich jetzt einen gewaltigen Appetit entwickelt. Ich hielt jedoch wie vom Schlag getroffen inne, als ich meine Frau geduldig vor dem Hochstühlchen meiner Tochter sitzen sah, Spritzer von braun-gelbem Babybrei auf ihrem Haar, auf ihrer Schürze, auf dem Fußboden: überall, nur nicht im Mund unserer kleinen Tochter. Es schien, als hätte die Kleine meine Frau als Geisel gefangengenommen und drohte nun, ein weiteres Brei-Schnellfeuer auf sie loszulassen, wenn sie nicht sofort den Zwieback und das Apfelmus servierte.

Als ein damals noch unaufgeklärter, halb-chauvinistischer Marineflieger entriß ich meiner Frau den Löffel, um meiner rebellischen Tochter zu zeigen, wer hier das Kommando hatte. »Hier ist dein Vater. Öffne den Mund!« kommandierte ich grimmig. Ihre kleinen Kiefer schlossen sich fester als eine Faust. Meine Frau lächelte süß und beobachtete die Situation.

Ich änderte nun meine Taktik der Einschüchterung und versuchte, ein positives Vorbild abzugeben. Ich versuchte die Technik der Motivation durch den Erfolg. Ich aß selbst das halbe Glas mit dem scheußlichen Babybrei und schmatzte mit den Lippen beim Genuß dieser Köstlichkeit. (In Wirklichkeit drehte sich mir fast der Magen um. Das Zeug schmeckte wie klebrig-süßliche Pappe!) Während ich ihr demonstrierte, wie köstlich Babybrei schmecken kann, suchte ich in ihrem Gesicht nach irgendwelchen Anzeichen von Neugierde und Appetit. Statt dessen sagten mir ihre blauen Augen: »Gut, Dickerchen, iß es nur auf, wenn es dir schmeckt!«

Jetzt riß mir der Geduldsfaden. Ich stülpte mir meinen Flughelm über und befahl meiner Frau, die Küche zu verlassen. Sie war in diesem Moment zum Kampfgebiet erklärt worden.

Ich ging gegen die kleine Rebellin in Position. Ihre beiden Bäckchen fest mit meinen Riesenfingern zusammenpressend, zwang ich sie mit sanfter Gewalt, den Mund zu öffnen. Schnell schaufelte ich drei Teelöffel Babybrei in ihren Mund und hielt ihn dann fest zu – so wie es viele Mütter und Väter seit Ewigkeiten mit ihren Kindern tun.

Sie reagierte sofort und kompromißlos. Sie hatte sich entschlossen, ihren Atem unbegrenzt lange anzuhalten – selbst wenn dabei ein kleiner Gehirnschaden entstehen sollte. Ihr Gesicht lief blaurot an. Auch mein Gesicht wurde blaurot – vor Wut. Ich funkelte sie wütend an – Nase an Nase, Auge in Auge mit ihr.

»Es wird dir nichts nützen, die Luft anzuhalten, Fräulein. Früher oder später wirst du doch atmen müssen – im übrigen, meine Liebe, haben wir auch noch andere Kinder!« Man sollte es nicht glauben: Ich habe wirklich damals in der Küche laut diese Sätze gesprochen.

Tatsächlich verstand sie die wilde Drohung und verhielt sich entsprechend. Gerade als ich ihre Bäckchen noch fester zusammenpressen wollte, um den Babybrei zurückzuhalten, atmete sie mit großer Heftigkeit aus. Wenn aus einer kleinen Öffnung schnell eine große Menge an Flüssigkeit herausgepreßt wird, steht ein gewaltiger Druck dahinter.

Alles, woran ich mich erinnern kann, ist, daß sich ein Schwall von Babybrei in meine beiden Nasenlöcher ergoß. Ich keuchte, fiel vom Stuhl und rang nach Atem. Meine Frau war auf Zehenspitzen zurück in die Küche geschlichen, um das Drama zu beobachten, und sah mich nun auf dem Boden liegen, keuchend und hustend wie ein verwundeter Stier.

»Was ist passiert, Krieger?« neckte sie mich. »Nichts ist passiert«, erwiderte ich schwach, indem ich mit Hilfe von Papiertüchern mein seelisches Gleichgewicht und die Funktionsfähigkeit meiner Nase wiederherzustellen versuchte. »Wir sollten die Sache nicht so hochspielen. Sie mag keinen Babybrei.«

Aus diesem lächerlichen Vorfall habe ich eine ganze Menge gelernt. Zum einen, daß Kinder genau so reagieren, wie man sie behandelt. Zweitens, daß sie auf jeden Fall ihren eigenen Kopf haben. Sie können unsere Lehren entweder annehmen oder zurückweisen. Deshalb ist es so wichtig, ihnen durch unser eigenes Verhalten täglich ein gutes Beispiel zu geben.

Das ist leichter gesagt als getan. Eine Weile lang gelingt es uns, unseren Kindern ein gutes Beispiel zu geben, aber früher oder später meinen wir häufig, wir brauchten eine kleine Pause. Wir müssen uns dann entspannen – wieder ein wenig »wir selbst« sein.

Das Problem ist, daß dies für Kinder sehr verwirrend ist. Die Kinder denken, Mutter und Vater seien »sie selbst«, wenn sie sich für die Kinder vorbildlich verhalten. Wenn sie die andere Seite der Medaille kennenlernen, dann sind sie zunächst einmal sehr verdutzt, aber dann begreifen sie sehr schnell. Sie lernen das Spiel der doppelten Moral kennen.

Wenn sie den Erfolg um jeden Preis anstreben, dann werden sie niemals für sich selbst den besten Weg finden!

Ein altes Sprichwort besagt: »Taten sprechen lauter als Worte.« Aber noch mehr gilt: Wenn das, was Sie sind, mit dem zusammenpaßt, was Sie sagen, dann wird Ihr Leben wirklich eine deutliche Sprache sprechen. Wenn Sie Ihren Kindern durch Worte und Taten ein Vorbild sein möchten, dann sollten Sie folgende Ratschläge beherzigen:

Bringen Sie Ihren Kindern bei, in jeder Hinsicht ihr Bestes zu geben. Und dann handeln Sie selbst auch nach dieser Devise. Sagen Sie niemals: »Sobald du mit deiner Arbeit fertig bist, kannst du hinausgehen und spielen.« Sagen Sie vielmehr: »Beides zu seiner Zeit: Die Arbeit und das Spiel.« Und dann mähen Sie auch erst einmal den Rasen oder putzen die Fenster, bevor Sie sich das Fußballspiel im Fernsehen anschauen.

Bringen Sie Ihren Kindern bei, daß es auf dem Weg zum Erfolg keine Abkürzungen gibt. Wenn Sie erfolgreich sein wollen, dann brauchen Sie ein fundiertes Wissen, eine gute Vorbereitung und ein festes Durchhaltevermögen. (Wenn Sie diesen Ratschlag wirklich ernst nehmen, dann müßten Sie eigentlich aufhören, Lotto zu spielen.)

Begrenzen Sie das Familienfernsehen auf spezielle Sendungen. Lassen Sie es niemals zu, daß Familienmitglieder das Fernsehen als eine Fluchtmöglichkeit benutzen, um sich vor wichtigen oder wirklich bereichernden Unternehmungen zu drücken.

Leben Sie Ihrer Familie eine einfache Wahrheit vor: daß Gewinner hart arbeiten müssen, um erfolgreich zu sein. Was auch immer Sie tun mögen – tun Sie nur Dinge, bei denen Ihre Kinder Sie als positives Vorbild sehen können. Wahrscheinlich werden sie Ihnen dann eher glauben, wenn Sie ihnen sagen, was sie besser tun oder lassen sollen.

»Aber Vati, alle Kinder gehen doch auf diese Party!«

Vor einiger Zeit ärgerte sich eine unserer heranwachsenden Töchter darüber, daß ich ihr nicht erlaubte, auf eine Party im Hause einer Freundin zu gehen, nachdem ich erfahren hatte, daß deren Eltern nicht anwesend sein würden.

»Wir sind doch keine kleinen Kinder«, schmollte sie. »Wir können schon selbst die Verantwortung übernehmen. Weshalb kann ich nicht hingehen? Vertraust du mir nicht?«

»Ich vertraue zwar dir, aber nicht der Situation«, sagte ich vorsichtig. »Deine Mutter und ich sind der Meinung, daß wir in der Nähe und erreichbar sein sollten, wenn du hier für deine Freunde Parties veranstaltest. Offen gestanden weiß ich nicht recht, ob ich Eltern vertrauen kann, die ihr Kind eine Party geben lassen, wenn sie nicht da sind.«

»Laß uns mal annehmen, deine Mutter und ich würden weggehen, während du eine Party gibst. Was würde geschehen, wenn jemand lauter Blödsinn machte und ins Schwimmbecken fiele oder sich sonstwie verletzte? Wir würden uns für den Rest unseres Lebens schuldig fühlen. Wir sind für alles, was in unserem Hause geschieht, verantwortlich. Wir möchten diese Verantwortung nicht einfach abgeben und sie dir allein übertragen. Wir wissen, daß du ein verantwortungsbewußter Mensch bist, aber wir glauben, daß es nicht fair ist, dir eine bestimmte Verantwortung zu übertragen, die eigentlich wir übernehmen müßten.«

»Aber ich bin doch nicht verantwortlich – es ist Brendas Party«, erwiderte unsere Tochter.

»Nein, der Meinung bin ich nicht. Eigentlich sind Brendas *Eltern* verantwortlich, und wenn sie nicht da sind, dann bringen sie sie in eine Situation, der wir dich niemals aussetzen würden. Ich würde mir wünschen, daß sie sich ähnlich verhalten würden wie wir, wenn du eine Party gibst. Sie könnten sich ja durchaus an einem anderen Ort aufhalten, aber so, daß sie in Notfällen oder um zu helfen verfügbar wären.«

Etwas widerwillig begann unsere Tochter unseren Standpunkt einzusehen. Schließlich ging sie tatsächlich nicht auf jene Party, und meine Frau und ich fühlten uns erleichtert, nicht schuldig.

Es ist nicht leicht, unseren Kindern Rechtschaffenheit, Integrität und Charakterstärke beizubringen, aber es ist den Versuch wert, denn es gibt keine bessere Möglichkeit, um ihre Selbstachtung zu stärken und ihnen dabei zu helfen, Respekt für sich selbst zu entwickeln. Während ich versuche, meinen Kindern Integrität und Chrakterstärke beizubringen, halte ich immer an diesem Grundsatz fest: Was ich *in* ihnen als Persönlichkeiten aufbauen helfe, ist wichtiger als alles, was ich ihnen an materiellen Gütern zurücklasse.

Versuchen Sie einmal, sich selbst mit Hilfe der zehn Fragen einzustufen, die William D. Brown, ein klinischer Psychologe, entwickelt hat. Es ist interessant, diesen Test im Licht der Frage zu analysieren, was er über die eigene Selbstachtung aussagt.

Wenn wir zum Beispiel in Versuchung kommen, unsere Spesenrechnung ein wenig zu frisieren, dann muß sich jeder einzelne von seinem Gewissen leiten lassen. Einige Menschen haben ein höher entwickeltes Gewissen als andere. Sie können mit einem gewissen Recht annehmen, daß Sie, wenn Sie überhaupt an Integrität interessiert sind, auch ein sehr empfindliches Gewissen haben. Wenn Sie diese Stimme des Gewissens verletzen, dann sinkt zugleich auch Ihre eigene Selbstachtung.

Wenn Sie an Integrität und Charakterstärke für sich selbst interessiert sind und daran, für sich selbst den besten Weg zu finden, dann wird es Ihnen auch zur Gewohnheit werden, für den Lohn eines Arbeitstages wirklich gute Arbeit zu leisten. Wenn Sie sozusagen auf Sparflamme arbeiten, dann wird das unweigerlich Ihre Selbstachtung vermindern.

Dwight L. Moody, der amerikanische Kirchenprediger des 19. Jahrhunderts, hat einmal gesagt: »Charakter ist unverkennbar – sogar in der Dunkelheit.« Wenn Sie auch nur bei den kleinsten Dingen nachlässig und schlampig vorgehen, dann hilft Ihnen das sicherlich nicht dabei, Selbstachtung und Selbstrespekt aufzubauen.

Testen sie ihre Integrität

Setzen Sie nach jedem Punkt der folgenden Liste entweder 5, 4, 3, 2 oder 1 ein, indem Sie die folgende Werteskala benutzen: 5 = vollkommen einverstanden; 4 = ja, richtig; 3 = ungewiß; 2 = ich bin anderer Meinung; 1 = bin ganz und gar anderer Meinung.

1. Ich gebe nicht der Versuchung nach, meine Spesenrechnungen zu frisieren. _____

2. Für das Geld, das ich verdiene, setze ich meine volle Arbeitskraft ein. _____

3. Ich entwende niemals Büromaterial – nicht einmal kleine Dinge! – für meinen persönlichen Gebrauch. _____

4. Wenn meine Mitarbeiter so ehrlich wären wie ich, dann würde unsere Firma niemals durch die »Weiße Kragen-Kriminalität« Verluste erleiden. _____

5. Diejenigen, die mich kennen, wissen, daß ich ein Mensch bin, der seine Versprechen hält. _____

6. »Loyaler und treuer Freund« – das ist ein Charakteristikum, mit dem meine Freunde mich beschreiben würden. _____

7. Ich versuche, das, was ich tue, so zu tun, daß sich andere daran ein Beispiel nehmen können. _____

8. Jeden Tag versuche ich, in allen meinen

Handlungen und Worten klar und deutlich zu sein – sowohl im Büro als auch außerhalb. _____

9. Wenn meine Frau mir seelisch und körperlich so treu wäre wie ich ihr, dann wäre ich zufrieden. _____

10. Im allgemeinen verhalte ich mich anderen gegenüber so, wie ich gerne selbst behandelt werden möchte. _____

Summe: =======

Die Testauswertung ergibt:

44–50 – *Ausgezeichnet.*

Sie sind zweifellos ein Gewinner.

37–43 – *Gut.*

Aber es gibt noch Verbesserungsmöglichkeiten.

0–36 – *Schwach.*

Leider mangelt es ihnen in trauriger Weise an Charakterstärke und Integrität.

Sie haben wahrscheinlich bei Frage 4 eine »5« (vollkommen einverstanden) eingesetzt, weil Sie ganz sicher sind, daß Sie auch nicht die geringste Summe Geldes veruntreuen würden. Aber durchdenken Sie diesen Punkt noch einmal, und fragen Sie sich: Bin ich wirklich ehrlicher als die meisten meiner Mitarbeiter? Was wäre, wenn ich in eine wirkliche Notlage käme und niemand wüßte, daß ich nur ein paar Mark genommen habe?

Eines der größten Komplimente, die man Ihnen überhaupt machen kann, ist, daß Sie ihr Wort halten. Nur allzu viele Menschen versprechen etwas und finden später eine Ausrede, wie etwa diese: »Oh, ich wußte gar nicht, daß Sie es wirklich so aufgefaßt haben«, oder: »Das habe ich eigentlich gar nicht so gemeint.« Worte sind billig, aber sein Wort nicht zu halten kommt teuer zu stehen, denn es kostet Sie Ihre Selbstachtung.

Ein wirklicher Freund ist jemand, der auch einmal ein Geheimnis bewahren kann – und guten und in schlechten Zeiten.

Taten sind in jedem Fall wichtiger als Worte. Und Taten machen deutlich, wie viel Sie eigentlich von sich selbst halten.

Ehrlichkeit ist der beste Weg, um anderen ein gutes Beispiel zu geben. Sie ist nicht etwas, was einfach »passiert«; häufig kostet sie uns eine sehr große Anstrengung und ein wirkliches Opfer. Jedesmal, wenn Sie das Richtige tun, wächst Ihre innere Stärke und Selbstachtung.

Vielleicht wird eheliche Treue allmählich noch seltener als Integrität und Charakterstärke um Berufsleben. »Affären« und Ehebruch erschüttern heutzutage viele Familien. Wenn Sie wirklich Ihrem Ehepartner treu sein möchten, dann beachten Sie immer einen wichtigen Grundsatz: Stellen Sie niemals die Freundschaften mit anderen über die Beziehung zu Ihrem Ehepartner. Machen Sie Ihren Ehepartner zu Ihrem besten und vertrautesten Freund; sehr gute Freunde verraten einander nicht.

Wir dürfen uns nicht darauf einlassen, im beruflichen und im persönlichen Bereich unterschiedliche Maßstäbe gelten zu lassen. Integrität und Charakterstärke sind nichts, was man nur gelegentlich, nach Bedarf, anwenden könnte.

Integrität ist nicht situationsbedingt. Integrität ist für die, die begriffen haben, was »der Beste zu sein« wirklich bedeutet, ein absoluter Wert.

Vor einigen Jahrzehnten hat Frau Chiang Kai-Shek, die mit ihrem Mann das chinesische Volk im Zweiten Weltkrieg gegen die Invasion der japanischen Armee angeführt hat, etwas sehr Wichtiges über die Integrität gesagt:

Wir sind letztendlich die Summe aller unserer Taten. Charakterstärke kann nicht vorgetäuscht werden – sie kann auch nicht einfach übergestreift werden, als sei sie nur ein

Kleidungsstück, das man in einer bestimmten Situation anzieht. Wie die Ringe des Baumstammes, die sich langsam mehr und mehr ausbreiten, bedarf es für die Entwicklung wirklicher Charakterstärke sehr viel Zeit und liebevoller Geduld.

So schreiben wir Tag für Tag unser eigenes Schicksal fest; denn unweigerlich werden wir zu genau der Persönlichkeit werden, die sich durch unsere Taten ausdrückt.

Hören Sie Ihrem Kind zu

Nimm dir heute Zeit für das, was dein Kind dir sagen möchte.

Nimm dir Zeit, um ihm zuzuhören; denn wenn du es nicht tust, dann wird sich sein Herz bald verschließen.

Teil mit ihm seine Sorgen, hör zu, was es braucht.

Gib ihm Lob für den kleinsten Sieg und die geringste gute Tat.

Laß zu, daß es ein wenig plappert, bring es zum Lachen.

Find heraus, was es möchte und wie es ihm geht.

Und sag ihm jeden Abend, daß du es wirklich liebst.

Denn selbst wenn du es tadelst, muß es wissen, daß du es immer liebhast.

Und zeig ihm, daß das Leben schön ist.

Wenn wir kein Vertrauen in unsere Kinder haben, dann werden sie genau so, wie wir es immer befürchtet haben. Aber wenn wir ihnen zeigen, daß wir stolz auf sie sind, dann wachsen sie im Glauben an ihre eigene Stärke auf.

Nimm dir für dein Kind einen Augenblick Zeit.

Geht ein Stück Weges gemeinsam, er ist leider nicht weit.

Nimm dir Zeit für die Kinder auf dieser Welt,

Denn Liebe und Wärme sind wichtiger als Geld.

4. Leben ohne Begrenzungen

Eine der wenigen Gelegenheiten, bei denen ich einmal fernsehe, ist das morgentliche Rasieren und Ankleiden in meinem Hotelzimmer, bevor ich zu meinen Seminarteilnehmern gehe. An einem bestimmten Tag sollte ich einmal drei Stunden lang über die Wirkungen von negativen Sendungen in den Medien berichten und über den Zynismus im Selbstbild der Jugend und der Gesellschaft im allgemeinen. Während ich mein Kinn »porentief rein« rasierte, führte ich mir die morgendliche Talkshow zu Gemüte, um einen Eindruck davon zu bekommen, was eigentlich jene enormen Einschaltquoten des amerikanischen Frühstücksfernsehen verursachte.

Und was für Helden bekam ich da zu Gesicht! Wie glücklich konnten sich die Zuhörer in den Studios schätzen, daß sie persönlich anwesend waren und aus erster Hand von jenen wunderbaren Programmen profitieren konnten! Was für ein Glücksfall, daß ich mich zufällig in dieses Programm eingeschaltet hatte! Ich konnte dadurch einen Einblick in das gewinnen, was die amerikanische Öffentlichkeit wirklich fühlt und denkt.

Im ersten Teil der Show sah ich vier Frauen, deren Berufung man am besten mit »Teilzeitprostituierte« umschreiben könnte. Am Abend und am Wochenende waren sie brave Vorstadthausfrauen. Aber an Wochentagen führten sie in der Stadt das glänzende Leben von Callgirls. Der Moderator im Silberhaar war begeistert von der Lebenskunst dieser Frauen und leitete schwungvoll den interessanten Meinungsaustausch zwischen dem erlesenen Expertenteam und den Zuhörern im Studio. »Sollten die Teilzeitkräfte Hausfrau/Prostituierte ihren Männern von ihren Nebenjobs erzählen?« – »Sollte das sauer (oder nicht so sauer) verdiente

Geld in die gemeinsame Kasse getan werden?« – »Langweilten sie sich, oder versuchten sie nur, es ihren arbeitssüchtigen Ehemännern einmal zu zeigen?« – »Hatte jemals eines der Kinder Verdacht geschöpft, daß die Mutter eben nicht nur ›gerade mal eben zum Wochenmarkt‹ gegangen war?«

Gerade wollte ich die Kiste abstellen und einen kleinen Spaziergang machen, als unter dem Trampeln und Pfeifen der – übrigens äußerlich ganz normalen – Zuschauer fünf männliche Stripteasetänzer auftraten, die wie ein Rudel Kaninchen auf der Bühne herumhopsten. Der emanzipatorische Sinn dieses Auftrittes war natürlich, daß das, was die Gans kann, auch dem Gänserich erlaubt sein muß. Da ich allerdings nicht in der richtigen Stimmung war, diese Art von schwerem kulturellem Geschütz über mich ergehen zu lassen, schaltete ich um, um mir eine andere Talkshow anzusehen.

Da saßen sie nun auf der Bühne, jeder von ihnen ein Gewinner und frischgebackener Millionär dank der Segnungen der staatlichen Klassenlotterie. In dieser Show ging es darum, daß sich Amerika einmal von den »Erfolgs«-Geschichten dieser Glücklichen inspirieren lassen sollte.

»Wie hat sich Ihr Leben dadurch verändert?« – »Wie werden Sie es schaffen, mit so viel Erfolg fertig zu werden?« – »Was werden Sie als erstes kaufen?« – »Was können Sie uns anderen raten, wenn wir das große Los ziehen?« Der Talkmaster in dieser Show stellte wirklich hochinteressante und originelle Fragen.

Und während die glücklichen Gewinner sich über die Pläne zum Kauf neuer Eigenheime austauschten oder über den Kauf eines neuen Autos oder die Reise nach Aruba, spitzten die Fernsehzuschauer im ganzen Land die Ohren, um jedes Wort dieser Erfolgsgeheimnisse deutlich zu hören. Ein solches Leben läge vor uns allen – wenn wir nur ein bißchen Glück hätten. Natürlich hatte jeder der vielen Zuschauer durchaus auch eine Chance, reich zu werden und vom Honig des Erfolgs zu kosten.

Sicherlich hatten beide Programme sehr gute Einschaltquoten – aber was haben sie tatsächlich bewirkt? Die Einsichten, die die Lebensweise von Teilzeitprostituierten und von männlichen Stripteasern uns vermitteln, können wohl kaum bewirken, die Selbstachtung oder den Selbstrespekt der Zuschauer zu steigern. Und die Parade der Lotteriegewinner (die Gewinnchancen stehen eins zu dreizehn Millionen) könnte die Zuschauer dazu verführen, an eine sehr irreführende Devise zu glauben: »Nur die wenigen, die Glück haben oder besonders talentiert sind, können erfolgreich sein.«

Hinter einer solchen Devise steht die Einstellung, daß Erfolg bedeutet, schnell reich zu werden und einen Zwölf-Jahres-Vertrag über 1,8 Millionen pro Jahr zu unterschreiben. Erfolg heißt demnach, den richtigen Riecher und ein bißchen Glück zu haben, und zum rechten Zeitpunkt am richtigen Ort zu sein. Diese Devise möchte uns weismachen, daß wir, wenn wir Erfolg haben wollen, uns von den Gästen von fragwürdigen Talkshows und anderen seichten Unterhaltungssendungen berieseln oder auch verdummen lassen müssen. Was dabei verdrängt und mißachtet wird, ist die Wahrheit über das wirkliche Potential, das Gott uns mitgegeben hat. Diese Wahrheit besagt:

Erfolg bedeutet, tüchtiger und kompetenter zu sein – gewöhnlich beides – bei einer Arbeit, die Ihnen Spaß macht und die Sie gut machen!

Jeden Tag höre und sehe ich Fälle, die diese These beweisen. Von nur wenigen hört man in den Medien, aber immer wenn ich von gewöhnlichen Menschen höre, die bei dem Versuch, ihr Bestes zu geben, ungewöhnlich tüchtig sind, dann fühle ich mich freudig erregt und inspiriert. Und ein ganz besonderes Glück oder besonders hervorragende Gaben brauchen solche Menschen für ihren Erfolg nicht.

Barbara Schein, eine fünfzigjährige Großmutter, absolvierte viereinhalb Monate lang ein hartes körperliches Training, um als erste Frau ihrer Altersgruppe alle erforderlichen Prüfungen als Polizistin im Bundesstaat New Jersey abzulegen. Sie hatte schon immer als Polizistin arbeiten wollen, aber als sie jünger war, wurden nicht viele Frauen genommen. So fand sie sich zunächst damit ab, Hausfrau zu sein, zwei Töchter großzuziehen und in Teilzeitarbeit Versicherungen zu verkaufen.

Später erkundigte sie sich noch einmal nach den Möglichkeiten einer Polizeikarriere, aber leider hatte sie nun die Altersgrenze von 35 überschritten. Während der nächsten 12 Jahre übernahm sie verschiedene ehrenamtliche Polizeiaufgaben – etwa als Schülerlotse oder als Ordnungshüterin bei Handballspielen. Nachdem dann die Altersgrenze als diskriminierende Maßnahme per Gesetz verboten war, machte Frau Schein eine schriftliche Prüfung und bewarb sich noch einmal bei der Polizei von New Jersey.

Sie war eine große und gut durchtrainierte Frau, aber die Polizeischule war trotzdem hart. Wenn sie bis zu acht Kilometern pro Tag gerannt war und ihr Training im Freien erledigt hatte, dann kam sie oft abends gereizt und erschöpft nach Hause. Ihr Mann, Edward, unterstützte sie trotzdem in jeder Hinsicht, obwohl er das Gefühl hatte, »es würde nie ein Ende nehmen«.

Zusammen mit 91 anderen Polizeischülern machte sie schließlich die Abschlußprüfung – und fast alle akzeptierten und unterstützten sie. Ihr Chef sagt, daß die meisten der 15 Polizisten, mit denen sie zusammenarbeitet, sie akzeptiert haben, und sie selbst meint, daß sie sich gut durchsetzen kann.

Barbara Schein paßt überhaupt nicht in das stereotype Erfolgsklischee, das uns die Medien vermitteln. Sie hatte Erfolg, da sie sich ihrer besonderen Begabung und ihrer Wünsche sicher war und die Zuversicht hatte, ihr Ziel erreichen zu können – und sich mit harter Arbeit für dieses Ziel einzusetzen.

Die Werbefilme im Fernsehen werden in einer Weise entworfen und produziert, die uns die Erkenntnis vorkaukelt, in keiner Weise der zu sein, der wir eigentlich sein könnten. Unser persönliches Potential wird danach eingeschätzt, wieviel neue Wässerchen, Lotionen oder Ideen wir schließlich kaufen werden. In den Augen der Werbeleute haben die Fernsehzuschauer tatsächlich großartige Möglichkeiten – nämlich als ein potentieller Markt.

Wenn ich Kritik daran übe, daß es heutzutage ein sehr viel umfangreicheres Fernsehprogramm als früher gibt, dann will ich damit niemandem nahelegen, seinen Fernsehapparat zu verkaufen, um vor sich selbst bestehen zu können. Ich möchte Ihnen allerdings nahelegen, Ihr Programm sorgfältiger auszuwählen und sich zugleich zu fragen, in welcher Hinsicht die Fernseh- oder Radiosendungen Ihr Selbstwertgefühl und Ihr Selbstbild beeinflussen. Eine sinnvolle Möglichkeit, den Wert eines bestimmten Programms zu überprüfen, ist es, sich die beiden folgenden Fragen zu stellen:

Bringt mich die Sendung in eine gute oder bessere Stimmung, inspiriert sie mich oder fordert sie mich heraus, meinem Wert entsprechend zu leben, meine Selbstachtung zu steigern und eine größere Charakterstärke zu entwickeln?

Oder:

Wird mir unterschwellig eingeredet, daß ich eigentlich minderwertig bin und daß ich meinen Wert in einer Welt von gnadenloser Konkurrenz erst beweisen muß, daß Charakterstärke nur für diejenigen gut ist, die bereit sind, auf der untersten sozialen Stufe stehenzubleiben?

Es mag zwar unwahrscheinlich klingen, aber es ist wahr:

Es gibt kaum etwas, das eine so lähmende und entmutigende Wirkung haben kann, wie die Medien. Unter dem Vorwand, daß es nur darum ginge, das Bedürfnis der Öffentlichkeit nach Information zu befriedigen, benutzen Journalisten und alle möglichen Talkmaster oder Programmproduzenten häufig das Fernsehen, das Radio und die Presse, um uns mit Skandalgeschichten förmlich einzunebeln.

Viele derjenigen, die für die Medien arbeiten, scheinen das Gefühl zu haben, daß sie ihre Karrieren und ihre Einschaltquoten nur dann verbessern können, wenn sie einen saftigen Skandal auftischen, mit dem sie die Aufmerksamkeit der Öffentlichkeit gefangenhalten. Alles, was jemals über positives Denken und positive Berichterstattung diskutiert worden ist, scheint plötzlich vergessen zu sein; es geht um nichts anderes mehr, als darum, im Wettbewerb dadurch mithalten zu können, daß man die Mächtigen diskreditiert.

Es ist wahr, daß man in einer freien Gesellschaft auf jeden Fall jede Form von Korruption entlarven muß, bevor sie überhaupt Wurzeln schlagen kann, und daß es unschuldige Opfer zu schützen gilt. Aber die meisten Journalisten sind inzwischen bei weitem über das Ziel hinausgeschossen. Das Berichten über politische Ereignisse ist inzwischen offenbar außer Kontrolle geraten – nichts anderes zählt mehr als die Einschaltquoten. Einige wenige ermutigende Reportagen sind bei weitem in der Minderzahl – statt dessen gibt es eine Unzahl an Berichten über Massaker, Katastrophen, Tragödien und Kriege.

Dieses demoralisierende Schnellfeuer, mit dem alle unsere Sinne attackiert werden, ruft bei sensiblen Menschen nicht nur Gefühle von Unbehagen, Schuld und Mutlosigkeit hervor, sondern es senkt über alle Bürger unseres Staates einen grauen Schleier von permanenter leichter Depression. Es ist, als lege sich dieser Schleier über unsere Köpfe und verderbe unser Denken wie saurer Regen.

Außerdem bin ich fest davon überzeugt, daß das Privatfernsehen uns nur sehr fragwürdige Vorbilder vor Augen führt und uns in keiner Weise Menschen und Modelle zeigt, die uns dabei helfen könnten, der Beste zu sein. Einige der Programme sind sicherlich gut, aber die meisten sind schlecht. Wenn Sie fernsehen, dann fragen Sie sich häufiger einmal: Zeigt dieses Programm die Wirklichkeit so, wie ich sie selber kenne und erfahren habe? Oder bekomme ich nur das aufgetischt, wovon eine relativ kleine Anzahl von Journalisten, Programmdirektoren und Produzenten meinen, daß es das wirkliche Leben sei?

Wir bekommen nur das vorgesetzt, was eine relativ kleine Gruppe von Menschen für das wirkliche Leben hält

Ich bin ganz fest davon überzeugt, daß die wenigen, die die Medien kontrollieren, den vielen, die zusehen, zuhören oder lesen, einzureden versuchen: »Wir tun nichts anderes, als euch die Gesellschaft so zu zeigen, wie sie wirklich ist. So seid ihr eben – und ihr seid ja auch bereit, für dieses Bild, das wir euch vorhalten, zu bezahlen.«

Werbefilme im Fernsehen sind sehr sorgfältig konzipiert und mit sehr viel Aufwand produziert worden, damit wir »erkennen«, daß wir bei weitem nicht das sind, was wir sein könnten.

Es wird höchste Zeit, daß wir einmal die Wertvorstellungen und die unausgesprochenen Annahmen und Vorurteile derjenigen überprüfen und in Frage stellen, die das Programm unserer Fernsehanstalten und die Inhalte anderer Medien zusammenstellen. Sie sollten nicht einfach schlukken, was Ihnen da eingefüttert wird, und dabei vielleicht denken: »So ist das heute also, die Leute sind eben wirklich krank.« Es ist wahr – einige Leute sind tatsächlich krank, aber es kommt darauf an, festzustellen, welche. Fragen Sie sich doch selbst einmal, warum so viele Fernsehprogramme und Filme eine wirklich beschämende Lebensführung, Trägheit und Gier, Drogen und eine allgemein nachlässige Haltung als positiv, attraktiv, sympathisch oder aufregend darstellen. Zeigen solche Sendungen wirklich das Leben, wie es ist, oder reflektieren sie nur die Wertsysteme, Fantasievorstellungen und, in einigen Fällen, die inneren Schwierigkeiten von denjenigen, die sie produzieren?

Keiner korrigiert und widerspricht den Fernsehproduzenten, den Filmemachern, den Schlagersängern und den Produzenten von Sexheften, wenn sie uns zu vermitteln versuchen: »Das Leben da draußen ist ein bedrohlicher Dschungel. Wenn Sie nicht zur Gruppe der Erfolgreichen und Schönen gehören, dann haben Sie sowieso keine Chance.« Und natürlich betonen sie zugleich: »Sie haben keinen persönlichen Wert, der Ihnen von Gott mit Ihrer Geburt geschenkt wurde. Durch Ihren familiären und sozialen Hintergrund, durch Ihr Aussehen und durch Ihren Intelligenzquotienten sind Ihnen sehr enge Grenzen gesteckt. Was Sie brauchen, ist Glück oder ein günstiger Zufall.« Täglich wird uns folgende gefährliche Devise eingehämmert:

Sie haben bestimmte unüberwindliche Grenzen!

Die Wahrheit sieht jedoch ganz anders aus. Zum einen: Selbst wenn Sie zur Gruppe der Schönen und Erfolgreichen gehören, so ist dies in keiner Weise eine Garantie für Ihren persönlichen Lebenserfolg, ja nicht einmal für innere Zufriedenheit. Viele der sogenannten Erfolgreichen sind die unglücklichsten und chaotischsten Menschen auf dieser Erde.

In Wahrheit haben Sie seit dem Beginn Ihrer Existenz einen persönlichen Wert, und auf Grund dieses Wertes haben Sie auch ein Recht auf Selbstachtung. Dieser Wert ist für Ihr Leben ein unerschöpfliches Reservoir und Potential, und wenn Sie mit Ihrer eigenen Charakterstärke diesem Wert entsprechend leben, dann ist Ihr Potential praktisch unbegrenzt. Die oben genannte Devise sollten Sie also vielmehr durch die folgende, allgemeine menschliche Wahrheit ersetzen:

Sie können Ihre vermeintlichen Begrenzungen ganz erheblich überschreiten!

Ich will nun nicht sagen, daß es überhaupt keine persönlichen Grenzen gibt. Jeder von uns muß sich mit bestimmten Grenzen abfinden. Ich werde niemals ein Boxchampion werden, und ich werde niemals hundert Meter in neun Sekunden laufen oder sechs Meter hoch springen können. Aber auf der anderen Seite habe ich vieles verwirklicht, was für mich zunächst unvorstellbar war – und ich werde noch viel mehr machen. Ich habe gerade erst damit begonnen, mein wirkliches Potential zu entdecken.

Der Unterschied zwischen Grenzen und persönlichen Begrenzungen

Sogar Wayne Dyer, mein Schriftstellerkollege, der das Keine-Grenzen-Konzept propagiert, gibt zu, daß Sie nicht versuchen sollten, etwas zu tun oder darzustellen, das Ihrer Natur entgegensteht. Wayne meint, es sei nicht ratsam, eine Klippe ohne einen Flugapparat hinunterspringen zu wollen oder auf dem Wasser zu wandeln, ohne für die Wasserski gesorgt zu haben. Sein Bestseller trägt den Titel »Sie sollten nach den Sternen greifen« (Moderne Verlagsgesellschaft, München/Landsberg, 1987), aber er spricht in Wirklichkeit von nichts anderem als davon, wie man sein natürliches Potential und seine natürlichen Fähigkeiten so gut und so intensiv wie möglich entwickelt – wie man also für sich selbst der Beste wird. Er glaubt – und ich stimme mit ihm darin überein –, daß Sie Ihr Leben in seiner Fülle ausschöpfen sollten, anstatt sich dauernd selbst Beschränkungen aufzuerlegen, die es in Wirklichkeit gar nicht gibt. Sie sollten sich selbst die Erlaubnis geben, die höchsten Ebenen dessen, was Sie sich vorstellen können und was wirklich erreichbar ist, auch wirklich anzustreben.

Vielleicht ist es hilfreich, sich einmal den Unterschied zwischen Grenzen und Begrenzungen anzuschauen. Sie können bestimmte Grenzen nicht überschreiten, weil Sie ganz einfach nicht über die besonderen körperlichen oder geistigen Fähigkeiten verfügen. Das bedeutet aber nicht, daß Sie Ihre wirklichen Möglichkeiten lähmen oder verschenken sollten, indem Sie sich selbst künstliche Begrenzungen und Beschränkungen auferlegen. Sie können es lernen, ohne Begrenzungen zu leben. Unter Grenzen verstehe ich vor allem bestimmte körperliche Gegebenheiten – etwa, nicht zehn Meter hoch springen zu können. Beschränkungen sind dagegen bestimmte geistige Komplexe – wie etwa die Vorstellung, daß man materiellen oder gefühlsmäßigen Erfolg nicht verdient hätte.

Wollen Sie die Beschränkungen, die die äußere Welt Ihnen künstlich auferlegt, überwinden, dann dürfen Sie eines nicht mitmachen: das ewige Vergleichen. Viele Menschen messen ihre Möglichkeiten und ihr Selbstbild an bestimmten Klischeevorstellungen, die sie aus Fernsehsendungen kennen: Auf der einen Seite steht die Welt der Schönen und Erfolgreichen, die anscheinend keine menschlichen Beschränkungen haben, auf der anderen Seite die Welt der Versager, der Nichtsnutze und Verlierer.

Wenn Sie sich nämlich darauf einlassen, sich selbst gegen die Verlierer positiv abzuheben, dann laufen Sie Gefahr, arrogant und gleichgültig zu werden. Wenn Sie sich immer mit den Supergewinnern vergleichen, dann ist es gut möglich, daß Sie bald depressiv und frustriert werden, weil Sie sich auf nichts anderes als auf Ihre »Fehler« konzentrieren.

Um auf die bestmögliche Weise Ihr Potential entwickeln

zu können, sollten Sie es bewußt vermeiden, sich selbst mit den Fantasiebildern auf dem Bildschirm des Pantoffelkinos zu vergleichen. Eigentlich sind dies nichts als weit übertriebene Darstellungen des Lebens der Superschönen, Superstarken und Supermächtigen – und nicht einmal ein Prozent der Bevölkerung entspricht diesem Bild. Selbst wenn Sie diese übermenschlichen Ebenen erreichen könnten, so hätten Sie doch wahrscheinlich tief in sich ein Gefühl von Einsamkeit und Oberflächlichkeit. Das Leben von wirklichen Menschen aus Fleisch und Blut sieht ganz einfach nicht so aus.

Aber die Wirklichkeit lehrt uns, daß wir das Potential dazu haben, unendlich mehr zu sein, als wir im Augenblick sind. Tiere werden weitgehend durch ihre Instinkte programmiert, aber Menschen können ihre natürlichen Fähigkeiten durch Beobachtung, Nachahmung und durch den Einsatz von Vernunft weiterentwickeln. Die stärksten Begrenzungen, mit denen Sie zu kämpfen haben, sind die, die Sie sich selbst auferlegen. Der, der Sie am stärksten behindert, sind vor allem Sie selbst. Sie müssen vor allem eines wissen: Es erfordert eine genauso große Anstrengung und ebensoviel Zeit, ein mittelmäßiges Leben zu führen wie ein gutes.

Beim Nachdenken über mein persönliches Potential muß ich bestimmte Überlegungen anstellen. Wie bringe ich das Gefühl für meinen eigenen Wert mit den Realitäten meines Lebens in Übereinstimmung – mit dem äußeren und materiellen Bereich, in dem ich gefragt werde, wieviel Geld ich verdiene, was für einen Job ich habe und wie attraktiv ich bin? Wo liegen meine körperlichen und geistigen Stärken? Wie wirke ich auf andere? Es ist hilfreich, zwischen meiner Selbstachtung und meinem Selbstbild – zwei Begriffe, die häufig verwechselt werden – eine deutliche Grenzlinie zu ziehen. Meine Selbstachtung beruht auf meinem inneren Wert und Potential; mein Selbstbild beruht dagegen darauf, wie ich mich auf Grund der Erfolge und Mißerfolge meines Lebens einschätze.

Eigentlich habe ich nicht nur ein einziges Selbstbild. Es ist wahrscheinlich richtiger, zu sagen, ich habe verschiedene Selbstbilder. Ich kann mich zum Beispiel selbst als guten Sänger oder als unmusikalisch ansehen. Ich kann meine Zeichentalente als gut oder gar als hervorragend ansehen. Ich habe ein bestimmtes Selbstbild hinsichtlich meiner Fähigkeit, zu sprechen, zu schreiben, das Auto zu reparieren oder auch zu lieben. Meine Selbstbilder sagen mir »Ja, das kannst du wirklich ganz gut – vielleicht sogar hervorragend«, oder auch »Nein, in dem Bereich bringst du nur recht mittelmäßige oder sogar schlechte Leistungen«.

Die drei großen Fragen, die Sie sich hinsichtlich Ihres geistigen Potentials stellen müssen, sind: 1. Wer bin ich?; 2. Was bin ich?; und 3. Warum bin ich? Um alle drei beantworten zu können, müssen Sie in den Kern Ihres Geistes und Ihrer Möglichkeiten vordringen. Was Sie sich vorstellen und was Sie sich im Geiste zu eigen machen, ist das, was dann schließlich auch Realität werden wird.

Dieser Mechanismus kann entweder für oder gegen Sie arbeiten. Erstaunlicherweise hat unser Geist eine ganz bestimmte Eigenschaft: Es ist nicht so, daß er sich automatisch von der Wahrheit, dem Recht und der Gerechtigkeit angezogen fühlte. Vielmehr steht fest, daß die Entwicklung oder Nicht-Entwicklung Ihres Potentials direkt davon abhängt, wem oder was Sie sich selbst aussetzen.

Was behindert Ihren persönlichen Höhenflug?

Einmal habe ich in einer Fernsehdiskussion mit einer Gruppe von Teenagern darüber diskutiert, auf welche Weise man am besten seinen persönlichen Berufsweg und seine Karriere herausfindet und plant. Ich fragte sie: »Was behindert euch in eurer Suche nach Erfolg? Was verhindert euren persönlichen Höhenflug?« In ihren Antworten ging es vor allem um Folgendes: die Angst vor dem Atomkrieg, wirtschaftliche Probleme wie das Haushaltsdefizit, Inflation oder hohe Zinsen, Gewalt und Kriminalität, Drogenmißbrauch, Umweltverschmutzung – vor allem durch Giftmüll – und Geschlechtskrankheiten.

Dann fragte ich sie: »Was ist eigentlich interessant daran, heute jung zu sein und auf die Welt, so wie sie sich euch heute darbietet, zuzugehen?« Ich erwartete eine wahre Flut von Antworten, aber ich erntete nur erstaunte Blicke, leises Hüsteln und etwas Gemurmel. Es war wirklich so, daß ich diese jungen Leute erst einmal davon überzeugen mußte, daß die Möglichkeiten, die dort draußen auf sie warteten, nur ganz einfach entdeckt und verwirklicht werden mußten.

Diese Erfahrung hat mich zugleich erschüttert und ernüchtert. Was hatte den Höhenflug jener jungen Leute in eine Schlammwanderung verwandelt? Die Frage ist sehr komplex, sie ist aber sicherlich teilweise damit zu beantworten, daß sie einer Generation angehören, die damit aufgewachsen ist, im Durchschnitt zwölf- bis fünfzehntausend Stunden vor dem Fernsehapparat zu verbringen. Zu dem Zeitpunkt, an dem sie ihren Schulabschluß gemacht haben, haben sie bereits Tausende von Vergewaltigungen, Raubüberfällen und Morden gesehen – einige davon in Wirklichkeit und andere nur fiktiv. Wenn Sie einmal die Wirkung der Fernsehwerbung mit den unzähligen Berichten über Tod, Katastrophen, Sex und Gewalt, die ebenfalls im Fernsehen gezeigt werden, addieren, dann können Sie leicht verstehen, warum junge Leute heute das Gefühl haben, sie hätten keine Zukunft.

Während die öffentlichen Fernehanstalten und bestimmte Kanäle, die vor allem Bildungsprogramme senden, ihr Bestes tun, um eine gesunde Alternative anzubieten, ist doch immerhin das meiste, was vor allem das Privatfernsehen uns auftischt, eine sehr ungesunde Kost, die zu geistiger Fehlernährung und zu einer schlechten seelischen und geistigen Gesundheit führt. Durch das Fernsehen werden Kinder ebenso wie Erwachsene beständig mit Negativem konfrontiert. Etwa mit dem unsozialen Verhalten von unfähigen, verrückten oder gar wahnsinnigen Menschen. Auf der anderen Seite gibt es die gutaussehenden Superhelden, die mit einer unnatürlichen Stärke und mit übermenschlichen Eigenschaften ausgestattet sind. Wenn ein Durchschnittsmensch sich mit seinen Fernsehhelden vergleicht, dann wird er sich gewöhnlich selbst als erschreckend minderbemittelt betrachten. Kürzlich veröffentlichte Studien haben gezeigt, daß das, was wir hören und sehen, unsere Vorstellungen, unsere Lernmuster und unser Verhalten deutlich beeinflußt. In der ersten Stufe werden wir mit einem neuen Verhalten und mit neuen Charakteren konfrontiert. Als nächstes lernen wir, jenes neue Verhalten zu imitieren. Und auf der letzten, entscheidenden Stufe machen wir uns jenes Verhalten selbst zu eigen.

Die Wiederholung bestimmter visueller oder akustischer Signale hat auf die Gestaltung unseres persönlichen Lebens einen ganz entscheidenden Einfluß. Bestimmte Informationen werden uns scheinbar harmlos und fast unterschwellig jeden Tag vermittelt. Zunächst einmal reagieren wir überhaupt nicht. Aber unsere Reaktion wird auf jeden Fall später einmal erfolgen – wahrscheinlich dann, wenn wir nicht mehr fähig sind, den eigentlichen Grund dafür zu ermitteln. Mit anderen Worten: Unsere Wertvorstellungen sind das Ergebnis bestimmter Einflüsse – bewußt oder unbewußt.

Warum denken so viele Menschen: »Das ist nichts für mich.«?

Ich habe schon gesagt, daß wir in unserem Leben bereits eine ganze Reihe unterschiedlicher Bilder über uns selbst entwickelt haben. Wir haben immer schon eine bestimmte Vorstellung darüber, ob wir das Zeug haben, eine bestimmte Aufgabe mit Erfolg in Angriff zu nehmen. Wir schreiben das Drehbuch unseres eigenen Lebens und sagen uns dabei: »Das kann ich.« oder: »Unmöglich, das schaffe ich nicht.«

Wenn ich mit Menschen über ihr persönliches Potential spreche, dann frage ich sie: »Kannst du es sehen? Kannst du es dir für dich persönlich vorstellen?«

Die Antwort ist häufig negativ: »Nein, für andere wäre es vielleicht möglich, aber nicht für mich.«

»Warum?« frage ich dann.

Und dies sind dann die Antworten, die ich nur allzu häufig bekomme: »Weil ich nicht gut genug aussehe, oder weil ich nicht genug Talent habe. Ich bin eben kein Glückskind – vielleicht sind Sie es, aber nicht ich.« Es gibt auch eine Fülle von negativen Denkmustern: »Ich bin zu alt, zu dick, zu langsam – oder sonst irgendwie zu ...«

Es fällt mir in diesem Zusammenhang ein sehr tüchtiger junger Mann ein, der uns regelmäßig Schnellpakete in unser Büro bringt. Er ist deprimiert, weil er weiß, daß er mehr aus seinem Leben machen könnte – aber er ist ebenso sicher, daß er das letztlich doch nicht in die Tat umsetzen wird. Er hat sich viele meiner Motivationskassetten angehört. Für eine Weile fühlt er sich dann mutiger und besser, aber er rutscht immer wieder zurück in denselben Morast von Depression und Mutlosigkeit.

Es ist ganz offensichtlich, daß er eigentlich das Zeug hätte, eine Hochschule zu besuchen, aber er hat niemals irgendwelche Eignungstests gemacht oder Vorbereitungskurse belegt. Er hat zwar immer schon daran gedacht,

Abendkurse zu besuchen, aber es fehlt ihm, so meint er, an Zeit. Er scheint für immer auf dem falschen Dampfer bleiben zu müssen. Ohnehin hat er schon die Fünfundzwanzig überschritten, und er meint, da sei der Zug ja sowieso schon abgefahren. Es sei eben sein Schicksal, niemals zur richtigen Zeit am richtigen Ort zu sein. Sein Berufsweg sei eben von Anfang an falsch gelaufen – und so habe er den Anschluß verpaßt.

Solchen Lebensmustern begegne ich jeden Tag. Ein Lagerist möchte Rock 'n' Roll-Star werden, aber er bleibt Lagerist. Warum? Es gibt tatsächlich Lagerverwalter, die Schauspieler, Rechtsanwälte, Lehrer – oder sogar die Eigentümer der Läden, in denen sie früher angestellt waren, geworden sind. Im Falle des Lageristen, der Rock 'n' Roll-Star werden will, liegt die Frage auf der Hand: »In welcher Rock 'n' Roll-Gruppe singst du denn in Deiner Freizeit?« Und nur allzu häufig antwortet dann der Lagerist: »Also – augenblicklich in gar keiner. Ich mache diese stupide Arbeit, und wenn ich dann nach Hause gehe, dann fehlt mir jede Energie.«

Ich hatte schon ganz ähnliche Gespräche mit meinen Kindern. Wenn sie mir erzählten, daß sie gerne dies oder jenes sein oder machen wollten, dann habe ich häufig gesagt: »Hast Du jetzt schon angefangen, um dein Ziel zu erreichen? Versuchst du, es am Samstag zu tun? Machst du es manchmal in deiner Freizeit in deinem Zimmer? Schreibst du darüber? Sprichst du mit deinen Freunden darüber? Bewegt es dich?«

»Aber Papa, ich möchte doch ein Star werden!«

Stellen Sie sich einmal vor, Ihr Sohn kommt zu Ihnen und sagt: «Papa, ich möchte wirklich Schauspieler werden.«

Also sagen Sie: »Toll! Laß uns jedoch erst einmal sehen,

ob du einen Job finden kannst, der dich irgendwie mit Schauspielerei oder Theater in Berührung bringt. Und dann wirst du sicherlich irgendwo in einer Laienspielgruppe mitspielen wollen und einige kleine Rollen hier beim Theater in der Nachbarschaft übernehmen wollen. Ist es das, woran du gedacht hast?«

»Ach nein, Papa, du verstehst mich nicht richtig«, erwidert Ihr Sohn dann vielleicht. »Ich möchte ein wirklicher Star sein. Ich möchte gerne in einem Film mitspielen oder einen Song schreiben und eine Platte machen und dann meinen großen Durchbruch erleben – so wie Michael Jackson oder Bruce Springsteen.«

Genau da liegt das Problem. Leute – junge und alte – sind nicht bereit, alle Möglichkeiten zu erforschen, alle ihre Kräfte einzusetzen und eine Sache konsequent durchzuhalten. Sie wollen sofortigen Erfolg – *jetzt*. Von den vielen Briefen, die ich bekommen habe und in denen ich nach dem Schlüssel zum Erfolg gefragt wurde, werde ich einen nicht vergessen, der auf ein Faltblatt geschrieben worden war, auf dem auf der einen Seite der Brief des Absenders stand und die leere Seite überschrieben war mit: »Bitte hier antworten«:

Sehr geehrter Herr Dr. Waitley,
bitte sagen Sie mir alles, was ich wissen muß, um ein Fernsehstar zu werden, um Kassetten aufzunehmen, Bücher zu schreiben und ein Vermögen zu machen. Es ist dringend – benutzen Sie bitte diese Seite Ihres Briefes für Ihre Antwort und schicken Sie ihn sofort ab. Ich brauche Ihre Antwort sofort.

Gehorsam schrieb ich als Antwort auf die freigebliebene Seite: »Arbeiten, Arbeiten, Arbeiten, Arbeiten, Arbeiten, Arbeiten, Arbeiten« – bis schließlich kein freier Raum mehr übrig war.

Wir sind nicht faul, sondern nur schlecht informiert

Ich kann einfach nicht glauben, daß Leute wie unser Bürobote oder derjenige, der mir diesen Brief auf dem Faltblatt schrieb, von Natur aus faul seien ... Vielmehr leiden sie darunter, daß ihr eigentliches Potential irgendwo beschnitten und verkrüppelt worden ist. Die Rückmeldungen, die sie sich selbst geben, schreiben täglich aufs Neue negative Drehbücher, nach denen sich dann ihr Leben entfaltet. Der Nährboden für diese negativen Rückmeldungen ist zum Einen das, was man ihnen seit ihrer Kindheit immer wieder aufs Neue eingeredet hat, und zum anderen kommen aus einer eher kritischen als konstruktiven Umwelt täglich neue negative Impulse hinzu.

Eine meiner Töchter erzählte mir einmal, daß eine ihrer Lehrerinnen im Gymnasium vor der gesamten Klasse sagte: »Eigentlich müßtet ihr das schon lange selber können, aber ihr seid sowieso zu blöd, um es alleine zu machen. Ich weiß ohnehin, daß ihr alle bei der Prüfung besonders schlecht abschneiden werdet. Ihr habt eben nicht ein Fünkchen Disziplin. Ihr schwatzt unaufhörlich. Ihr seid grob und ungesittet. Ihr seid der schlimmste Haufen, den ich jemals vor mir hatte. Ich weiß sowieso, daß nur ganz wenige von euch durchkommen werden. Also, hier ist jetzt eure Prüfungsaufgabe ...«

Ich wünschte, ich könnte behaupten, daß diese Geschichte nur eine seltene Ausnahme ist und daß die meisten Lehrer, Aufsichtspersonen und Eltern stärker ermutigend und aufbauend auf die sensiblen Persönlichkeiten, die da vor ihnen sitzen, einwirken. Aber ich bin mir dessen gar nicht so sicher. Beispielsweise habe ich auch eine Geschichte über einen Geschichtsprofessor gehört, der fast die Hälfte seiner Studenten durchfallen läßt. Das ist in allen seinen Kursen der Fall – einfach nur deshalb, weil es von vornherein erwartet wird. So ist das eben bei ihm. Und doch machen dieselben Studenten bei Professoren, die in ähnlichen Bereichen lehren, gute Fortschritte.

Diese beiden Beispiele kommen aus dem Bereich von Lehre und Ausbildung, aber ganz ähnliche Beispiele findet man etwa im Sport oder in der Industrie, – überall dort eigentlich, wo Menschen andere Menschen beeinflussen und steuern.

Die Macht, mit der bestimmte einflußreiche Leute Ihr persönliches Selbstbild verbiegen und verzerren, ist in der Tat eindrucksvoll. Aber ich kann Ihnen Mut machen: Sie brauchen nicht automatisch in die Rolle des Opfers hineinzuschlüpfen. Sie können nämlich Ihr Drehbuch noch einmal neu schreiben – und Sie können im Spiel des Lebens Sieger werden. *Sie sind Ihr eigener Drehbuchautor* – und das Schauspiel geht immer weiter – gleichgültig, wie alt Sie sind und welchen Platz oder welche Stellung Sie auf der Bühne des Lebens einnehmen. Sie brauchen nicht der irreführenden Devise zu glauben, die besagt:

»Sie sind nicht gut genug, Sie werden für immer dort feststecken, wo Sie jetzt sind.«

Viele Menschen aus allen Lebensbereichen haben es ganz einfach abgelehnt, diese Lüge in ihr Denken aufzunehmen. Stattdessen haben sie die Bedeutung der folgenden Weisheit erkannt:

Sie werden genau dem Bild entsprechen, das Sie sich im Geiste vorstellen!

Eine Sekretärin aus San Francisco wurde im Maschinenschreibwettbewerb dreimal Siegerin mit dem Weltrekord von 132,4 Wörtern pro Minute. Linda Williams dankt Gott für die Fähigkeiten und das Potential, das er ihr von Geburt an mitgegeben hat, und verät ihr Geheimnis, wie sie es geschafft hat, ihre Fähigkeiten voll zu entwickeln. Natürlich übt sie sehr viel auf ihrer Schreibmaschine. Aber ihr »eigentliches Geheimnis« ist es, daß sie »in ihrem Unterbewußtsein andauernd tippt«. Man könnte es auch so formulieren: In ihrem Kopf tippt sie fortwährend ihr eigenes Drehbuch.

Sie sind der Autor Ihres eigenen Drehbuchs, und das Stück ist niemals zu Ende – gleichgültig, wie alt Sie sind und welche Stellung oder Position Sie im Leben einnehmen!

Eine Hausfrau faßte im Alter von 34 Jahren zum ersten Mal einen Tennisschläger an. 11 Jahre später hatte sie 8 Medaillen, bei nationalen Meisterschaften gewonnen.

Diese Frau, Suella Bowden, gibt zu, daß sie sich mehr auf ihre angeborenen Fähigkeiten verläßt als auf Training. Viele ihrer Gegner haben Tennisspielen schon als Kinder gelernt, und sie können sehr viel wendiger und geschmeidiger spielen. Sie selbst findet sogar, daß sie manchmal »ziemlich albern« auf dem Tennisplatz aussieht.

Aber sie sieht eigentlich gar nicht so albern aus, wenn sie auf das Podest steigt, um ihre Trophäe in Empfang zu nehmen. Sie ist ein fleischgewordenes Beispiel der Wahrheit, die uns über den Mythos der uns innewohnenden Begrenzungen hinausträgt. Ich möchte diese Wahrheit noch einmal deutlich aussprechen:

Sie werden genau dem Bild entsprechen, das Sie sich im Geiste vorstellen!

Glauben Sie wirklich tief in Ihrem Herzen an diese Wahrheit? Oder klingt sie vielleicht wieder einmal so wie eine von diesen unzähligen inhaltslosen Selbsthilfe-Phrasen? In Kapitel 5 werden wir uns einmal eine andere von den Wahrheiten ansehen, die Ihnen helfen, sich selbst klar zu sehen und Ihre eigenen Möglichkeiten zu entdecken. Ihre natürlichen Talente sind vielleicht tief in Ihnen begraben und warten nur darauf, von Ihnen entdeckt zu werden.

Fünf Schritte in Richtung auf ein besseres Selbstbild

1. *Finden und setzen Sie Ihre eigenen inneren Maßstäbe,* anstatt sich immer mit anderen zu vergleichen. Nehmen Sie sich so an, wie Sie augenblicklich sind, aber bemühen Sie sich um die Gesellschaft erfolgreicher Menschen. Verbessern Sie dadurch auch Ihre eigenen Maßstäbe, Ihren Lebensstil, Ihr Verhalten und Ihre beruflichen Qualifikationen.

2. *Versuchen Sie, auch in Ihrem äußeren Erscheinungsbild den vorteilhaftesten Eindruck zu vermitteln.* Wenn Sie sich gut anziehen und so gut wie möglich aussehen, dann heißt das nicht, daß Sie jeden Modetrend mitmachen müssen oder gar besondere Markenkleidung zur Schau tragen sollten. Wichtiger ist es, für eine bestimmte Gelegenheit passend – und vor allem sauber und korrekt gekleidet zu sein. Die persönliche Gepflegtheit und eine angenehme Erscheinung spiegeln die Gefühle wider, die Sie sich selbst gegenüber haben.

3. *Lesen Sie jeden Monat eine Biographie über eine erfolgreiche Persönlichkeit.* Halten Sie nach den Lebensgeschichten derer Ausschau, die in Ihrem Berufsbereich an die Spitze gekommen sind – oder lesen Sie etwas über jemanden, den Sie persönlich bewundern. Während Sie lesen, stellen Sie sich einfach vor, Sie seien an der Stelle des Menschen, über den Sie gerade etwas erfahren.

4. *Nehmen Sie sich einmal am nächsten Wochenende die Zeit, um sich bewußt zu machen, wie Sie sich sich selbst und anderen gegenüber zum Ausdruck bringen.* Das Selbstbild zeigt sich auch darin, wie Sie sich in bestimmten Bereichen Ihres Lebens – Kleidung, Auto, Haus, Garage, Schränke, Kommodenschubladen,

Schreibtisch, Fotografien, Rasen, Garten – anderen darstellen. Stellen Sie eine Prioritätenliste auf, befreien Sie sich von Müll und Belastendem und zeichnen Sie das Bild Ihrer Persönlichkeit farbiger und klarer.

5. *Machen Sie allein eine Wanderung oder einen Spaziergang* – an einen See, übers Land, in die Berge oder in einen Park –, und rufen Sie sich einmal die Spiele und Fantasien Ihrer Kindheit ins Gedächtnis. Was haben Sie als Kind am liebsten getan? Was konnten Sie gut? Welcher Unterricht hat Ihnen in der Schule am meisten Spaß gemacht? Wenn Zeit, Geld oder dringende Lebensumstände keine Rolle spielen würden – was würden Sie dann mit dem Großteil Ihrer Zeit anfangen? Sie verfügen über eine natürliche Kreativität – schütteln Sie einfach einmal den alten Staub von sich ab, und entdecken Sie sich selbst.

5. Würde Ihr »wirkliches« Selbst bitte einmal aufstehen!

In dem Film »Breaking away«, der vor einigen Jahren in die amerikanischen Kinos kam, geht es um einen jungen Mann aus dem US-Staat Indiana, der in einer Gemeinschaft und in einem Elternhaus aufgewachsen ist, in der alle Männer traditionell den Beruf des Steinmetzes ergriffen. Als er sich mit dem Gedanken trägt, eventuell eine Hochschule zu besuchen, gerät er in eine tiefe Krise. Seine Noten sind auf jeden Fall gut genug und sein Aufnahmeantrag ist angenommen worden. Aber ihn quälen tiefsitzende Vorbehalte und Selbstzweifel.

Jeder in seiner Nachbarschaft ist Steinmetz. Es ist üblich, daß die Söhne und Töchter später in die Fußstapfen der Eltern treten. Das war schon immer so. Nie hat jemand eine Universität besucht. Die jungen Leute leben immer in der Nähe ihres Elternhauses und bearbeiten Steine.

Eines Tages nimmt der Vater seinen Sohn zum Universitätsgelände mit, und sie stehen auf den Eingangsstufen des Verwaltungsgebäudes.

»Ich war es, der die Steine, aus denen diese Universität aufgebaut ist, bearbeitet hat, mein Sohn«, sagt der Vater und legt den Arm um die Schultern seines Sohnes. »Ich bin stolz auf meine Leistung. Ich glaube, daß ich es gut gemacht habe.« Sein Sohn nickt, und sie sehen einander in die Augen.

Aber der Vater spricht weiter: »Aber ich bin ein Steinmetz. Und ich habe dich beobachtet. Du bist nicht zum Steinmetz geboren, und du solltest auch gar nicht erst versuchen, dich in diesen Beruf hineinzwingen zu lassen. Du kannst frei wählen, was du werden möchtest. Du mußt nur herausfinden, was du wirklich gerne tust und tun möchtest –

und dann wird es dir gelingen, deinen eigenen Weg zu finden. Es liegt an dir, aus der Tradition und Routine unserer Gemeinschaft auszubrechen.«

Und der Sohn macht sich wirklich daran, seinen eigenen Weg zu gehen.

Es ist sicherlich nicht allzu schwierig, sich selbst zu sagen – oder jemand anderen zu sich sagen zu lassen –, daß man durchaus aus der alten Routine ausbrechen kann. Aber es ist vielleicht doch nicht so einfach, daran zu glauben, daß Sie letztlich dem Bild entsprechen werden, das Sie sich von sich selbst machen – und mit Hilfe dieses Bildes dann eine wirkliche Wende in Ihrem Leben zu bewirken. Andauernd bekomme ich Briefe, die so oder ähnlich lauten:

In Ordnung, Waitley, ich stimme Ihnen zu, daß meine Möglichkeiten wirklich enorm sind. Ich brauche mich nicht mit allen jenen Begrenzungen abzufinden. Alle Ihre Thesen kommen mir irgendwie bekannt vor, aber trotzdem hänge ich immer noch in demselben langweiligen Job fest. Was soll ich als erstes machen, um aus dieser Sackgasse herauszukommen? Wissen Sie irgendeinen guten Job für jemanden mit meinen Fähigkeiten?

In solchen Briefen werde ich darum gebeten, ganz gezielte praktische Ratschläge zu geben. Die beste Antwort, die ich dann darauf geben kann, ist: »Finden Sie heraus, was Sie gut können.«

Das Geheimnis, wie man herausfindet, wo alle diese Möglichkeiten liegen

Ein interessanter und ermutigender Aspekt des Potentials, von dem ich hier spreche, ist, daß wir über außerordentlich viel davon verfügen, aber die konkrete Realität sieht eben bei jedem anders aus. Zusätzlich zu unserem naturgegebenen und angeborenen Wert haben wir alle bestimmte angeborene Persönlichkeitsmerkmale und Talente. Einige behaupten, daß diese Talente und Persönlichkeitsmerkmale ererbt worden sind. Ich selbst spreche gern von Geschenken, die uns mitgegeben wurden.

Meine Studien des menschlichen Verhaltens wurden von Margaret E. Bradley, die sich in einem ihrer Bücher mit den Forschungsergebnissen des »Human Engineering Laboratory« (Institut zur Erforschung der menschlichen Entwicklungsmöglichkeiten) der Johnson O'Connor-Forschungsstiftung auseinandersetzt, entscheidend beeinflußt. Ich begegnete Margaret 1982 bei einem Empfang in Washington. Sie half mir zu verstehen, daß Erfolg und »der Beste sein« nicht nur einfach eine Frage der Einstellung und der Sichtweise sind. Es gehören auch Begabung und entsprechende Fähigkeiten dazu.

Dadurch, daß ich Margaret kennengelernt hatte, begann ich mich für die Arbeit der Johnson O'Connor-Stiftung zu interessieren und machte selbst die Tests, die von dieser Stiftung ausgearbeitet worden sind. In diesen Tests werden die natürlichen Anlagen und Fähigkeiten in neunzehn verschiedenen Bereichen getestet. Dann berichtete ich über meine Erfahrungen in einem meiner Bücher und war überrascht über die große Anzahl von Briefen, die daraufhin auf meinen Schreibtisch flatterten. Sie waren von Menschen geschrieben worden, die gerne über die Möglichkeiten, etwas über ihre natürlichen Gaben herauszufinden, Genaueres wissen wollten.

Außerdem schrieben Tausende der mehreren hunderttausend Leser direkt an das Johnson O'Connor-Testzentrum, um genauere Informationen zu erhalten. Viele meldeten sich gleich für die Begabungstests an. Diese Tests sind zwar teuer, aber die Investition lohnt sich durchaus, denn man bekommt dadurch bessere und genauere Einblicke in seine ganz persönlichen Möglichkeiten als durch irgendwelche anderen Tests, die ich kenne. Ich möchte jetzt kurz jeden dieser Tests – und die spezifische Begabung, die dadurch festgestellt werden kann – beschreiben.

Persönlichkeit nennt sich der Test, in dem herausgefunden wird, ob jemand »objektiv« (d. h. gut geeignet, mit anderen zusammenzuarbeiten), oder eher »subjektiv« ist (mehr geeignet für eine spezialisierte, individuelle Arbeit). Von den 600 000 Menschen, die in einem Zeitraum von mehr als 60 Jahren getestet worden sind, waren ungefähr drei Viertel objektive Persönlichkeiten.

In dem Test *Schriftliche Begabung* werden die Fähigkeiten beim Umgang mit Zahlen und Symbolen getestet. In diesem Test wird vor allem die Fähigkeit gemessen, schriftliche Arbeiten schnell und kompetent zu erledigen. Schriftliche Begabung ist vor allem wichtig für den Bereich Buchhaltung, Verwaltung, Sekretariatsaufgaben und so weiter. Er zeigt auch deutlich an, wie der schulische Erfolg einer bestimmten Person ausfallen wird, denn auch in der Schule bedarf es besonders dieser Fähigkeit für eine ganze Reihe von Fächern.

Ideenreichtum zeigt das Potential an kreativer Vorstellungskraft oder die Fähigkeit, Ideen auszudrücken. Diese Fähigkeit ist vor allem in Bereichen wie Verkauf, Werbung, Unterricht, Öffentlichkeitsarbeit und Journalismus von großer Bedeutung.

Räumliches Vorstellungsvermögen testet die Fähigkeit, sich bestimmte Körper räumlich vorzustellen und dreidimensional zu denken. Dies ist eine absolut unabdingbare Begabung für Ingenieure, Mechaniker und Architekten.

Nicht das, was Sie eigentlich sind, hindert Sie am Erfolg, sondern das, was Sie meinen, nicht zu sein!

Induktives Denken zeigt die Fähigkeit, aus einer Gruppe von einzelnen Fakten logische Schlußfolgerungen zu ziehen. Diese Fähigkeit ist vor allem wichtig für Rechtsanwälte, Forscher und Ärzte, die eine Diagnose stellen müssen, aber auch für Schriftsteller und Journalisten. In allen diesen Berufen muß man aus Einzelheiten ein übergreifendes Muster herstellen und sich aus Details einen Gesamteindruck bilden können.

Analytisches Denken ist nützlich für Schriftsteller, Lektoren und Programmierer, die eine Reihe von Ideen in eine in sich zusammenhängende Folge bringen müssen.

Fingerfertigkeit ist die Fähigkeit, geschickt mit seinen Händen umzugehen. Diese Begabung braucht man für jede manuelle oder mechanische Arbeit. Sekretärinnen benötigen ebenfalls diese Fähigkeit zum Tippen oder zum schnellen Einordnen von Schriftstücken.

Pinzettengeschicklichkeit mißt die Fähigkeit zum präzisen Umgang mit kleinen Instrumenten. Erstaunlicherweise gibt es nur eine sehr geringe Korrelation zwischen dieser Begabung und der Fingerfertigkeit. Pinzettengeschicklichkeit ist für bestimmte Berufe wie Chirurg, Zahnarzt oder Uhrmacher sehr wichtig.

Beobachtungsgabe ist die Fähigkeit, sorgfältig zu beobachten. Man mißt sie, indem man der Versuchsperson ein Foto zeigt, auf dem eine Reihe von Haushaltsgegenständen dargestellt ist – und dann zehn andere Fotos, auf denen wenigstens einer dieser Gegenstände verändert worden ist. Der Prüfling muß dann benennen, worin sich jedes dieser anderen zehn Fotos vom ersten Bild unterscheidet. Beobachtungsgabe ist vor allem für die, die in der Forschung arbeiten (wo es um das Beobachten von Veränderungen geht), eine wichtige Fähigkeit – beispielsweise bei der Beobachtung von Mikroskopaufnahmen. Sie ist auch wertvoll für Künstler und Maler.

Die Fähigkeit, sich Zeichnungen einzuprägen, zeigt, wie gut sich jemand an alle Arten von Zeichnungen und Muster erinnern kann. Für die, die mit Plänen und Blaupausen arbeiten, ist diese Fähigkeit sehr hilfreich.

In den nächsten vier Tests wird die musikalische Begabung und Befähigung gemessen. *Erinnerungsvermögen* für Töne ist die Fähigkeit, sich an bestimmte Melodien zu erinnern und allgemein ein gutes Ohr für Musik zu haben.

Unterscheidungsfähigkeit für die Tonhöhe zeigt die Fähigkeit an, zwischen einzelnen Tönen unterscheiden zu können. Daneben gibt es noch einen Test für das rhythmische Erinnerungsvermögen und das Unterscheidungsvermögen für die Klangfarbe.

Es gibt noch einige andere Tests. *Die Fähigkeit, Fakten zu speichern,* ist die Fähigkeit, vieles zugleich im Kopf behalten zu können. Dies ist für bestimmte Berufe sehr wichtig, vor allem, wenn es darum geht, sich eine Reihe von Fakten und Informationen ins Gedächtnis zurückrufen zu können, um ein bestimmtes Urteil fällen oder zu einer Diagnose oder einem Beschluß kommen zu können. Sie ist nützlich für Anwälte, Ärzte und Forscher.

Zahlenverständnis ist die Fähigkeit, Beziehungen zwischen bestimmten Gruppen von Zahlen herzustellen. Man braucht diese Fähigkeit in der Buchhaltung, beim Programmieren vom Computern und bei versicherungsstatistischen Arbeiten.

Sprachverständnis testet die Fähigkeit, ungewohnte Wörter und Sprachen zu lernen. Diese Fähigkeit ist von entscheidender Bedeutung für Dolmetscher, vor allem für die, die bei den Vereinten Nationen arbeiten. Sie ist auch wichtig für Rhetoriklehrer und Sprachlehrer.

Vorausschau ist die Fähigkeit, seinen Geist auf ein weit in der Zukunft liegendes Ziel zu fixieren. Unter den vielen Berufen, in denen die Fähigkeit zur Vorausschau wichtig ist, ist der des Marktforschers, des Verkaufsanalytikers, des politischen Wissenschaftlers, des Diplomaten und Politikers. Angesichts der Tatsache, daß bei vielen Leuten die entsprechende Einsicht nur allzu spät kommt, wird es offensichtlich, daß ihnen in manchen Lebensbereichen diese Befähigung fehlt.

Farbenwahrnehmung ist die Fähigkeit, zwischen verschiedenen Farben unterscheiden zu können. Einige Berufe, für die Farbenwahrnehmung absolut notwendig ist, sind der des Modeschöpfers, des Malers, des Innendekorateurs, des Werbemannes und alle anderen Berufszweige, in denen es um künstlerische Gestaltung geht.

Die meisten Menschen haben zwischen drei und fünf besondere Begabungen

Nur sehr wenige Menschen, die im Johnson O'Connor-Institut getestet worden sind, haben mehr als sieben besondere Begabungen – gewöhnlich hat man zwischen drei und fünf. Als ich die Tests machte, wurde mir bestätigt, daß ich den richtigen Beruf ergriffen hatte: Seminarleiter und Lehrer für den Bereich persönliche Entwicklung und Produktivität – und zwar auf Grund meiner Stärken in den Bereichen Ideenreichtum, analytisches Denken, Beobachtungsgabe und Sprachbegabung.

Außerdem kam heraus, daß ich natürliche Talente im musikalischen Bereich habe, wie etwa die Erinnerungsfähigkeit für Töne, Unterscheidungsvermögen für die Tonhöhe und rhythmisches Erinnerungsvermögen. Ich habe eine natürliche Begabung, Lieder und Liedtexte zu entwerfen, aber ich habe meine Fähigkeiten in diesem Bereich noch nicht voll entwickelt.

Überhaupt nicht gut war ich in den Bereichen räumliches Vorstellungsvermögen, Fingerfertigkeit, Erinnerungsvermögen für Zeichnungen und Muster und in anderen Bereichen, die mit der Arbeit von Ingenieuren, Mechanikern und mit der Hochtechnologie zu tun haben. Seltsamerweise habe ich im Gymnasium in allen diesen technischen Fächern sehr gute Noten gehabt, weil ich wußte, daß mein Vater gerne wollte, daß ich zur Militärhochschule ginge. Zum Beispiel im Fach Mathematik war ich recht gut, weil ich einfach ein gutes Gedächtnis und sehr viel Disziplin besaß, aber dieser Bereich gehörte niemals zu meinen natürlichen Stärken.

Hätte ich die Johnson O'Connor-Tests schon im Gymnasium gemacht, dann hätte sich erwiesen, daß ich mit den Fächern Englisch, Fremdsprachen, Musik, Kunst, Schreiben und Sprechen einen sehr guten akademischen Abschluß hätte machen können. Statt dessen ging ich vom Gymnasium zur Marinehochschule in Annapolis, wo ich mich besonders intensiv mit Fächern wie Schiffsbautechnik, Navigationskunde usw. beschäftigen mußte. Irgendwie kämpfte ich mich durch diese Fachbereiche hindurch, schloß mit mäßigen Ergebnissen ab und ging dann zur Flugschule, wo ich mich mit noch mehr Fächern abplagen mußte, für die ich nicht wirklich begabt war.

Schließlich wurde ich Pilot einer unglaublich komplizierten Maschine von einem Wert von mehreren Millionen Dollar – und das einzige, worauf ich mich verlassen konnte, um überhaupt durchzukommen, waren meine schnellen Reflexe und mein fast fotografisches Gedächtnis. Ich wußte überhaupt nicht, wie mein Flugzeug funktionierte. Es wäre mir unmöglich gewesen, bestimmte Teile auseinanderzunehmen und zu reparieren. Wenn die rote Warnlampe »Feuer« jemals aufgeleuchtet hätte, dann wäre ich wahrscheinlich sofort auf weniger bewohnte Gegenden zugesteuert und hätte dann den Schleudersitz betätigt. *Was* allerdings das Blinken des Warnlichts hervorgerufen hätte, wäre mir sicherlich auf ewig ein Rätsel gewesen.

Meine natürliche Begabung und meine natürlichen Fähigkeiten konnte ich bei der Marine kaum nutzen. Einer der wesentlichen Gründe, warum ich schließlich meinen Dienst quittierte, war, daß ich das Gefühl hatte, unbedingt meine naturgegebenen Fähigkeiten – wie die Fähigkeit zur Rede und zum Mitteilen von Ideen – nutzen zu müssen. (Ich werde in Kapitel 7 mehr darüber erzählen.)

Vom Bauen von Meßinstrumenten zur Entwicklung der menschlichen Möglichkeiten

Johnson O'Connor begann seine Karriere im Bereich von Begabungtests im Jahre 1922, sofort nachdem er die Hochschule abgeschlossen hatte. Als Student der Harvard-Universität mit einem Abschluß in Philosophie landete er zunächst einmal auf dem Posten eines Leiters der Abteilung für Ingenieurtechnik der Firma General Electric. Der Direktor der Firma trug O'Connor auf, sich Gedanken über die Produktionssteigerung in einer Abteilung zur Montage von Meßgeräten zu machen – und er tat das, indem er die Arbeiter auf ihre Fingerfertigkeit hin testete. Er nahm an, daß die, die im Geschicklichkeitstest die besten Ergebnisse hätten, sicherlich auch bessere und schnellere Monteure wären.

O'Connors Geschicklichkeitstest hatte nicht nur insoweit Erfolg, als dadurch die Produktion tatsächlich gesteigert wurde, er brachte darüber hinaus ein anderes Ergebnis: Selbst mit sehr viel Übung konnten Testteilnehmer mit schlechten Ergebnissen ihre Geschwindigkeit nicht so steigern, daß sie mit von Anfang an guten Testpersonen hätten gleichziehen können. So begann O'Connor sich intensiver mit Begabungstests zu beschäftigen. Gab es irgendeine Möglichkeit, menschliche Begabungen wissenschaftlich zu testen und diese Testergebnisse dann für Berufe und bestimmte Laufbahnen zu nutzen? Gab es eine Möglichkeit, die Charakterzüge von Menschen in verschiedenen Berufsbereichen zu messen und die besonderen Charakteristika herauszufinden, durch die jene Leute erfolgreich geworden waren?

Der nächste Test, den O'Connor entwickelte, maß die Beobachtungsfähigkeit. Er wurde eingesetzt, um Bewerber für Aufsichtsposten am Fließband zu testen. O'Connor entwickelte noch weitere Tests, mit denen andere Fähigkeiten gemessen werden konnten, und die Nachfrage wurde so groß, daß er auch mit anderen Interessenten außerhalb seiner Firma an den Abenden und am Wochenende gute Geschäfte machte. Schließlich stellte er seine Fähigkeiten und Ideen in den Dienst des Technologieinstituts von Massachusetts, wo er drei Jahre lang Begabungstests durchführte. Dann eröffnete er sein eigenes Institut zur Erforschung der menschlichen Fähigkeiten und Begabungen mit Hilfe der Johnson O'Connor-Forschungsstiftung.

O'Connors lange und glänzende Karriere endete im Jahre 1973, als er und seine Frau nach Mexiko reisten, um die Begabungen der Zapotecindianer zu testen. Dort steckten sie sich mit einer Krankheit an, die für beide tödlich verlief.

Die Stiftung führte jedoch O'Connors Lebenswerk weiter fort. In den Vereinigten Staaten entstanden insgesamt 16 Testzentren. Die Tests, die dort durchgeführt werden, sind insbesondere für solche Personen hilfreich, die eine andere Berufslaufbahn einschlagen oder allgemein ihren Beruf wechseln wollen. Eine ganz wesentliche Hilfe, die diese Tests zu geben vermögen, besteht darin, Menschen zu zeigen, daß sie möglicherweise deshalb frustriert oder unglücklich sind, weil sie im falschen Bereich arbeiten. Und ebenso können diese Tests Möglichkeiten zeigen, über die der einzelne vielleicht niemals nachgedacht hat.

Vom Personalbüro zum Teeladen

Jane Leader hatte beispielsweise einen guten Posten im Personalbüro einer Firma – und doch war sie innerlich unzufrieden. Sie machte die Johnson O'Connor-Tests, und nachdem sie die Ergebnisse erfahren hatte, kündigte sie und machte ihren eigenen Laden auf. Die neunstündigen Tests hatten ergeben, daß sie objektiver war als 96% aller Menschen, die jemals von der Stiftung getestet worden waren. Das bedeutete, daß es ihr wirklich Freude bereite, mit Menschen umzugehen – eine natürliche Fähigkeit, um einen Laden oder ein anderes Geschäft zu leiten. Jane war auch sehr tüchtig im Umgang mit Zahlen – eine Eigenschaft, die ihr ebenfalls als Besitzerin ihres eigenen Geschäfts zugute kommen sollte.

Sie wählte einen kleinen Laden in einer gutbesuchten Geschäftsstraße, nannte ihn »Der würzige Teeladen« und spezialisierte sich auf Kräuter, Gewürze, Kaffee, Tee und kunstgewerbliche Waren. Der Laden lief außerordentlich gut, und schon nach einem Jahr machte sie ähnliche Geschäfte in anderen Teilen der Stadt auf. Wie fühlt sich Jane, nachdem sie nun schließlich ihre ganze natürliche Begabung nutzen kann? »Zum ersten Mal«, sagt sie, und ein Lächeln breitet sich über ihr Gesicht aus, »bin ich mit meiner Arbeit wirklich glücklich!«

Helen Vogel ging ebenfalls erst einmal einige Irrwege, bevor sie ihre natürlichen Talente wirklich einsetzen konnte. Im Jahre 1970 machte sie ihren Hochschulabschluß und ging nach Stanford, um Wirtschaft und Anthropologie zu studieren. Während sie noch im College war, machte sie die Johnson O'Connor-Tests und fand heraus, daß sie ein außergewöhnlich gutes räumliches Vorstellungsvermögen hatte und zudem zu den eher subjektiven Persönlichkeiten zählte. Man sagte ihr, daß sie wahrscheinlich in einem Beruf wie dem des Ingenieurs erfolgreich wäre.

Sie nahm sich jedoch diesen Ratschlag nicht besonders zu Herzen, wechselte ihr Studienfach und studierte nun Englisch und Germanistik. Nachdem sie ihre Abschlußprüfungen gemacht hatte, arbeitete sie in einem Buchladen und Studentenkreditbüro, aber das brachte ihr nur wenig Befriedigung. Nach weiteren zwei Jahren ging sie noch einmal zur Universität, um einen Ingenieurkurs zu belegen. Schließlich legte sie ein Examen in Ingenieurtechnik ab und bewarb sich bei einer Firma, in der sie jetzt voller Enthusiasmus daran arbeitet, die Schall- und Lärmübertragung in Häusern und Gebäuden zu berechnen und zu reduzieren. Helen ist heute in ihrem Beruf außerordentlich glücklich, aber sie hat immer noch sehr starkes Interesse an den schönen Künsten, sie schreibt Kurzgeschichten, spielt Klavier und nimmt Zeichenunterricht.

In einem anderen Fall kam eine junge Frau ins Testzentrum, die in der von ihr gewählten Laufbahn als Lehrerin kläglich gescheitert war. Sie wollte herausfinden, warum ihr Traum wie eine Seifenblase zerplatzt war. Sie konnte immer gut mit Kindern umgehen, aber in ihren Unterrichtsstunden ging es immer drunter und drüber. Aus irgendeinem Grunde war die Disziplin in ihren Klassen im Vergleich zur ganzen Schule bei weitem am schlechtesten, und bei dem Versuch, den Kindern überhaupt irgend etwas beizubringen, schwitzte sie Blut und Wasser.

In ihren Tests wurde deutlich, daß sie bestimmte Begabungen und Fähigkeiten hatte, die denen eines Lehrers diametral entgegengesetzt waren. Anstatt hochgradig objektiv zu sein, ein für einen guten Lehrer unabdingbarer Charakterzug, war sie außerordentlich subjektiv. Hinzu kam, daß ihre Ergebnisse im Bereich Ideenreichtum und induktives Denken – ebenfalls zwei wichtige Fähigkeiten für den Bereich des Lehrens und Unterrichtens – auch sehr niedrig waren. In ihrem Test kam heraus, daß ihre Fähigkeit zur räumlichen Vorstellung voll ausgeprägt war. Als sie das Zentrum verließ, fühlte sie sich glücklich und voller Mut, eine neue Karriere als Ingenieurin zu beginnen.

Wie die Schüler einer ganzen Schule ihre Begabungen entdeckten

Der Johnson O'Connor-Test kann den Schulen dabei helfen, besser und effektiver zu unterrichten. Eine Schule auf Long Island, New York, hat für alle ihre Schüler die Johnson O'Connor-Tests eingeführt – mit faszinierenden Resultaten.

Zum Beispiel hatte Bonnie, eine sonst sehr intelligente Schülerin, Schwierigkeiten im Fach Chemie. In den Tests kam heraus, daß sie überhaupt kein räumliches Vorstellungsvermögen hatte – eine Eigenschaft, die für einen guten Chemiker absolut notwendig ist. Gute Testergebnisse hatte Bonnie dagegen im Bereich abstraktes Denken und Vorstellungsvermögen – und dies kam ihr für die Fächer Geschichte und Politik zugute –, aber sie meinte immer noch, sie sei dumm, weil die Chemie für sie nach wie vor ein Buch mit sieben Siegeln war.

Jeff war ganz das Gegenteil von Bonnie. Man brauchte ihm nur ein Teströhrchen, einen Bunsenbrenner und ein paar chemische Formeln zu geben, und er strömte über vor Aktivität. Im Geschichts- oder Geographieunterricht dagegen döste er vor sich hin. Jeff hatte ein sehr gutes räumliches Vorstellungsvermögen, aber er hatte große Schwierigkeiten, abstrakt zu denken. Geschichte, Daten und Philosophie waren für ihn sehr langweilig und verwirrend.

Gale machte immer sehr sorgfältig ihre Hausaufgaben, obwohl sie dafür immer ein wenig länger brauchte als andere Schüler. Im Unterricht konnte sie alle Fragen mündlich richtig beantworten, aber während einer Prüfung brach sie jedesmal vollkommen zusammen. Die Lehrer wußten sehr wohl, daß ihre Noten nicht ihr wirkliches Wissen widerspiegelten, aber sie wußten auch keinen Rat, was zu tun wäre.

Die Johnson O'Connor-Tests machten deutlich, daß Gales Schreib- und Lesefertigkeit nur gering entwickelt war und daß sie nur sehr langsam Symbole in Ideen und Ideen in Symbole umsetzen konnte. Schüler mit schlechter Schreib- und Lesefertigkeit sind im allgemeinen weniger erfolgreich in Prüfungen, die unter Zeitdruck gemacht werden und bei mathematischen Berechnungen.

Zwei Jahre lang kämpfte sich Frank durch seinen Spanischkurs, bis er entdeckte, daß seine Fähigkeit, Fremdsprachen zu lernen, nur schwach entwickelt war. Zwar bedeutete es für ihn keinen besonderen Trost, daß 50% der Bevölkerung mehr oder weniger unfähig ist, eine Fremdsprache zu lernen, aber wenigstens wußte er nun, worin sein Problem eigentlich bestand.

Um den verschiedenen Begabungen der Schüler gerecht werden zu können, gibt es in dieser Schule heute spezielle Kurse für strukturelle und für abstrakte Denker. Klassen mit stark strukturell orientierten Schülern haben strukturell orientierte Lehrer und Klassen mit eher abstrakt denkenden Schülern haben sehr stark abstrakt orientierte Lehrer. Es ist daher nicht erstaunlich, daß Lehrer und Schüler gewöhnlich sehr gut miteinander auskommen, weil sie die Welt in ganz ähnlicher Weise wahrnehmen und begreifen, weil sie bestimmte Dinge auf ganz ähnliche Weise tun.

Mit Schülern, die kein gutes Auffassungsvermögen für Symbole haben, werden andere Arten von Intelligenztests gemacht. Zum Beispiel müssen sie, anstatt Mathematikaufgaben zu lösen, ein konkretes Projekt oder eine praktische Aufgabe durchführen. Wenn solche Schüler Mathematik lernen, dann wird man ihnen, wenn möglich, die Benutzung eines Taschenrechners erlauben.

In dieser Schule in New York ist es nicht mehr nötig, Fremdsprachen zu pauken. Sie wurden durch Unterrichtseinheiten in Sozialkunde ersetzt, in denen der kulturelle Hintergrund von fremden Ländern beleuchtet und die Fähigkeit, sich in einer fremden Sprache zu unterhalten, gefördert wird. Auf diese Weise sollen Schüler befähigt werden, sich in einer mobilen, vielsprachigen Welt zurechtzufinden. Der Schulleiter Michael DeSisto stellte fest, daß es keine wertvollen und weniger wertvollen Begabungen, sondern einfach nur gleichwertige Begabungen gibt. Begabungen sind ausschließlich ein Hinweis darauf, was ein Schüler möglicherweise schwierig oder leicht finden wird. DeSisto:

»Mit Hilfe der Begabungstests ist es heute für uns Lehrer besser möglich, herauszufinden, wo der beste Ausgangspunkt ist, welchen Weg man nehmen sollte und auf welche Weise dieser Weg am besten zu gehen wäre.«

Ihr Wortschatz – der Schlüssel zu Ihrem Erfolg

Dem Wortschatz wird in der Schule von Lake Grove eine ganz besondere Bedeutung zugemessen. Schüler werden daraufhin getestet, wo sie, im Vergleich mit anderen Kindern, hinsichtlich ihres Wortschatzes und ihres Sprachvermögens stehen. Individuell abgestimmte Lese- und Schreibübungen werden entwickelt, um den Schülern dabei zu helfen, ihren Wortschatz zu erweitern.

Nach dem, was Johnson O'Connor herausfand, ist ein guter Wortschatz in der heutigen, sehr stark leistungsorientierten Welt eine ganz wesentliche Voraussetzung. Anders als andere Begabungen ist gerade der Wortschatz und das Sprachvermögen eine Fähigkeit, die durch Anstrengung und Disziplin verbessert werden kann.

Als Johnson O'Connor die seine ersten Begabungstests entwickelte, entdeckten er und seine Mitarbeiter, daß ein sehr deutlicher Zusammenhang besteht zwischen Wortschatz, Ausdrucksvermögen und beruflichem Erfolg. Ein begrenzter Wortschatz kann sicherlich eine erfolgreiche Berufslaufbahn behindern. Menschen mit ausgezeichneten Fähigkeiten entwickeln häufig ihre Begabungen nicht, weil sie keinen ausreichenden Wortschatz haben und sich anderen nicht genügend verständlich machen können.

Tatsächlich hat die Johnson O'Connor-Stiftung herausgefunden, daß das Sprachvermögen und die Ausdrucksfähigkeit von Achtzehnjährigen zwischen den Jahren 1955 und 1980 dramatisch gesunken sind.

Die Mitarbeiter des Johnson O'Connor-Instiuts haben

außerdem entdeckt, daß der Unterschied zwischen einem mittelmäßigen und einem ausgezeichneten Wortschatz nur 3500 Wörter beträgt. Sie haben daher mehrere unterschiedliche Bücher für diejenigen zusammengestellt, die ihren Wortschatz erweitern wollen. In einem Johnson O'Connor-Merkblatt steht zu lesen: »Die Begabungen zeigen an, in welche Richtung sich ein Mensch bewegen sollte: Durch Wortschatztests können wir voraussagen, wie weit ein Mensch in der von ihm gewählten Laufbahn kommen wird.«

In Karriereanalysen wurde herausgefunden, daß es eine deutliche Beziehung zwischen Erfolg und einem ausgezeichneten Wortschatz gibt. Um der Beste zu sein, ist es notwendig, daß Sie Ihren Wortschatz und Ihre sprachliche Befähigung weiter fortentwickeln. Sie werden dadurch in allen Bereichen Ihres Lebens sehr viel mehr Erfolg haben. Es wird Ihnen möglich sein, anderen Ihre Lebensziele oder auch Gefühle mitzuteilen, und Sie werden nicht so häufig mißverstanden werden. Sie werden bessere Briefe schreiben können und zu einem interessanteren Gesprächspartner werden. Statt nach Worten suchen zu müssen, werden Sie reden können wie ein Wasserfall – Sie werden dadurch Ihren persönlichen Zielen einen guten Dienst erweisen und Ihre Begabungen besser deutlich machen können.

Der beste Zeitpunkt für Tests ist die Zeit der Oberstufe

Je früher Sie sich über Ihre natürlichen Befähigungen und Begabungen klar werden, desto besser. Jedoch ist es niemals zu spät, herauszufinden, wer Sie wirklich sind – ob Sie nun sechzehn oder sechzig Jahre alt sind. Der Johnson O'Connor-Test wurde schon Kindern im Alter von neun Jahren vorgelegt – aber wahrscheinlich ist er im Alter von sechzehn oder siebzehn Jahren wenn die Schüler sich für eine bestimmte Berufslaufbahn entscheiden, am sinnvollsten.

Meine Frau Susanne hat die Tests gemacht, und ebenso alle unsere Kinder. Die Resultate waren häufig schockierend, manchmal überraschend und immer interessant. Werden meine Söhne mir in ihren Berufen aufs Rednerpult folgen? Eigentlich sind meine Töchter in diesem Bereich begabter, während meine Söhne ihre eigenen speziellen Begabungen herausgefunden haben und sie jetzt weiterentwickeln.

Häufig wünsche ich mir, daß meine älteren Kinder schon sehr viel früher die Tests gemacht hätten. In vielerlei Hinsicht war es mir nicht möglich, deutlich ihre natürlichen Talente zu erkennen. Wahrscheinlich hatte ich eine unserer Töchter im Geiste schon als Tierärztin gesehen, weil sie so sehr die Tiere liebt. Statt dessen erwies sich, daß sie von meinen Kindern die begabteste Rednerin war. Der Sohn, von dem ich annahm, daß er ein großer professioneller Sportler werden könnte, hat in Wirklichkeit sehr große Begabungen im Verkaufsbereich. Der Sohn, von dem ich annahm, daß er zu einem ernsten Wissenschaftler werden würde, macht jetzt beim Rundfunk seinen Weg.

Ich könnte noch viele andere Beispiele anführen. Die Johnson O'Connor-Tests haben mir deutlich vor Augen geführt, daß ich die Begabungen einiger meiner Kinder ganz falsch eingeschätzt habe – eine Tatsache, die beweist, daß Eltern wirklich nicht genug tun können, um ihren Kindern dabei zu helfen, ihre Begabungen und Talente zu entdecken. Nur allzu häufig überlassen Eltern diese wichtige Aufgabe einem Lehrer, der zweihundert oder noch mehr Schüler auf ihrem Berufsweg beraten muß. Die Beratung wird dann vor allem auf Grund der Zeugnisse durchgeführt, und vielleicht auf Grund einiger beiläufiger Gespräche über bestimmte Berufswünsche und Aufstiegsmöglichkeiten. Und dann gehen die Schüler nach Hause und hören nur allzu häufig dies oder ähnliches am Abendbrottisch: »Warum ergreifst du nicht einen Beruf, wo du schnell viel Geld verdienen kannst – denk nur einmal an den Computerbereich.«

Nehmen Sie das, was Sie zu Ihren Kindern sagen, sehr wichtig – und sagen Sie nichts, was nicht letztlich ermutigend und unterstützend wäre!

Ein Problem der heutigen Gesellschaft ist es, daß Eltern eigentlich nur sehr wenig Gelegenheit haben, ihren Kindern dabei zu helfen, ihre natürlichen Talente zu entdecken. Das heutige kulturelle Umfeld und der Lebensstil des modernen Menschen geben uns nur sehr wenig Raum, um unsere Kinder wirklich kennenzulernen, indem wir sie beobachten und mit ihnen zusammenarbeiten.

In der »guten alten Zeit« haben die Kinder häufig auf dem Bauernhof oder im Geschäft der Familie mitgearbeitet – zusammen mit Mama und Papa. Heute hasten sie von der Schule in die Sportgruppe, dann in den Ballettunterricht oder in den Sportverein und zuletzt ins Bett. Wenn Papa und Mama Glück haben, dann bekommen sie sogar einen kurzen Bericht über den Verlauf des Tages. Häufig hört die Mutter nur ein gemurmeltes »War ganz gut«, während sie die Kinder von einer Veranstaltung zur anderen kutschiert. Papa kommt sowieso erst mit dem Sieben-Uhr-Vorortszug nach Hause – wenn die Sprößlinge schon ganz fest schlafen oder ihr Kinderprogramm sehen.

Obwohl sie mit allen diesen wunderbaren Möglichkeiten und Aktivitäten »gesegnet« sind, haben unsere Kinder doch nur eine sehr vage Vorstellung davon, was sie wirklich gut können – Sport, Mathematik und Ballett beispielsweise –, aber meistens wird dies dann nur in Hinblick auf die Schule gesehen oder in bezug auf die Mannschaft oder den Verein, wo sie gerade aktiv sind. Selten nur wird eine Verbindung zu einer möglichen Berufslaufbahn hergestellt.

So kommt es, daß junge Leute das Hochschulalter erreichen und immer noch nicht wissen, was sie im Leben tun wollen. Junge Erwachsene sprechen über Selbstfindung – und wissen nicht, wo sie suchen sollen. Die Eltern sehen sich das an, ringen die Hände und machen sich große Sorgen um ihren großen Sohn. Jetzt ist er schon Neunundzwanzig. Wird er jemals einen Job finden?

Ganz sicherlich liegen die persönlichen Stärken ihres Kindes irgendwo begraben – und warten nur darauf, entdeckt und entwickelt zu werden. Eltern können sehr viel tun, um ihren Kindern dabei zu helfen, ihre natürlichen Talente zu entdecken. Sie können – ebenso wie die Lehrer oder Trainer – das einzigartige Potential eines Kindes entweder fördern oder es ersticken. Prüfen Sie sich deshalb daraufhin, was Sie Ihrem Kind sagen, und sagen Sie nichts, was nicht letztlich ermutigend oder unterstützend wäre.

Wenn ich die Möglichkeit hätte, mein Leben zusammen mit unseren Kindern noch einmal zu leben, dann würde ich sie spätestens an ihrem sechzehnten Geburtstag in der Johnson O'Connor-Forschungsstiftung testen lassen. Vor dem Hintergrund der Testresultate wäre ich ganz besonders an ihren spezifischen Fähigkeiten interessiert, und ich würde ihnen viele Gelegenheiten zu verschaffen suchen, bei denen sie die Möglichkeit bekämen, ihre natürlichen Gaben und Interessen zu entwickeln. Ich würde alles ausprobieren: Reisen ins Ausland, der Besuch eines Violinabends, einer kleinen Volkskunstbühne ebenso wie einer großen Broadwayshow, soweit dies möglich ist.

Kinder lassen sich immer leichter durch das Radio und das Fernsehen – und natürlich auch durch ihre gleichaltrigen Freunde – beeinflussen. Sie werden sicherlich immer Spaß daran haben, in Popkonzerte zu gehen, aber neben solchen netten Zerstreuungen sollten ihnen die Eltern die Möglichkeit geben, tiefergehende Erfahrungen zu machen, durch die vielleicht noch brachliegende, innere Schichten ihrer Persönlichkeit angerührt werden.

Ich treffe mit vielen Eltern zusammen, die bezweifeln, daß sie auf ihre Kinder irgendeinen besonderen Einfluß ausüben. Ich sage ihnen dann immer, daß sie sich nicht durch den vermeintlichen Generationenkonflikt irreführen lassen sollen, der besagt, daß Kinder und Erwachsene in zwei verschiedenen Welten leben. Wenn sich zwischen Kindern und Erwachsenen eine sehr tiefe Kluft auftut, dann nur, weil es sich die Erwachsenen häufig nur allzu leicht gemacht und die Kinder sich selbst überlassen haben.

Lassen Sie ihnen ihren persönlichen Geschmack, aber neben dem Besuch von Rockkonzerten sollten Sie ihnen auch die Möglichkeit geben, einmal Volksmusik oder ein Kammerkonzert oder Chormusik zu hören. Sie können sich doch zur Unterstützung einen Freund mit in ein solches Konzert nehmen. Vielleicht bekommen Sie von den Kindern dann keine direkte positive Rückmeldung, aber insgeheim denken sie vielleicht: *Das war gar nicht schlecht – sehr viel besser, als ich zunächst gedacht hatte.*

Probieren Sie eine Menge verschiedener Dinge aus. Geben Sie mehr Geld aus für neue Erfahrungen und weniger für Spielzeug und andere materielle Besitztümer, die angeblich die Lebensqualität verbessern und doch nur einen hohlen Ersatz dafür bieten. Ist es nicht seltsam, daß wir zu Weihnachten mehr Geld für Spielzeug als sonst im ganzen Jahr für gemeinsame Unternehmungen ausgeben. Wir versuchen, die Liebe unserer Kinder mit Geburtstags- und Weihnachtsgeschenken zu erkaufen, während wir ihnen eigentlich ein viel schöneres, kostenloses Geschenk machen könnten: das Entdecken der grenzenlosen Möglichkeiten, die in ihnen selbst liegen.

Obwohl ich nun einen sehr großen Teil dieses Kapitels auf die Beschreibung des Johnson O'Connor-Begabungsprogramms verwandt habe, möchte ich an dieser Stelle doch ein wenig zur Vorsicht mahnen: Es wäre nicht ratsam, die Berufslaufbahn ausschließlich den Begabungstests zu überlassen. Sicherlich sind Tests für das Herausfinden der natürlichen Fähigkeiten sehr wichtig, aber um die ideale Laufbahn einschlagen zu können, muß der einzelne auch

Training oder Erfahrung und, wenn möglich, ein paar gute Vorbilder oder Lehrer haben.

Wenn Sie selbst Ihre natürlichen Fähigkeiten zum richtigen Zeitpunkt entdecken können, so gibt Ihnen das vielleicht einen gewaltigen Auftrieb: Sie werden Ihr Leben um Ihre größten Möglichkeiten herum und in Richtung auf die schönste Erfüllung hin planen können. Aber sogar wenn Sie das nicht tun können, ist es doch niemals zu spät. Ein Fall, wo wir das wirklich sagen können, ist beispielsweise Stanley Spiro, dessen Leben einmal in der Zeitschrift *Time* beschrieben wurde.

Wie ein Zahnarzt sich »in die richtige Stimmung« brachte

Stan Spiro war Ausbilder für Zahnärzte in der Temple-Universität, und während er selbst noch Student war, verdiente er sich nebenbei Geld, indem er in jeder Band, die ihn nehmen wollte, Altsaxophon, Klarinette oder Flöte spielte. Es schien, daß eine ganze Menge Musikbands an ihm Interesse hatten, und er hatte sogar kurze Auftritte mit Glen Miller und Jack Teagarden, um nur zwei berühmte Musiker zu nennen. Nach seiner Abschlußprüfung pflegte er allerdings seine musikalischen Interessen nicht weiter und konzentrierte sich 38 Jahre lang auf Zahnheilkunde und Anästhesie. Neben seiner Arbeit als Zahnarzt schrieb Stan zwei Bücher: *Techniken der Zahnheilkunde* und *Schmerz- und Angstkontrolle in der Zahnheilkunde* – zwei Themen, die allerdings von dem Song »In The Mood« von Glenn Miller Lichtjahre entfernt zu sein scheinen.

Als Stan 65 wurde, gab er seinen Zahnarztberuf auf und zog mit seiner Frau, Thelma, nach Florida. Seine musischen Talente, die er während der Jahre seines Zahnarztberufes nur ganz selten eingesetzt hatte, brodelten nun an die Oberfläche, und Stan entschloß sich, der Leader seiner eigenen Band zu werden. Zu seinen Musikern gehörten schon bald ein pensionierter Chirurg, ein Bibliothekar, zwei Oberstufenschüler, der Herausgeber einer Zeitschrift, der Besitzer eines Ladens für Schiffszubehör, ein Stoffabrikant, ein Musiklehrer, ein Florist, ein Fabrikant von Rennwagen und verschiedene Vertreter. Der Sänger in dieser Band ist der Verwalter eines Eigenheimkomplexes.

Bevor er in der Öffentlichkeit auftrat, übte Stan wirklich sehr lange mit seiner Band. Bald schon war sie im Südwesten von Florida sehr gefragt und schon Monate voraus für Auftritte in Nachtclubs, bei großen festlichen Essen und bei Wohltätigkeitsveranstaltungen ausgebucht – die Leute liebten es ganz einfach, sich von dieser Band in eine wohlige Stimmung der Nostalgie versetzen zu lassen.

Der Sound von Glen Miller ist für die Altersgruppe, für die diese Band spielt, geradezu perfekt – das heißt, für jeden, der eben älter ist als ein Teenager. Die Musiker spielen nicht um des Geldes willen, sie tun es, weil sie es eben gerne tun. Für Stan Spiro erscheint der Gedanke, er sei ein Ruheständler, geradezu absurd.

Stan Spiro ist nur ein Beispiel für jemanden, der bei sich ein natürliches Talent entdeckt hat – und sich nun selbst mit diesem Talent Freude bereitet. Ich kenne eine neunundvierzigjährige Frau, die, nach 25 Jahren Hausfrauentätigkeit, wieder ins Geschäftsleben zurückging. Im ersten Jahr verkaufte sie Grund und Boden im Wert von 750 000 Dollar. Ich kenne auch einen Allroundmann, der als Barmann, im Gesundheitsamt, als Soldat und als Verkäufer gearbeitet hatte; schließlich begann er eine neue Karriere, in der er alle seine Fähigkeiten – Managementtalente, Ingenieurwissen und Datenverarbeitung – nutzen konnte.

Täglich hört man Geschichten von sehr hoch bezahlten Direktoren, die auf die Hälfte oder ein Drittel ihres Einkommens verzichten und mit ihrem eigenen Geschäft, ihrer eigenen Viehzucht oder ihrem Bauernhof ihre persönliche Erfüllung finden.

Diese Beispiele von langen Irrfahrten, die andauern, bis man seinen persönlichen Weg gefunden hat, strafen das ewige Gerede von »Begrenzungen« und von mangelnder Begabung, das wir schon in Kapitel 4 analysiert haben, Lügen. Es ist leider so furchtbar einfach, sich durch diese Lügen im ewigen Jammertal des Selbstmitleids und der Klagen, in dem das eigentliche Potential vernachlässigt wird, festhalten zu lassen. Glauben Sie es nicht, wenn Sie hören:

Jeder ist ein Opfer der Umstände und des Systems – man muß sich halt damit abfinden!

Ich selbst bin jenem »System« niemals persönlich begegnet, das angeblich diese massive Verschwörung gegen Ihr und mein Potential in die Wege leitet. Das ist ganz einfach deshalb so, weil »das System« ein ebensolches Hirngespinst ist wie die Beschränkungen, die Sie oder andere möglicherweise Ihren wirklichen Fähigkeiten selbst auferlegen. Die Wahrheit, die übrigens auch bei Johnson-O'Connor und in anderen guten psychologischen Tests zutage tritt, ist:

Ihre natürlichen Talente sind der Schlüssel zum Erfolg

Finden Sie einfach heraus, wo Ihre natürlichen Talente liegen. Entwickeln Sie sie! Dann nutzen Sie sie, um der Beste zu sein, der Sie sein können!

Armut bedeutet ungenutztes Potential – und zwar deshalb, weil man sich selbst Grenzen auferlegt hat.

Armut bedeutet, ein Leben lang eine Arbeit zu verrichten, zu der man keine Lust hat, so daß man dann, wenn man mit 65 in Rente geht, endlich machen kann, was einem Spaß macht.

Armut bedeutet, viele Bekannte zu haben und keinen wirklich gut zu kennen.

Armut bedeutet, so viel Kleidung zu haben, daß man »nichts anzuziehen hat«.

Armut bedeutet, immer so reichlich zu essen, daß man dauernd an Diäten denken muß.

Armut bedeutet, andauernd alle möglichen Pillen bei sich tragen zu müssen, da man »es sich nicht leisten kann, krank zu sein«.

Armut bedeutet, an Geburtstagen und an Weihnachten fast unter Geschenken begraben zu werden – und sich dann zu Tode zu langweilen, da man nicht weiß, was man damit machen soll.

Armut bedeutet, drei Examen gemacht zu haben – und sich dann in seinem Job unbefriedigt zu fühlen.

Armut bedeutet, zwei Autos, drei Fernsehapparate und einen Geschirrspüler zu haben und dann alles »hinzuwerfen« und Camping zu machen, um endlich einmal von allem wegzukommen.

Armut heißt, jeden Tag von einem Gebäude ins andere zu gehen und niemals innezuhalten, um die Schönheit der Welt da draußen zu sehen.

Armut bedeutet, Geld für Make-up, Deodorant, Friseur und Markenkleidung auszugeben – und sich immer noch Sorgen über seine äußere Erscheinung zu machen.

Armut heißt, aktiv und gesund zu sein, ein mittleres Einkommen zu haben – und trotzdem unglücklich zu sein.

Armut bedeutet, niemals auf die Welt, in der du lebst, neugierig zu sein und niemals das Bedürfnis zu haben, diese Welt oder die Menschen, die in ihr leben, kennenlernen zu wollen.

Armut kann sich in der Seele und im Körper zeigen.

6. Der beste Weg

Charlie Brown, der liebenswerte Star in Charles Schultz' Zeichentrickserie »Peanuts«, gibt häufig sehr amüsante Weisheiten zum besten. Charlie ist der Kapitän und Manager des berühmten Peanuts-Baseball-Teams, das gewöhnlich mit 0:176 Punkten verliert. Aber Charlie läßt sich nicht entmutigen. Er weiß, daß seine Mannschaft im Grunde genommen tüchtig ist – die Spieler dürfen nur einfach nicht lockerlassen.

»O Gott!« seufzt Charlie, als wieder einmal ein Ball ins eigene Netz gegangen ist. »Es ist wirklich hart, immer die schreckliche Last der eigenen unausgelebten Fähigkeiten mit sich herumschleppen zu müssen!«

Wieder einmal hat Charlies Kommentar den Nagel auf den Kopf getroffen. Auch Sie wissen von sich selbst, daß Sie irgendwo tief in sich naturgegebene, ungenutzte Fähigkeiten haben, aber wenn Sie diese Fähigkeiten nicht entwickeln und ausleben, dann werden Sie immer die schreckliche Last des eigenen ungelebten Potentials mit sich herumtragen müssen. Um diese Last abwerfen zu können, müssen Sie für sich selbst den besten Weg finden. Vielleicht wird es ein sehr ungewöhnlicher Weg sein. Aber es ist sehr wichtig für Sie, herauszufinden, wo Ihr eigener Weg ist.

Bei mir hat es etwa bis zu meinem dreißigsten Lebensjahr gedauert, bis ich ein realistisches Selbstbild aufgebaut und meinen individuellen Weg gefunden hatte. Allerdings haben sich meine naturgegebenen Fähigkeiten schon sehr viel früher gezeigt. Schon als ganz kleiner Junge klingelte ich oft bei den Nachbarn, sagte ein Gedicht auf und sang das Lied vom armen alten Kuhhirten. Dafür bekam ich dann oft ein kleines Stück Kuchen. Frau Door zwei Häuser weiter, die Beardsleys von gegenüber und alle anderen, die ich in unserem

Viertel kannte, warteten oft schon darauf, daß der kleine Kuhhirte käme, um seine kleine Rede oder sein Gedicht vorzutragen. Man brauchte mich dazu allerdings gar nicht erst zu überreden, denn es machte mir großen Spaß. Übrigens kam ich ja auf diese Weise auch zu einem Stück Kuchen. Ich liebte es, eine Belohnung für meinen »Auftritt« zu bekommen.

Im Gymnasium wurde dann deutlich, daß ich ein sehr gutes Gedächtnis habe und Texte ohne große Anstrengung wiedergeben kann. Es lag mir sehr viel mehr, zu sprechen und etwas vorzutragen, als etwa zu zeichnen oder zu rechnen. Ich liebte es sehr, zu singen und Geschichten zu erzählen. Es machte mir Vergnügen, den Ton meiner eigenen Stimme zu hören.

In der Oberstufe versuchte ich dann, alles mögliche auszuprobieren. Ich war kein schlechter Baseballspieler, aber da ich ein ziemlicher Hänfling geblieben war, steckte man mich immer nur in die Junioren- und B-Mannschaften. Ich hatte zudem nichts gemeinsam mit dem Typ von Sportler, der angeblich niemals ein Buch aufschlägt. Ich liebte es zu lernen und hatte besonders viel Freude an den Fächern Englisch, Kreatives Schreiben und Fremdsprachen. Ich spielte auch im Schülertheater mit und sang im Schulchor.

Während meiner ganzen Schulzeit versuchte ich, wann immer ich dazu Gelegenheit hatte, andere zu amüsieren und zu unterhalten. Ich bewarb mich für bestimmte Posten – und bekam sie auch. Man könnte sagen, ich war ein ziemliches Redetalent.

Meine Familie förderte meine individuelle Begabung

Meine Mutter ermutigte mich zum Vorlesen und zum Schreiben. Sie lobte mich überschwenglich für meine Fähigkeiten und Talente. Sie ging zu allen Schulsportfesten und saß beim Schülertheater immer in der ersten Reihe. Sie half mir sogar bei meinen Wahlreden, als ich für den Posten des Schülersprechers kandidierte.

Meine Mutter schrieb auch Gedichte und sie las mir häufig ein paar Verse vor. Ihre Liebe zum Schreiben und zu Büchern hatte sie von meiner Großmutter, die vierzig Jahre lang als Lektorin in einem großen Druck- und Verlagshaus in San Diego gearbeitet hatte. Meine Großmutter liebte das gedruckte Wort. Man könnte sagen, daß das – neben ihrer Familie – ihr ganzes Leben war. Während jener vier Jahrzehnte las sie Tausende von Broschüren und Büchern.

Mein Großvater besaß einen Schreibwarenladen und eine Buchbinderei, und er war ebenfalls ein richtiger Büchernarr. Es ist also leicht zu erkennen, woher die Liebe meiner Mutter zum Lesen und zu den Phantasiewelten der Bücher stammte. Während mein Vater im Zweiten Weltkrieg zur Marine eingezogen worden war, sorgte sie allein für mich, meinen Bruder und meine Schwester. Sie hielt die Familie zusammen und unterstützte und ermutigte mich, mich auszudrücken und anderen meine Ideen zu vermitteln. Tatsächlich hat ihre Unterstützung und Ermutigung dann später reiche Früchte getragen.

Zwar liebte ich meine Mutter und meine Großmutter über alles, aber zu meinem Vater hatte ich doch immer eine ganz besondere Beziehung. Mein Vater war ein sehr gut aussehender Mann, Sohn einer Bolivianerin und eines Schotten, und für ihn war das Leben stets eine große Chance und Herausforderung, um persönlich zu wachsen und sich weiterzuentwickeln. Nachdem er mehrere Jahre lang in der US-Marine gedient hatte, arbeitete er als Repräsentant in einem Verkaufszentrum einer großen Automobilfirma in San Diego. Er war der freundliche Mann, der die Leute als erstes einmal begrüßte, wenn sie kamen, um ihre Autos überprüfen zu lassen. Er füllte für sie die Formulare aus und sagte ihnen dann mit einem Lächeln: »Um fünf Uhr ist es fertig.«

Mein Vater war immer in guter Stimmung. Für ihn war das Leben eine Chance, immer wieder neue Möglichkeiten zu entdecken. Er war mein Vorbild, wenn ich lange Reden und Texte lernte und rezitierte. Jeden Abend, nachdem meine Mutter und meine Schwester das Essen zubereitet hatten, waren wir beide mit dem Abwasch an der Reihe. Während wir also am Spülstein standen, zitierte mein Vater lange Passagen aus dem Roman *Don Quixote* in makellosem Spanisch – und ich hörte ihm ehrfürchtig dabei zu.

Als ich ein Junge war, war es immer mein größter Wunsch, meinem Vater Freude zu bereiten, und immer habe ich mich ganz besonders gerne an unser Gute-Nacht-Ritual erinnert, wenn er einmal zu Hause und nicht bei der Marine war. Solch ein abendliches Ritual birgt wunderbare Möglichkeiten für Nähe und Kommunikation zwischen Eltern und Kindern.

Als dann meine eigenen Kinder aufwuchsen, habe ich immer versucht, die Gute-Nacht-Zeit so zu gestalten, wie es mein Vater getan hatte – das heißt mit den Kindern zu sprechen, anstatt nur einfach den Abend mit einem knappen »Okay, es ist Bettgehzeit« zu beenden. Wenn mein Vater in mein Zimmer kam, um mich zuzudecken, dann waren wir uns wirklich nahe. Auf vielerlei verschiedene Weise sagte mein Vater mir dann: »Ich möchte gerne, daß du weißt, daß du ein ganz einzigartiger, wunderbarer Mensch bist und daß ich sehr stolz darauf bin, deinen Namen zu tragen.«

Du kannst Gefangener – und du kannst Wegbereiter sein

Als ich älter wurde, begann mein Vater, mit mir Wort- und Sprachspiele zu machen. Es war eines unserer Lieblingsspiele, zu sehen, wie viele Wortkombinationen wir aus den drei Buchstaben POW machen konnten. Eine der üblichen Definitionen von POW ist »Prisoner of War« (Kriegsgefangener), aber es kann auch heißen »Prince of Wales«, »Power of Women« (Macht der Frauen). Wenn Sie keine Freude an Ihrer Arbeit haben, dann kann es bedeuten »Prisoner of Work« (Gefangener der Arbeit) oder »Prisoner of Wishes« (Gefangener der eigenen Wünsche und Bedürfnisse). Wenn Sie nur über einen kleinen Wortschatz verfügen und sich nur schwer verständlich machen können, dann kann es bedeuten »Prisoner of Words« (Gefangener der Worte).

In der Tat sind wir alle Gefangene in einer Welt, die wir uns selbst geschaffen haben. So wie Sie Ihre Welt wahrnehmen und wie Sie sie sich vorstellen, wird sie sich auch in Realität verwandeln. Sie können ein Gefangener oder ein Wegbereiter für andere sein. Mein Vater sagte immer: »Sieh dir die Welt an – in ihrer ganzen Fülle und mit all ihren Möglichkeiten. Du hast noch einen langen Weg vor dir. Ich erwarte, daß du Erfolg haben wirst. Ich erwarte, daß du ein gutes, erfülltes Leben haben wirst.«

Vaters wunderbare fixe Idee

Weil er selbst sehr stolz war auf seinen Dienst in der US-Marine, liebte es mein Vater, über den Tag zu sprechen, an dem auch ich in die Militärakademie in Annapolis oder West Point eintreten würde. Wir hörten uns oft gemeinsam die Radioübertragungen von Fußballspielen der Armee gegen die Marine an.

An meinem siebzehnten Geburtstag, einen Tag bevor ich meine Abschlußprüfung am Gymnasium machte, kam ich zur Gruppe der Marine-Reservisten und gehörte so automatisch bereits zu denjenigen, die zur Aufnahmeprüfung für die US-Marineakademie zugelassen wurden. Es ist richtig, daß sich unser Leben entsprechend unseren Erwartungen und inneren Programmen entfaltet. Aber auch die Erwartungen von Menschen, die uns wichtig sind, spielen eine große Rolle. Viele Jahre später wurde mir erst klar, daß der bewußte oder auch unbewußte Druck, den wohlmeinende Eltern oder andere wichtige Menschen aus unserer Umgebung auf uns ausüben, uns dahin bringen kann, eine bestimmte Ausbildung zu machen oder eine bestimmte Berufslaufbahn einzuschlagen, die unseren eigenen Fähigkeiten oft nicht entspricht. Mein Vater wollte sicher das Beste für mich, aber wir wußten zu dem Zeitpunkt nicht, daß sein Traum und meine natürlichen Talente nicht zusammenpaßten.

Nachdem ich das Abitur gemacht hatte, lernte ich ein Jahr lang jede Nacht, um mich für die Ausleseprüfung für die Militärakademie vorzubereiten. Allein in dem Stadtteil, in dem ich wohnte, gab es mehrere hundert andere junge Männer, die ebenfalls unbedingt zur Marineschule in Annapolis gehen wollten. Mein gewaltiger Plan wurde allmählich zur fixen Idee. Ich setzte alle meine Energien ein, um die Prüfung zu schaffen. Ich machte die Prüfungen und bestand sie gut. Ich schrieb an Kongreßabgeordnete. Ich schrieb an Senatoren. Schließlich bekam ich den Bescheid, daß ich angenommen worden war, und im Juni 1951 stieg ich in einen Bus in San Diego, um nach Annapolis in Maryland, zu reisen und begann meine neue Laufbahn in der US-Marine.

Ich kam also in Annapolis an und begann meine Karriere als kleiner Kadett unter 3700 anderen Kadetten. Ich war vorher sozusagen ein richtiger weißer Hai im kleinen Teich meines Gymnasiums gewesen – ich hatte in allen Fächern sehr gute Noten, war Schulsprecher und man nannte mich wegen meines Redetalents »der Junge mit der goldenen Zunge«. Meine sehr guten Noten waren sicherlich berechtigt in den Fächern Englisch, Fremdsprachen und Geschichte, für die ich eine natürliche Begabung hatte. In Naturwissenschaften und Mathematik waren meine Zeugnisse zwar auch gut, aber nur auf Grund größter Anstrengung und meiner Überredungskünste, mit deren Hilfe ich meine Lehrer von meinen Leistungen überzeugen konnte.

In Annapolis war ich einer von 1200 jungen Kadetten im ersten Ausbildungsjahr. *Jeder* von ihnen war Schulsprecher, ein guter Sportler und ein ausgezeichneter Schüler gewesen. Meine Ausbilder dort hatten kein besonderes Interesse daran, meine Fähigkeiten in Englisch, Fremdsprachen, Literatur und Geschichte zu vervollkommnen. Sie wollten, daß ich mich voller Begeisterung auf Mathematik, Ingenieurwissenschaften, Naturwissenschaften und Navigationstechnik stürzte.

Also fühlte sich der große weiße Hai aus dem Kleinstadt-Gymnasium recht bald wie ein kleiner Stichling, der in eine Schule von hungrigen, riesenmäuligen Barschen geraten war. Der Wettbewerb war nicht nur hart, sondern aufreibend. Weil ich jede Minute meiner Freizeit brauchte, um überhaupt mitzukommen, lernte ich noch nach dem »Lichtaus!«-Kommando spät in der Nacht mit einer Taschenlampe unter der Bettdecke. Hätte mich einer der Offiziere dabei erwischt, dann wäre ich möglicherweise rausgeflogen – aber ich riskierte es. Vier Jahre lang kämpfte ich mit den Mathematik-, Naturwissenschafts- und Ingenieurkursen und bekam schließlich die fragwürdige Qualifikation, als einer der schlechteren 50 % meiner Klasse meinen Abschluß gemacht zu haben.

Mein Selbstbild wurde in dieser Zeit dadurch vor der völligen Zerstörung bewahrt, daß ich es schaffte, die Leute durch meine Tischreden zu beeindrucken (alle Kadetten mußten Tischreden halten), und weil ich für die wirklich ausgezeichnete Theatergruppe der Marineschule Musikshows schrieb. Wenn jene Glanzlichter nicht gewesen wären, dann hätten meine vier Jahre an der Musikakademie wirklich ziemlich düster ausgesehen.

Die Nacht, in der Ed Sullivan mich entdeckte

Während meines letzten Ausbildungsjahrs schrieb ich eine sehr erfolgreiche Musikshow und führte bei ihrer Aufführung Regie. Die Admirale waren begeistert. Die Kommandeure waren begeistert. Sogar Ed Sullivan (von dem berühmten Komponistenteam Gilbert und Sullivan) sah sich eine Aufführung an – und war ebenfalls begeistert. Ein kleines Stück davon übernahm er für seine eigene Show. Zu dem Zeitpunkt war das, was ich da auf die Beine gestellt hatte, der deutlichste Hinweis darauf, wo meine Talente wirklich lagen.

Die Marine brauchte mich als tüchtigen Ingenieur, Navigator, See-Experten, als einen, der Boiler und andere Dinge reparieren konnte. Aber meine wirklichen Talente lebte ich nur durch mein Hobby aus. Ich habe mit vielen anderen Menschen gesprochen, die die gleiche Erfahrung gemacht haben. Für sie ist ihr Hobby der Bereich, wo ihre eigentlichen Talente liegen. Manchmal gelingt es diesen Leuten, aus ihrem Hobby einen Beruf zu machen. Manchmal klappt es auch nicht, aber es ist auf jeden Fall sinnvoll, einmal die Möglichkeiten zu durchdenken. Ist es vielleicht auch bei Ihnen so, daß Ihre Hobbys das sind, was Ihnen am meisten Spaß macht? Sollten Sie sich vielleicht gelegentlich darüber Gedanken machen, Ihr Hobby zum Beruf zu machen?

Machen Sie sich einmal ganz deutlich bewußt, was Sie eigentlich gerne am Wochenende tun und was Sie endlich tun wollen, wenn Sie einmal in Rente gehen. Vielleicht sind genau jene Hobbys Ihre natürlichen Talente, die zwar augenblicklich brachliegen, aber nur darauf warten, voll entwickelt zu werden. Vielleicht gibt es eine Möglichkeit, die Fähigkeiten, die Sie bei der Ausübung Ihres Hobbys brauchen, in Ihren jetzigen Berufsalltag einzubringen, um ihn sinnvoller und für Sie persönlich erfüllender zu machen.

Ich glaube, ein Beruf ist nur eine Art Arbeitsplatzbeschreibung. Ihr Arbeitsplatz kann immer von jemand anderem ausgefüllt werden. Wenigstens einmal im Jahr, wenn Sie in Urlaub gehen, bekommen Sie den Beweis dafür. Was eigentlich zählt, ist, daß Sie in Ihrem Beruf Ihre Talente, Fähigkeiten, Hobbys, Ihre Geschicklichkeit und Ihre ganze Arbeitsfreude einbringen sollten. Entgegen der allgemeinen Annahme glaube ich nicht, daß sich Ihnen durch einen Beruf allein schon eine große Chance eröffnet. Vielmehr liegt es bei Ihnen selbst, diesen Beruf für sich zu einer großen Chance zu machen – indem Sie alle Ihre natürlichen Talente, Ihr Potential und Ihre Zielstrebigkeit einbringen.

1955 machte ich meine Abschlußprüfung in Annapolis. Jetzt mußte ich mich entscheiden. Ich konnte Offizier auf einem Schiff werden oder mich weiter zum Piloten ausbilden lassen. Ich entschied mich für die Flugschule in Pensacola, Florida, und wurde dort zum Marinekampfflieger ausgebildet. Obwohl ich in den Klassen in Annapolis ein so schlechtes Bild abgegeben hatte, war ich als Pilot recht erfolgreich, denn immerhin hatte ich eine schnelle Reaktionsfähigkeit und eine hohe Risikobereitschaft.

Die Fliegerei brachte mir schon bald viel Freude. Ich liebte es, auf rauher See meine Tiefflüge zu üben, um dann das tonnenschwere Flugzeug mit Klirren und Krachen auf dem schwankenden Deck des Flugzeugträgers zu landen. Das kleine Kind, das den Block hinunterging, um für ein Stück Kuchen das Lied vom armen alten Kuhhirten zu singen, wartete immer noch darauf, seine Talente zu entwickeln, aber ich war viel zu beschäftigt damit, das, was ich für meine berufliche Laufbahn hielt, weiterzuentwickeln, als daß ich jenem Teil meiner selbst irgendeine besondere Beachtung geschenkt hätte.

Aber dann nahm mein Leben eine neue Wendung. Man trug mir an, den Posten eines Referenten für Öffentlichkeitsarbeit zu übernehmen. Eines der Hauptereignisse, für deren Organisation und Durchführung ich verantwortlich war,

war das alljährliche Marinefliegertreffen, bei dem der beste Pilot ausgewählt wurde. Inzwischen hatte ich selber einen sehr guten Ruf als Pilot, und es machte mir Spaß, zu diesem Anlaß die Kontakte zu den Medien zu organisieren.

Das Treffen des Jahres 1957 war ein großer Erfolg. Tatsächlich machte mir diese Tätigkeit so viel Freude, daß ich zu dem entsprechenden Kommandeur der Marine-Luftflotte ging und ihm sagte, daß ich in diesem Bereich gerne ständig arbeiten würde. Er sagte mir: »Sie können das versuchen, Waitley, aber es wird Ihre Karriere ruinieren. Ihre Karriere ist festgelegt. Sie sind Flugoffizier, und es ist Ihre Aufgabe, zur See zu gehen und Flugzeuge zu fliegen – nicht über sie zu sprechen. Ich rate Ihnen, genau das auch weiterhin zu machen.«

Zögernd entschied ich, daß er wohl recht hätte. Meine natürlichen Talente und mein wirkliches inneres Potential sollten, während ich meine vorgezeichnete »Erfolgslaufbahn« weiter ging, wohl besser unterdrückt werden. Immerhin war ich gerne Pilot. Fliegen war aufregend, und es war darüber hinaus auch etwas, was ich recht gut konnte. Aber tief in mir wußte ich, daß es mich nicht wirklich völlig zu erfüllen vermochte. Mein eigentliches Bedürfnis war es, mich anderen mitzuteilen, aber ich könnte dieses Bedürfnis ja vielleicht in meiner Freizeit ausleben. Ohne mir dessen bewußt zu sein, hatte ich mir eine Devise zu eigen gemacht, die viele Leute in vielen erträglichen, aber letztlich für sie unbefriedigenden Berufen als Wahrheit akzeptieren:
Du hast schließlich eine bestimmte Berufslaufbahn gewählt – jetzt mußt du auch damit leben.

Heute weiß ich natürlich, daß ich mich nicht von einer solchen Devise in meinen Möglichkeiten beschränken zu lassen brauche – und daß Sie das auch nicht tun müssen. Die meiste Zeit, die ich nicht gerade schlafe, verbringe ich damit, Menschen in allen Arten von beruflichen Positionen zu überzeugen, folgende Einstellung anzunehmen:

Lassen Sie es zu, daß Ihre natürlichen Talente – das, was Sie gern tun – Sie zu der Arbeit führen, die Sie wirklich gerne tun möchten!

Nachdem ich das große Marinefliegertreffen organisiert hatte, sollte ich Flottenkommandeur werden. Jedoch entschied die Marine zunächst, mir eine vorübergehende Aufgabe zu übertragen. Der Kommandeur der Armee von Südkorea, Admiral Yung Woon Lee, bereiste gerade die USA und war auf dem Weg nach Washington, um mit den Kommandeuren unserer Marine zusammenzutreffen. Er war gekommen, um militärische Unterstützung von der US-Marine zu erbitten.

Meine Vorgesetzten waren der Meinung, daß ich, mit all meiner Erfahrung im Bereich der Öffentlichkeitsarbeit, derjenige war, der Admiral Lee auf seiner Reise begleiten sollte. Da Leutnant Waitley nun einmal so gerne Kontakte knüpfte und redete, war dies doch eine gute Chance für ihn, die Übergangszeit bis zur nächsten Stufe seiner militärischen Karriere sinnvoll auszufüllen.

Ich hatte gewisse Vorbehalte, als man mir die Aufgabe übertrug, aber bald fand ich heraus, daß Admiral Lee ein brillanter und persönlich ansprechender Gentleman war. Für einen Fünf-Sterne-Offizier trat er ungewöhnlich locker und entspannt auf. Er hatte eine längere Zeit in den Staaten gelebt und sprach ein fließendes Englisch.

Ich war, dem Protokoll entsprechend, ziemlich förmlich, aber wir wurden trotzdem gute Freunde. Wenn wir privat miteinander sprachen, dann sprachen nicht der Admiral und der Leutnant miteinander, sondern Lee und Waitley, die miteinander ihr Leben, ihre Ziele, ihre Träume und Pläne diskutierten. Gewöhnlich nahmen Admiral Lee und ich bei unseren Reisen durch die USA einfach den Zug. Der Admiral liebte es zwar sehr zu fliegen, aber die Möglichkeit, Amerika ganz aus der Nähe zu sehen, reizte ihn sehr.

Eines Tages, als wir gerade auf dem Wege von Denver nach Chicago waren, fragte er mich: »Wenn Sie alles nur Vorstellbare machen könnten, was würden Sie dann für die US-Marine tun?«

Ich antwortete ihm, daß mir die Art und Weise, wie sich die Marine der Öffentlichkeit und dem Kongreß gegenüber darstellte, große Sorgen machte. Es schien mir, als bekäme die Luftwaffe einen allzu großen Teil des Verteidigungsetats und als hätte sie zudem eine bessere Presse. Die Marine war insgesamt ein wenig zu konservativ, nicht fähig, jungen Leuten den Gedanken des romantischen und abenteuerlichen Dienstes auf den Meeren nahezubringen.

»Warum also tun Sie es dann nicht?« fragte er mich. »Warum werden Sie nicht die Nummer eins unter den Marinesprechern?«

Ich antwortete ihm, daß ich das nicht könnte. »Die Marine hat Hunderte und Tausende Dollars aufgewendet, um mich zum Piloten zu schulen. Ich bin eine Verpflichtung eingegangen. Mein Weg ist vorgezeichnet. Die Marine hat mich gut behandelt. Ich kann die Leute, die mir diese Ausbildung ermöglicht haben und die glauben, daß ich das tun werde, wozu ich mich verpflichtet habe, nicht im Stich lassen.«

»Nun, ich weiß nicht«, sagte er nachdenklich. »Meinen Sie tatsächlich, daß Sie wirklich effektiv arbeiten, wenn Sie etwas tun, was Sie in Wirklichkeit nicht besonders gern tun?«

Die Antwort lag auf der Hand. Auch Sie können Ihr wirkliches Potential nicht effektiv einsetzen, wenn Sie nicht das tun, was Sie wirklich gut machen, was Sie wirklich gern tun und woran Sie Freude haben. Das ist ja der eigentliche Grund, warum Sie arbeiten. Sie arbeiten nicht um des Geldes willen; Sie arbeiten, um Ihr Talent in der bestmöglichen Weise einsetzen zu können.

Und dann nahm unser Gespräch eine Wendung, die, so glaube ich, meinem Lebensweg und meinen Lebenszielen eine vollkommen neue Richtung gab. Admiral Lee wollte gerne wissen, was mir am Fliegen so gefiel. Ich erklärte, daß ich gerne meine Furcht überwand und daß ich es zugleich liebte, mit einer schwierigen Herausforderung fertig werden zu können. »Ich liebe das Risiko und den Schauder, dort oben in den Wolken Gott ganz nahe zu sein«, sagte ich.

Wenn Sie nicht für irgend etwas stehen, dann wird ein Windhauch Sie umpusten können

»Sehr edel«, bemerkte der Admiral. »Und wie würden Sie sich fühlen, wenn Sie plötzlich mitten in der Nacht bei einem schweren Unwetter vom Trägerschiff abheben müßten und vielleicht eine Brücke sprengen oder ein Munitionsdepot in die Luft jagen müßten? Wir wollen doch einmal klarsehen, Waitley – Sie haben die falschen Gründe für das, was Sie tun. Im Grunde möchten Sie doch den Menschen helfen und ihnen zeigen, warum und wie sie besser sein könnten. Statt Ihr Land zu verteidigen, sollten Sie es besser auf andere Weise fördern.«

Admiral Lee hatte ins Schwarze getroffen. Ich wußte, daß er recht hatte, aber ich fühlte mich immer noch in der Falle. Die Würfel waren gefallen, mein Weg war vorgezeichnet. Wie ein richtiger Seemann mußte ich zu dem Hafen segeln, den man mir vorgeschrieben hatte.

Meine Karriere kollidiert mit »31-Knoten-Burke«

Wir kamen also in Washington an, und man führte uns ins Büro von Admiral Arleigh Burke. Er war bekannt als der »31-Knoten-Burke«. Diesen Spitznamen hatte er sich erworben, während er einen Zerstörer kommandierte und ihn stets mit 31 Knoten oder mit »voller Fahrt voraus« in eine Schlacht führte. Für die Schiffe, die heute gebaut werden, sind 31 Knoten keine besonders hohe Geschwindigkeit, aber während des Zweiten Weltkriegs und während des Koreakrieges bedeuteten 31 Knoten auf See so etwas wie das Durchbrechen der Schallmauer.

Admiral Burke musterte kühl meine Marineuniform und murmelte so etwas wie eine Begrüßung. Ich bekam das Gefühl, daß ich lieber hätte Urlaub nehmen oder draußen vor der Tür hätte warten sollen. Die meisten Marineoffiziere mochten die Piloten bei der Marine nicht besonders gerne, weil sie sie als irgendwie arrogant ansahen.

Dann wandte er sich Admiral Lee zu, nahm einen langen Zug aus seiner Pfeife und fragte: »Was kann ich für Sie tun?«

Der Kommandeur der koreanischen Armee erörterte die Möglichkeiten, wie die Vereinigten Staaten und Korea effektiver zusammenarbeiten könnten, um den Frieden und das Gleichgewicht der Kräfte auf See zu erhalten. Admiral Lee hatte eine ganze Liste von Wünschen mitgebracht, und er hoffte, daß unser oberster Marinekommandeur diese Wünsche unterstützen würde.

Admiral Burke sah sich die Liste an und meinte, das ließe sich machen. Der Kongreß war daran interessiert, unseren Alliierten dabei zu helfen, eine starke Verteidigungsposition aufrechtzuerhalten. Dann blickte Burke auf: »Noch etwas?«

»Ach ja, eines noch«, fügte Admiral Lee hinzu. »Mein Freund hier, Leutnant Waitley, interessiert sich für den Bereich Public Relations. Er ist der Meinung, daß die Luftwaffe einen Großteil des Ruhms und einen fetten Anteil des Militärbudgets bekommt, weil die Marine insgesamt ein wenig zurückgeblieben, konservativ und schwerfällig ist. Er würde gerne das Image der Marine im Vergleich zur Luftwaffe ein wenig auffrischen, und nachdem ich ein paar Wochen mit ihm zusammen verbracht habe, bin ich der Meinung, daß er dafür genau der geeignete Mann wäre.«

Aus Admiral Burkes Pfeife kamen fast so gewaltige Rauchwolken wie aus einem Zerstörer, der mit 31 Knoten in See sticht. Er drehte sich brüsk um, um mich durch die Rauchschwaden hindurch scharf anzusehen. Ich fühlte, wie ich vor seinem Blick immer kleiner wurde, aber es schien, daß für ein Versteck unter seinem Aschenbecher nicht genügend Platz da war. Mit einer gewissen Gereiztheit in der Stimme sagte er: »Wir können wahrscheinlich irgendeine Versetzung für ihn arrangieren.«

Bald nach jenem Gespräch mit Admiral Burke fuhr Admiral Lee wieder in sein Heimatland zurück. Ich dankte ihm dafür, daß er versucht hatte, mir zu helfen, und er fuhr nach Korea zurück in dem Glauben, daß er mir einen großen Gefallen getan hatte. Im Grunde genommen hatte er das wirklich getan, aber es dauerte eine Weile, bis mir das klar wurde. Zuerst schien es, als wäre meine Laufbahn bei der Marine ruiniert. Unmittelbar danach wurde ich nach Washington versetzt, um mich erst einmal als »Schreibtischpilot« zu betätigen.

Mein neuer Job nannte sich »Assistent des Leiters für die Kontakte zu den Medien und für spezielle Projekte für die Marine«. Meine Aufgabe war es nun, der US-Marine dabei zu helfen, Zivilisten davon zu überzeugen, daß der Dienst bei der Marine ein romantischer, populärer und angenehmer Weg wäre, um dem Land zu dienen.

Zuerst brachte mir das »Fliegen« meines Schreibtisches großen Spaß. Ich trug zivile Kleiduzng, reiste im Land herum und arbeitete mit bekannten Größen im Bereich der Unterhaltung zusammen.

Wir produzierten unter anderem historische Filme für Schüler von Gymnasien und Hochschulen, um die Idee einer starken Marine zum Schutz eines starken Landes zu propagieren. Wir zeigten auch sehr moderne Videofilme, in denen man beispielsweise sah, wie Piloten schwungvoll und präzise auf den Decks von Trägerschiffen landeten. In diesen Filmen erschien der Dienst bei der Marine wirklich wie ein aufregendes Abenteuer, und tatsächlich drängten schon bald sehr viel mehr junge Leute zum Dienst bei der Marine.

Einer der Aspekte, die ich in meinem Job am meisten genoß, war, daß ich berühmte junge Showstars wie Jimmy Rogers, Connie Francis und Perry Como kennenlernte. Ein anderer junger Mann, den ich dabei traf, war Pat Boone. Einmal besuchte ich ein Treffen von Discjockeys in Miami, Florida, und ging dann mit Pat Boone an einem speziellen, mit Tauen abgegrenzten Strand schwimmen. Es war nicht so, daß sich sein Manager über Haifische Sorgen machte, er wollte nur Pat davor bewahren, daß er von den jungen Mädchen aufgefressen wurde, die in Scharen an den Tauen hingen, um sich auf ihn zu stürzen!

Mein Leben schien mir nun eine Erfüllung zu haben. Endlich wurde ich in die Lage versetzt, meine natürlichen Talente zu gebrauchen und meine ursprünglichen Begabungen auszuleben. Aber trotz all des Glanzes und der Aufregung fühlte ich doch, daß ein Teil von mir noch unerfüllt geblieben war. Ich hatte insgeheim das Gefühl, in einem Dilemma zu stecken. Ich war Leutnant der US-Marine, fähig, eines der höchstentwickelten Flugzeuge der Welt zu fliegen, aber ich verbrachte meine Tage damit, daß ich zivile Kleidung trug, wenn ich überhaupt flog, dann zu meinem nächsten Organisationstermin.

Körperlich war ich zwar noch immer ganz gut in der Lage, auch hochtechnisierte Flugzeuge zu lenken – aber statt dessen war ich zum »Schreibtischpilot« geworden. Schließlich könnte es noch so aussehen, als hätte ich nicht genügend Mut! Zwar war ich selbst der Meinung, daß ich jetzt in meinem Element war, denn die Arbeit mit den Medien und im Bereich Public Relations brachte mir Spaß, aber zu der Zeit war es in der Marine so, daß ein Mann schon einen Augenfehler oder ein anderes ernsthaftes Gesundheitsproblem haben mußte, da er eigentlich ein qualifizierter Pilot war und trotzdem für längere Zeit etwas anderes als Fliegen machte. Ganz gewiß war doch Öffentlichkeitsarbeit kein dauerhafter Job für jemanden, der Marineflieger war und ein Examen in Annapolis gemacht hatte?!

Ich liebte die Marine, ich liebte es, zu fliegen, aber . . .

Ich begann, den Gedanken zu erwägen, die Marine zu verlassen. Die Beschreibung »gemischte Gefühle« ist noch milde für den inneren Aufruhr, der in mir tobte. Ich wußte, daß ich meinen Vater, den ich innig liebte, damit schwer verletzen und enttäuschen würde. Ich liebte die Marine zwar auch und alles, was sie repräsentierte. Ich liebte es, zu fliegen. Aber ich liebte es auch, zu sprechen, mich anderen mitzuteilen, andere zu überzeugen und zu unterrichten.

Eines, was mir dabei half, meinen persönlichen Lebensweg zu finden, war, daß ich begann, Kurse in Verhaltenspsychologie zu belegen. Ich besuchte Abendkurse für ein Universitäsdiplom in Kommunikationswissenschaften. Ein Teil meiner Arbeit war eine faszinierende Untersuchung von kommunistischen Verhörmethoden während des Koreakriegs. Wenn die Kommunisten einen unserer Leute gefangennahmen, dann stellten sie nur eine Reihe von ganz einfachen Fragen, um herauszufinden, ob dieser Mensch eine innerlich gefestigte Führungspersönlichkeit oder ein unentschlossener Mitläufer war. Zu den Fragen, die sie stellten, gehörten etwa folgende: Woher kommen Sie? Haben Sie zu Hause eine Freundin? Was werden Sie tun, wenn Sie zurückkommen? Welchen Beruf möchten Sie haben? Welches ist Ihre bevorzugte Baseballmannschaft? Welcher ist Ihr Lieblingsfußballverein?

Zwischen jene unverdächtigen Fragen wurden dann andere eingestreut: Wofür kämpfen Sie? Was bedeutet Freiheit für Sie? Wie stehen Sie zur Religion? Dies waren natürlich die Schlüsselfragen des Verhörs. Die Kommunisten wußten, daß ein Mensch, der kein Ziel hatte, das über sein persönliches Leben hinauswies, sehr viel leichter zu überzeugen war. Mit anderen Worten: Wenn er keinen besonders starken Glauben hatte, dann konnte man ihn einfach mit einem Stückchen Fleisch in seiner Suppe, einer Packung Zigaretten oder mit einem Brief von seiner Mutter umkrempeln.

Wenn ein Gefangener also nur sehr vage oder mit nichtssagendem Achselzucken antwortete, dann wußten die Kommunisten, daß dies ein Kandidat für eines der Lager war, in dem es nur minimale Sicherheitsvorkehrungen gab und wo man die Gefangenen leicht einer Gehirnwäsche unterziehen konnte. Aus Erfahrung wußten sie – und ihre Statistiken bewiesen es –, daß ein Mensch, der nicht für irgend etwas steht, für ein Stückchen Fleisch oder eine Zigarette sofort umfallen wird.

Auf der anderen Seite wurden die Gefangenen, die die Fragen genau beantworteten, die zu verstehen schienen, was Freiheit bedeutete, die für sich einen Sinn und ein Ziel im Leben sahen und die sehr starke religiöse Überzeugungen hatten, in die schwer bewachten Lager gesteckt. Jene Männer kamen hinter Stacheldraht, sie wurden fast ununterbrochen verhört, geschlagen und gefoltert und bekamen kaum etwas zu essen.

Einer der faszinierendsten Aspekte dieser Studien war, daß nach Statistiken, die von den Kommunisten selbst aufgestellt worden waren, die Krankheits- und Sterberate in den scharf bewachten Lagern sehr viel geringer war als in denen mit minimalen Sicherheitsvorkehrungen. In den wenig bewachten Lagern richteten sich die Gefangenen darauf ein, für längere Zeit dort zu bleiben. Sie hatten gutes Essen, Wolldecken, einen warmen Schlafplatz und, was am wichtigsten war, sie hatten wunderbare Bibliotheken, die angefüllt waren mit Propagandamaterial. Es schien paradox, daß in jener »Herrenclubatmosphäre« viele der Gefangenen ziemlich schnell und leicht erkrankten oder gar starben.

Eigentlich ging es den Männern, die sich in den Lagern mit maximalen Sicherheitsvorkehrungen befanden, weitaus besser. Erstaunlicherweise war auch ihr allgemeiner Gesundheitszustand besser. Viele von ihnen hörten nicht auf, Fluchtversuche zu machen. Und viele flohen tatsächlich. Was sie am Leben erhielt, war das Gefühl, daß ihr Leben einen Sinn und ein Ziel hatte. Sie hatten etwas, für das zu leben es sich lohnte – und sie gaben nie auf.

Ich hätte gerne jeden Tag Zuckerkuchen gehabt

Mein neues Studium brachte meine zwiespältigen Gefühle noch stärker hervor. Was war mein eigentliches Lebensziel? Fliegen war einfach toll, aber das Erforschen der Grenzen des menschlichen Geistes faszinierte mich sogar noch mehr. Ich versuchte herauszufinden, welche Art von Beruf ich nun eigentlich *wirklich* ergreifen wollte. Was genau tat ich eigentlich in der US-Marine?

Heute sehe ich ganz deutlich, daß ich offensichtlich erwartete, jeden Tag Zuckerkuchen essen zu können. Aber so würde es auf keinen Fall sein. Ich mußte wählen: Sollte ich in der reglementierten Hierarchie der Marine eines von vielen Rädchen sein, mich allmählich durch die Ränge hocharbeitend, aber immer in der Position eines »Schreibtischpiloten«, oder sollte ich hinausgehen ins zivile Leben, wo ich mehr Freiheit hätte, meine natürlichen Fähigkeiten zu entwickeln, wo ich mir meine eigenen Ziele stecken und sie entsprechend meinem individuellen Arbeitstempo erreichen könnte? Ich bedauerte es zwar sehr, die US-Army zu verlassen, aber meine Vorstellungen von dem, was ich eigentlich sein könnte, waren tiefer und stärker. 1961 verließ ich die

Marine, um Werbeberater für die Industrie zu werden, und später spezialisierte ich mich darauf, Verkaufsexperte im Bereich Finanzen und Aktien zu werden. In den nächsten vier Jahren kombinierte ich die lebenswichtigen Tugenden, die ich mir in der Marine angeeignet hatte – Selbstdiziplin, die Fähigkeit zur Teamarbeit, das Setzen und Erreichen von Zielen – mit meiner natürlichen Fähigkeit zur Rede, zum Unterrichten und Überzeugen anderer Menschen. Während der Zeit schloß ich mich der Ampex Aktiengesellschaft an und zog nach Redwood, Kalifornien, um. Eine meiner ersten Aufgaben war es, dem kommerziellen Rundfunk die großen Vorteile von Videotechnologie nahezubringen. Ampex hatte den ersten Videorecorder entwickelt, und meine Arbeit bestand zu einem großen Teil darin, verschiedene Messen zu besuchen, um zu demonstrieren, wie wunderbar klar und deutlich Videoaufnahmen sein konnten.

Die meisten Menschen verbringen ihr ganzes Leben auf einer Phantasieinsel, die sich »Eines-Tages-werde-ich« nennt.

Endlich schien es, ich wäre auf dem richtigen Wege. Ich schrieb, ich war kreativ und vermittelte anderen meine Ideen.

Aber ich hatte immer noch ein Problem. Ich hatte im Bereich der Werbung und der Verhaltenspsychologie noch nicht eine Position an der Spitze – so wie ich es mir für mich selbst vorgestellt hatte. Ich war rundherum von Technik umgeben, und ein Großteil dessen, was ich für bestimmte Handbücher verfaßte, war sachlich, notwendig und – für mich sehr langweilig. Ich hatte einen oder zwei Schritte nach vorne gemacht, aber es schien, daß ich in mancherlei Hinsicht in den technischen Bereich, mit dem ich mich schon als Kadett und als Pilot immer hatte befassen müssen, zurückgerutscht war.

Mein Weg ins Salk-Institut

1965 entschloß ich mich, meine Karriere noch in eine etwas andere Richtung hin auszubauen. Ich bekam die Möglichkeit, den Posten eines Beraters des Salk-Instituts für biologische Studien anzunehmen – zufällig befand sich dieses Institut genau in La Jolla in Kalifornien, nur ein paar Meilen entfernt von dem Haus, wo ich aufgewachsen war. Meine Haupttätigkeit für das Institut bestand darin, Spenden für die wissenschaftliche Arbeit lockerzumachen. Ich zog zurück in meine Heimatstadt mit sehr großen Hoffnungen und mit noch viel mehr Enthusiasmus . . .

Die Mitarbeiter des Salk-Instituts, dem Jonas Salk selbst vorstand, standen im Bereich der biologischen Forschung an der vordersten Front. In ihren Studien ging es um einige der brennendsten Fragen der Zivilisation. Wie und warum vermehren sich Zellen? Wenn Sie sich in den Finger schneiden und neue Zellen wachsen nach – woher wissen diese Zellen, wann sie mit dem Wachsen aufhören müssen? Wie kommt es, daß Krebs bewirkt, daß die Zellen verrückt spielen und in unkontrollierbarer Weise wachsen?

Kurz gesagt, das Salk-Institut untersuchte, wie der Körper biologisch funktioniert. Ich empfand es als eine große Chance, dazu beizutragen, daß der Menschheit geholfen wurde – während ich dabei zugleich meine eigenen Ziele verwirklichte!

Während ich für das Salk-Institut arbeitete, konnte ich beobachten, welche Beziehungen und Zusammenhänge zwischen der biologischen und psychologischen Seite von Menschen bestanden. Als kleiner Junge schon hatte mich immer die Frage fasziniert, warum bestimmte Leute so glücklich und zufrieden waren, obwohl sie anscheinend nicht alle die »notwendigen« Dinge wie ein tolles Auto, einen großen Haufen Geld, ein attraktives Aussehen oder den Status eines Stars hatten. Wie funktioniert der innere Motor dieser Menschen? Wo liegt ihr innerer Antrieb? Was ist das Geheimnis ihres Erfolgs? Was ist als biologischer, was ist als psychologischer Faktor anzusehen? Wie weit ist die Fähigkeit, glücklich und zufrieden zu sein, angeboren – und inwieweit ist sie erlernbar?

Diese Aufgabe hatte ich mein ganzes Leben lang angestrebt. Es gab mir ein Gefühl freudiger Erregung, die Möglichkeiten menschlicher Entwicklung kennenzulernen. Ich wollte gerne jemand sein, der den Menschen dabei helfen konnte, die tiefe Wahrheit in der Kindergeschichte *Die kleine Lokomotive, die es schließlich doch schaffte* zu verstehen. Ich wollte gerne die Menschen von ihrem Irrtum abbringen, ewig dem Vergnügen nachzujagen und alles, was sie haben, für ein zielloses und sinnloses Leben zu verschwenden.

Jahrelang hatte ich gekämpft und gesucht. Vielleicht war ich am Salk-Institut wirklich am Ziel meiner Wünsche angekommen. Vielleicht würde sich alles glücklich zusammenfügen, und ich konnte der grauen Welt von Rivalität und Routine entfliehen und meine Träume in einer Umgebung von Forschung und Medizin, durch die die Welt lebenswerter gemacht werden sollte, verwirklichen.

Ich hatte keine wirklichen Erfahrungen darin, Werbung für Spenden zu machen, aber ich wußte einiges über menschliches Verhalten. So stürzte ich mich mit Volldampf in die Arbeit – aber zunächst schien es, als würde ein Teil dieses Dampfes nur sinnlos verdunsten. Einer meiner ersten wirklichen Erfolge war, daß es mir gelang, von einem Mann, der gerade die größte Eigenheimwohnanlage von La Jolla gebaut hatte, eine Spende für mein Institut zu bekommen. Bei einem Abendessen, das er anläßlich seines vierzigsten Geburtstages gegeben hatte, bot er mir die Spende an, bevor ich überhaupt Gelegenheit gehabt hatte, das Thema darauf zu bringen. »Leider ist ein Großteil unseres Geldes augenblicklich festgelegt«, sagte er. »Alles, was wir dem Salk-Institut geben können, sind 100 000 Dollar.«

Meine Gabel blieb auf halbem Wege stecken und fiel dann klirrend auf den Gemüseteller. »Oh, das ist schon in Ordnung«, brachte ich mit gebrochener Stimme heraus, während der Kellner sich daranmachte, die Tischdecke zu säubern. Ich atmete tief ein, aber ich brachte kaum die nächsten Sätze heraus. »Könnten Sie vielleicht morgen vorbeikommen und sich ein wenig mit unserem Schatzmeister unterhalten?« Ich hatte das Gefühl, daß sich mir der Kopf drehte. Es ist schwierig, zu reden und zu gleicher Zeit den Atem anzuhalten.

»Ja«, sagte er schlicht. »Kann ich machen.«

Am nächsten Tag rief ich den Schatzmeister des Salk-Instituts an, um ihm von dem »kleinen Beitrag« zu berichten, den wir kurz vor dem Mittagessen bekommen würden. Zuerst glaubte er mir ganz einfach nicht, aber als ich mit meinem neuen Freund in sein Büro kam, wurde er plötzlich sehr aufgeregt.

Als uns der Spender einen Scheck gab, auf dem eine für einen Privatmann ungewöhnlich hohe Summe verzeichnet war, wechselte unser Schatzmeister mehrmals die Gesichtsfarbe und stotterte: »Wir ... äh ... äh, wir wissen dieses großzügige Geschenk ganz sicher zu würdigen, Herr Scheck.«

»Herr Scheck« und ich lachten leise vor uns hin, als wir den Schatzmeister vor dem schönen Anblick einer Eins mit fünf Nullen dahinter wieder in seinem Büro alleinließen. Der wirkliche Name des Spenders war Bob Kelce. Seine Abneigung gegen Ruhm und Berühmtheit machte ihn zugleich bescheiden und großzügig. Er und seine wunderbare Frau Diana gehörten bald zu unserem engsten Freundeskreis. Die Kelces waren eine sehr offene und warmherzige Familie, die niemals mit ihrem Reichtum angaben und jedermann so behandelten, wie sie selbst gerne behandelt werden wollten.

Sie haben eine sehr warme menschliche Ausstrahlung, die man nicht mit Geld erkaufen kann.

Allerdings gab es private Spender mit 100 000-Dollar-Schecks nicht gerade wie Sand am Meer, und bald begann ich, von dem zu profitieren, was ich bei meiner Öffentlichkeitsarbeit in der Marine und in der Welt der Unterhaltungsindustrie gelernt hatte. Damit das Salk-Institut im Osten der USA besser bekannt würde, arrangierte ich »Einen Abend mit Peggy Lee« (in den 60er Jahren sehr bekannte US-Schlagersängerin) im Waldorf Astoria Hotel in New York, der uns 50 000 Dollar einbrachte.

Als nächstes half ich dem weiblichen Hilfspersonal des Salk-Instituts beim Organisieren eines Golfturniers »à la Arabische Nächte« im Palm Club nicht weit entfernt von La Jolla. Auf saftigen grünen Wiesen errichteten wir Zelte im arabischen Stil und rundeten das Ganze mit einer Modenschau ab.

»Arabische Nächte« war ebenfalls ein großer Erfolg, aber bald kam mir zu Ohren, daß die Wissenschaftler und anderes akademisches Personal des Salk-Instituts bezweifelten, ob meine Methoden die richtigen seien. Sie waren zwar glücklich über die vielen Spenden, die ich zusammenbekam, aber meine Methoden schienen sie zu verwirren. Warum sollte es notwendig sein, großartige Unterhaltungsshows abzuziehen, um der Wissenschaft zu dienen?

Ich fühlte, daß sogar Dr. Salk selbst, dem Werbung und Berühmtheit nicht fremd waren, begann, meine Spendensammelmethoden kritisch zu betrachten. Salks Entdeckung eines Impfstoffs gegen die Kinderlähmung hatte ihn ins Zentrum der öffentlichen Aufmerksamkeit gerückt, und bis heute gehört sein Name zu der Gruppe der fünf bis zehn anerkanntesten Wissenschaftler der Welt. Er hatte sehr viel Ahnung von Werbe- und Propagandamethoden, aber trotzdem fühlte er sich verständlicherweise mit Veranstaltungen wie »Arabische Nächte« ein wenig unwohl.

Während wir die Methoden meiner Spendensammlungen diskutierten, versuchte ich dem Präsidenten des Instiuts, Augustus Kinzel, das zu erklären, was ich das »Waitleysche Gesetz der Spendenbeschaffung« nannte. Früher, als ich noch für die US-Marine im Bereich der Öffentlichkeitsarbeit tätig gewesen war, war mir deutlich bewußt geworden, daß ich in der Verkaufswerbung die Vorteile und den besonderen Wert eines Produkts deutlich herausstellen mußte, und daß es dabei wichtig war, es als ansprechend und aufregend darzustellen. Wenn sie die Wahl haben zwischen einer vergnüglichen Unternehmung und irgend etwas, was verantwortungsvoll und sozial wertvoll ist, dann werden sich die meisten Leute fast immer für das Vergnügen entscheiden.

Im Laufe der Jahre hatte ich entdeckt, daß nur wenige Leute etwas kaufen, weil es an sich wertvoll und gut ist. Wir kaufen etwas, um damit etwas anderes – meist ein unmittelbares Vergnügen oder eine unmittelbare Befriedigung – zu erreichen. »Mit anderen Worten«, so erklärte ich, »wir wollen nicht etwas haben, weil es gut ist, sondern wir nennen etwas gut, weil wir es haben wollen!«

Ich war davon überzeugt, daß der Nutzen für die Menschheit nicht das einzige Argument sein sollte, womit das Institut um finanzielle Unterstützung und Spenden warb. Seltsamerweise erscheinen die meisten Dinge, die für uns gut sind, nicht besonders vergnüglich. Wir sind kaum bereit, weit vorauszuschauen und an die langfristigen Vorteile zu denken, an die Verlängerung von Leben und Wohlbefinden etwa, wenn wir ein Anliegen wie das des Salk-Instituts unterstützen. Die meisten von uns wissen sehr viel besser, was sie *in diesem Moment* empfinden und haben möchten.

Obwohl ich es sehr intensiv versuchte, gelang es mir nicht, das wissenschaftliche Personal des Instituts davon zu überzeugen, daß wir die Leute dahin bringen mußten, einen Traum zu finanzieren, ohne dabei alle Details dieses Traums wissenschaftlich zu analysieren. Menschen möchten lieber fühlen als denken. Sie freuen sich über ein Unterhaltungsangebot, aber es bedarf einer sehr viel größeren Anstrengung, um sie genau zu informieren oder an ihre edlen Motive zu appellieren.

Das Programm des: »Eines Tages werde ich . . .«

Heute spreche ich als Seminarleiter jedes Jahr mit Tausenden von Menschen, die irgendwo in einer Firmenhierarchie ihren Platz haben, und ich wundere mich immer wieder darüber, wie selten sie ihre Ziele klar und deutlich definieren. Das Prinzip des »Management auf der Basis von klarer Zielsetzung« ist seit Jahren im Gespräch. Zahlreiche Bücher, Kassetten, Videos und Seminare betonen, wie wichtig eine klare Zielsetzung ist. Aber trotz all dieser Berieselung fehlt es doch vielen Leuten immer noch an der notwendigen Klarheit, um für sich selbst sinnvolle Ziele zu definieren und sie auch zu erreichen.

Ich habe herausgefunden, daß die meisten Leute mehr Zeit auf die Planung ihrer Ferien als auf die Planung ihres Lebens und ihrer Berufslaufbahn zu verwenden. Sie möchten zwar gern die Besten sein, aber dies Ziel bleibt für ewig ein ungehobener Schatz, verborgen irgendwo weit entfernt in einem Bereich von »Eines Tages werde ich . . .«. Sie wissen nicht einmal, wo sich diese Phantasieinsel eigentlich befindet, aber sie versprechen sich dennoch sehr viel von ihr. »Eines Tages werde ich diese Beförderung bekommen.« – »Eines Tages werde ich einen anderen Beruf ergreifen und etwas machen, worin ich wirklich gut bin.« – »Eines Tages werde ich noch einmal zur Hochschule gehen und die Examen machen, die ich brauche, um voranzukommen.«

Für Tausende unglücklicher, erfolgloser Menschen in unserem harten Berufsalltag ist es ein vorrangiges Ziel, einfach den Tag zu überstehen. Andere Tagesziele setzen sie sich nicht. Sie treiben wie Holz auf einem trägen Fluß. Sie nehmen jeden Job an, der sich ihnen anbietet, und versuchen, sich so wenig wie möglich anzustrengen. Häufig gehen sie mit der folgenden Einstellung zur Arbeit: »Nun, ich werde einmal sehen, was passiert. Der Chef ist nicht da, und ich brauche also nicht besonders hart zu arbeiten.« Oder sie haben die Einstellung: »Ich habe das so häufig gemacht, ich brauche heute nicht einmal *nachzudenken,* und der Tag wird trotzdem schnell vorbeigehen.«

Sie konzentrieren sich auf die Mittagspause, auf die Kaffeepausen, auf den Feierabend und den Zahltag. Sie sind sogar sehr religiös und danken Gott jeden Freitag für das kommende Wochenende. Am Montag bitten sie den Herrn um die Seelenstärke, eine weitere Woche durchzustehen. Aber trotzdem fühlen sie, daß ihr Leben irgendwie öde und leer ist.

Beliebtheit um jeden Preis?

Ich habe mein eigenes System, um meine Ziele zu entwikkeln, und ich möchte Ihnen im nächsten Kapitel etwas darüber erzählen. Um Ihnen zu zeigen, wie dieses System funktioniert, werde ich Ihnen berichten, wie ich meine letzte und ehrgeizigste Spendensammlung für das Salk-Institut organisierte. Obwohl er sich mit meinen Methoden vielleicht nicht besonders wohl fühlte, war Dr. Salk immer großzügig und freundlich. Die paar Diskussionen, die ich mit ihm hatte, waren für mich sehr wertvoll, und in den vier Jahren, in denen ich mit dem Institut zusammenarbeitete, wurde Jonas Salk für mich zu einem Vorbild und inspirierte mich sehr. Von ihm lernte ich, daß wir herausfinden müssen, wie der gesunde Organismus funktioniert, bevor wir herausfinden können, was eine bestimmte Krankheit hervorruft.

Dr. Salk weiß nicht einmal, daß er derjenige war, der mich

dazu inspirierte, mein Graduiertenstudium in Verhaltenspsychologie zu Ende zu bringen. Ich las seine Bücher und
lernte aus seinen Erkenntnissen, die er uns allen vortrug, um
das Leben, die Gesundheit und ein erfolgreiches Verhalten
zu studieren – anstatt uns auf Krankheit, ungesundes Verhalten und die Gründe für die Fehlschläge zu konzentrieren.

Bis heute betrachte ich Jonas Salk als einen der Menschen, die mein Leben und Denken am stärksten geprägt haben. In einem kürzlich erschienenen Artikel über menschliches Potential sagte er:

> »Die Ideen flogen mir zu – so wie jedem anderen Men-
> schen auch. Der Unterschied war nur, daß ich sie ernst
> nahm. Es entmutigte mich durchaus nicht, daß andere
> nicht sehen konnten, was ich sah. Ich traute meiner
> Wahrnehmung mehr als dem, was alle anderen Men-
> schen dachten und für richtig hielten. Niemand konnte
> mich entmutigen, obwohl es jeder versuchte. Aber das
> Leben ist kein Beliebtheitswettbewerb.«

Ich schätzte diese Sätze besonders deshalb, weil sie ganz
deutlich mit den Tausenden von Lebensweisheiten kontra-
stieren, mit denen wir täglich bombardiert werden. In jenen
Ratschlägen geht es meist darum, wie wir uns entspannen
können – aber durchaus nicht darum, wie wir uns Ziele setzen und sie auch erreichen können.

Vor mehr als 20 Jahren besuchte ich ein »Graduiertense-
minar« über Methoden der richtigen Zielsetzung. Ich ließ
mich nicht durch die Zweifel an meinen Spendensammelmethoden für das Salk-Institut entmutigen und organisierte
ein riesiges Open-air-Festival für den Verband der professionellen Golfspieler. Wie dieses Festival allmählich Konturen
annahm – und zwar vor dem Hintergrund anscheinend hoff-
nungsloser Schwierigkeiten und Frustrationen –, will ich im
nächsten Kapitel erzählen.

Verpaßte Gelegenheiten

(oder der Fluch des ewig ungenutzten Potentials)

Es lebte einmal ein sehr vorsichtiger Mann,
Der niemals lachte oder spielte.
Er ging niemals ein Risiko ein, er versuchte niemals etwas
Neues.
Er sang nicht, und er betete nicht einmal laut.
Und als er eines Tages starb,
wurde seltsamerweise nicht einmal seine Versicherung aus-
gezahlt.
Denn da er niemals gelebt hatte,
wurde behauptet, daß er auch nicht gestorben wäre.

(Verse eines unbekannten Autors.)

7. Der Zahnradeffekt: Zwei Schritte nach vorn, einen zurück

Nachdem ich mit meiner verehrten Peggy Lee und meinen »Arabischen Nächten« beim Spendenbeschaffen für das Salk-Institut recht erfolgreich gewesen war, begann ich damit, noch größere und noch bessere Veranstaltungen zu planen. Die Inspiration zu meinem nächsten Projekt bekam ich, während ich mit dem inzwischen verstorbenen Journalisten Frank Rhoades Golf spielte. Seine vielgelesene Serie erschien regelmäßig in der Zeitschrift *San Diego Union.*

Es war Februar 1966, und Bob Hope und Bing Crosby waren damals zwei der ganz großen Schlagerstars. Frank und ich fragten uns: »Wenn San Diego mit seinen 65 Golfplätzen als ›Golfstadt der USA‹ bekannt geworden ist, warum können wir dann nicht in unserer Gegend auch ein großes Turnier mit Stars und berühmten Leuten organisieren?«

Die Idee faszinierte uns, und wir beschlossen, ein »Brainstorming« zu machen, das heißt, wir überprüften einmal alle Ideen, die uns überhaupt in den Sinn kamen. Da keiner von uns beiden ein besonders guter Golfspieler war, hatten wir eine Menge Zeit zum Reden, während wir durch das Golfgebiet von »Whispering Palms« wanderten und nach unseren verlorengegangenen Golfbällen suchten.

Während unserer Golfwanderung sammelten wir jede Möglichkeit, die uns einfiel, und keine davon wurde sofort verworfen. Einer der Fehler, die viele Leute beim Ideensammeln machen, ist, jede Idee, sofort wenn sie auftaucht, einzuschätzen und zu beurteilen. Für ein erfolgreiches »Brainstorming« sollten Sie, wenn Sie zu wirklich originellen und kreativen Ergebnissen kommen wollen, zuerst einmal nichts unter den Tisch fallen lassen.

Wir wußten, daß San Diego das richtige Wetter, das richtige Publikum und die notwendigen Verkehrsbedingungen hatte, um ein großes Turnier durchzuführen. Tatsächlich war ein kleineres Golfturnier unter dem Namen »San Diego Open« schon einige Jahre lang abgehalten worden. Bei unserem Sammeln von Ideen fielen uns die Namen bekannter Leute ein, die wir für unsere Idee gewinnen wollten. Wir brauchten berühmte Männer und Frauen, die irgendwie etwas mit dem Golfspiel oder etwas mit der Liebe zu den Menschen zu tun hatten. Wir dachten vor allem an Perry Como, Danny Kaye, Frank Sinatra und Andy Williams.

Wir überlegten auch, wem die Einnahmen aus dem Turnier zugute kommen sollten. Frank war sehr für die USO (United Service Organization, einem Hilfsfonds der amerikanischen Marine), weil in San Diego sehr viele Seeleute stationiert waren. Ich dagegen dachte natürlich sofort ans Salk-Institut und an Jonas Salks guten Ruf im In- und Ausland.

Nachdem wir alle unsere Ideen geordnet hatten, gingen wir sie noch einmal durch, um zu entscheiden, welche wirklich brauchbar waren. Dabei fiel uns ein, daß Danny Kaye zu dem Zeitpunkt für UNICEF, das Kinderhilfswerk der Vereinten Nationen, tätig und daher wahrscheinlich nicht verfügbar war. Frank Sinatra war bereits bei einem anderen großen Golfturnier aufgetreten. Perry Como erschien uns als eine sehr verlockende Möglichkeit, denn ich hatte schon zur Zeit meiner Öffentlichkeitsarbeit bei der Marine mit ihm Verbindung aufgenommen. Aber Perry wohnte an der Ostküste, und es könnte schwierig werden, ihn für eine Veranstaltung an der Westküste zu gewinnen.

Schließlich entschieden wir uns für Andy Williams, denn er war jung, seine Beliebtheit wuchs ständig und er lebte im Westen. Wir wußten auch, daß er sehr gerne bei Golfturnieren auftrat, und er hatte außerdem den Ruf, ein wirklich sympathischer Mann zu sein. Auf dem Golfgelände von »Whispering Palms«, irgendwo in der Nähe des fünfzehnten Lochs, im Februar 1966, nahmen meine Phantasien konkrete Gestalt an: Ich wollte das »Andy-Williams-Golffestival« in San Diego organisieren, und zwar als eines der ganz großen Feste des nationalen Golfclubs, bei denen stets ein berühmter amerikanischer Showstar auftreten sollte. Die Erlöse dieses Festivals sollten dem Salk-Institut zufließen.

Ich sah mich schon in meiner neuen Rolle. Ich stellte mir den Moment vor, dem besten Golfspieler anläßlich der Siegerehrung einen Scheck zu überreichen. Ich sah ebenso schon einen anderen Scheck vor meinem geistigen Auge – nämlich den über 100 000 oder 200 000 oder vielleicht 500 000 Dollar, ausgeschrieben für das Salk-Institut.

Je häufiger ich an dies Ziel dachte, desto stärker wurde es bei mir zu einer Art fixer Idee. Ich weiß nicht mehr, ob Frank und ich an dem Tag das Golfspiel zu Ende brachten. Vielleicht haben wir einfach den Ball aufgehoben und sind gegangen. Ich war zu beschäftigt damit, Pläne für meine neue Unternehmung zu machen, als daß ich mich an solche Einzelheit erinnern könnte.

Eine alte Straße kann Sie ins Nichts führen

Natürlich hatte ich keine Ahnung, wie mein neues Ziel mein Leben tatsächlich verändern würde. Es würde Monate, vielleicht sogar Jahre dauern, bis ich das Andy-Williams-Golffestival verwirklichen könnte. Die Organisation jenes Turniers und seine Verwirklichung ersetzten mir leicht ein ganzes Universitätsseminar zum Thema »Zielsetzung und Lebensplanung«.

Das Setzen eines Zieles beginnt häufig mit einem Traum, mit dem Bedürfnis, sich eine bestimmte Sehnsucht zu erfüllen. Das Planen ist dann die Landkarte, die Sie zu Ihrem Ziel führt. Aber ein Ziel müssen Sie immerhin erst einmal haben. Wenn Sie nicht wissen, wohin Sie gehen wollen, dann wird jede denkbare Straße Sie eben ins Ungewisse führen. Wenn Sie nicht deutlich wissen, wohin Sie Ihr Lebensweg führen soll – woher wollen Sie dann wissen, wann Sie angekommen sind?

Eine solche Art von ziellosem Leben ist wie das Segeln auf einem Schiff ohne Ruder. Fragen Sie irgendeine Schiffsbesatzung, wie es ist, auf einem ruderlosen Schiff zu fahren, und sie werden Ihnen sagen, daß es ausgesprochen frustrierend ist, sich immer im Kreise zu bewegen. Zielloses, ruderloses Leben führt zu der Frustration durch negative Einstellungen und zu geringer Selbstachtung.

Definieren Sie Ihre Ziele ganz genau

Das Geheimnis eines produktiven Lebens ist das Aufstellen von klar definierten Zielen – und dazu gehört, sie niederzuschreiben und sich mehrmals am Tage mit Worten, Bildern und seinen Gefühlen darauf zu konzentrieren. Stellen Sie sich Ihre Ziele so vor, *als hätten Sie sie schon erreicht.* Es ist wichtig, diese Ziele deutlich zu definieren. Menschen reden häufig darüber, Glück, Reichtum oder Erfolg zu erlangen, aber diese immer wieder gern gebrauchten Schlagworte sind keine Lebensziele. Sie sind nicht einmal Absichtserklärungen. Glück, Reichtum und Erfolg sind die Nebenprodukte eines zielorientierten Lebens.

In den Seminaren, die ich leite, nimmt jeder Teilnehmer ein Blatt Papier und schreibt auf, was ihm im privaten und im beruflichen Bereich am meisten Erfüllung bereiten würde. Man kann so viele Punkte aufschreiben, wie man will, aber jeder einzelne dieser Punkte muß genau definiert werden. Je klarer das Ziel definiert ist, desto stärker sind die Motivation und die Kraft, mit der man sich darauf zubewegt. Beispielsweise schreibe ich Folgendes auf:
– Ich möchte gern glücklich sein. (Darunter führe ich dann

eine Liste von Bedingungen und von angestrebten Zielen an, die mich glücklich machen werden.)

- Ich möchte Geld verdienen. (Darunter schreibe ich auf, wieviel Geld ich verdienen möchte und zu welchem Zeitpunkt. Ich schreibe auf, was ich zu leisten bereit bin, um Geld zu verdienen.)
- Ich möchte gerne berühmt sein. (Indem ich in welchem Bereich welche Leistungen erbringe?)
- Ich möchte gerne der Präsident meiner eigenen Firma sein. (Indem ich welche Karriereschritte in welchem Zeitraum mache? Welche besonderen Fähigkeiten und welches Wissen brauche ich dafür?)
- Ich möchte gerne mein eigenes Geschäft haben. (Wo, wann und für welche Waren? Was sind die Wachstumstrends, das erforderliche Kapital und die Bedingungen, die ich beim Start beachten muß?)
- Ich möchte mehr Zeit mit meinen Freunden und mit meiner Familie verbringen. (Möchte ich das wirklich? Dann schreibe ich einmal auf, was ich augenblicklich alles tue, und streiche das, was nicht unbedingt nötig ist oder was ich verschieben kann. Ich schreibe auf, ob sich dies lohnt und welche Möglichkeiten sich mir dadurch eröffnen würden.

Um dies leichter verständlich zu machen, schreibe ich es so auf, als wären Sie einer meiner Seminarteilnehmer, der die Übung mitmacht. Sie werden bald sehen, daß Sie ohne klar definiertes Ziel nur in einem Nebel von Wunschdenken herumirren. Klar definierte Ziele sollten Ihre persönlichen Bedürfnisse – und nicht das, was andere von Ihnen wollen und erwarten – widerspiegeln. Während Sie Ihre Liste durchlesen, denken Sie einmal darüber nach, was jeder dieser Punkte, die Sie angeführt haben, für Sie bedeutet. Versuchen Sie sich klar vorzustellen, wie es ist, jedes dieser Ziele erreicht zu haben. Überlegen Sie sich auch die Konsequenzen, die jedes dieser Lebensziele mit sich bringen würde, und wie das Erreichen jener Ziele eine bestimmte Wirkung auf Ihr eigenes Leben und auf das Leben von anderen haben würde. Fragen Sie sich anschließend selbst, welches dieser Ziele Ihrer persönlichen Definition des Erfolgs wirklich am nächsten kommt – nämlich für sich selbst der Beste zu sein?

Vielleicht haben Sie an diesem Punkt das Gefühl, Sie müßten einige Ihrer Ziele streichen und dafür andere hinzufügen. Nehmen Sie dann ein anderes Stück Papier und stellen Sie aus der alten Liste eine Liste mit neuen Prioritäten zusammen. Zählen Sie Ihre Ziele durch, und begrenzen Sie sie wenn möglich auf zehn. Nehmen Sie sich Zeit, um noch einmal zu überprüfen, wie wichtig jedes dieser Ziele für Sie ist. Wenn Sie sich auf alle zehn Ziele konzentrieren, dann haben Sie vielleicht das Gefühl, daß die Liste noch einmal neu geordnet werden sollte. Letztlich werden Sie dann die Ziele erkennen können, die für Sie selbst am meisten bedeuten.

Wenn Sie Ihre Ziele entsprechend der Prioritäten von eins bis zehn geordnet haben, dann unterstreichen Sie die drei wichtigsten. Schreiben Sie sich diese Ziele auf eine kleine Karteikarte oder tragen Sie sie mit in Ihren monatlichen Terminplan ein. Tragen Sie diese kleine Karteikarte überall bei sich und denken Sie häufig darüber nach. Wann immer Sie entscheiden müssen, auf welche Weise Sie Ihre Zeit verbringen, dann fragen Sie sich, ob die Entscheidung, die Sie treffen, Sie beim Erreichen Ihrer wesentlichen Lebensziele fördern oder behindern wird.

Wie mein Andy-Williams-Traum Realität wurde

Kehren wir noch einmal zurück zum Februar 1966 und meinen ersten enthusiastischen Plänen für das Andy-Williams-Golffestival. In jenen Tagen waren die Techniken meiner Zielsetzung und Lebensplanung noch ziemlich grob und unentwickelt. Ich mußte noch sehr viel lernen, und die Umsetzung meines Traumes in die Realität würde noch weiteres Lernen erforderlich machen.

Vielleicht war die wertvollste Lektion, die ich lernen mußte, das, was ich im Zusammenhang mit der Verwirklichung von Lebensplänen den »Zahnradeffekt« nannte: das Vorwärtsrollen des Rades um einige Zähne und dann wiederum das Zurückgleiten oder der scheinbare Stillstand – und erneut wieder eine weitere Drehung nach vorne. Der Zahnradeffekt ist der einzige Weg, den ich kenne, um den Weg zu einem größeren Ziel in kleine, begehbare Strecken aufzuteilen – und sich zugleich weiter erfolgreich auf das große Ziel hinzubewegen. Die Kunst ist es, das Ziel im Augenblick zwar nicht sofort erreichbar, aber immer noch sichtbar sein zu lassen.

Ich mußte lernen, daß eine sehr kühne Idee gewöhnlich mehr Zeit zu ihrer Realisierung braucht als ein nahegelegenes realistisches Ziel. Eine Menge gleichgültiger oder destruktiver Menschen wollen vielleicht Ihre Idee in den Staub treten oder Ihre Ziele vereiteln. Seien Sie immer darauf vorbereitet, daß Sie vielleicht Ihre Idee solchen Leuten verkaufen müssen, die der Meinung sind, daß Sie unfähig seien, sie zu realisieren – und die es vielleicht lieber sähen, wenn sie überhaupt nicht realisiert würde. Vielleicht denken manche, daß es für Ihr persönliches Ziel nicht genug Raum gibt. Andere denken vielleicht, daß Ihr Ziel unpraktisch, schädlich oder dumm sei . . .

In dem Moment, wenn Sie erkennen, daß der Traum oder das Ziel, das Sie haben, wirklich sinnvoll ist, wird die Welt Ihnen mit allen möglichen Argumenten einzureden versuchen, daß es unmöglich sei. Vielleicht hören Sie einige Kommentare wie diesen: »Das ist noch niemals vorher gemacht worden.« – »Andere haben das bereits ganz ausgezeichnet gemacht.« – »Es kostet einfach zuviel.« – »Sie können doch nicht alle Traditionen (oder das System) in den Wind schlagen . . . so wird das bei uns ganz einfach nicht gemacht.«

Wenn von allen Seiten nur Widerstände kommen, dann darf man sich nicht wundern, daß sich so viele Leute dafür entscheiden, einfach ein zielloses, streßfreies Leben zu leben. Wem gefällt es denn schließlich, sich so viel Ärger einzuhandeln? Aber, wie schon der Geistliche und Schriftsteller Robert H. Schuller seinem Sohn Bob sagte, nachdem der junge Schuller sich durch vier harte Jahre hindurchgekämpft hatte, um einen Hochschulabschluß zu bekommen: »Das Papier wiegt schwerer als ein ganzer Sack voll Ärger.«

»Das Papier«, das Ziel, das ich anstrebte, war es, Andy Williams zur Teilnahme an meinem Golfturnier zu bewegen – und dieses Golfturnier auch wirklich auf die Beine zu stellen. Als ich von jener Golfrunde mit Frank Rhoades, die mein Leben veränderte, heimkam, wurde mir bewußt, daß Andy von unseren Plänen ja überhaupt noch nichts ahnte. Wir hatten zwar ein Ziel, aber es war nicht Andys Ziel – noch nicht.

So umriß ich schriftlich das gesamte Ziel und meinen Plan, bis alle Details stimmten. Ich entdeckte später, daß es in meinem Plan noch eine ganze Reihe von »Löchern« gab, aber zu dem Zeitpunkt hatte ich das Gefühl, daß ich bereit war. Ich holte tief Luft und rief die NBC-Fernsehgesellschaft an. Ich setzte das gesamte Wissen ein, das ich mir vorher bei meiner Öffentlichkeitsarbeit angeeignet hatte, nannte zuerst meinen Namen und sagte mit einer gewissen Autorität in der Stimme: »Hier ist Dennis Waitley. Bitte verbinden Sie mich mit Andy Williams.«

»Worüber wollen Sie denn mit Andy Williams sprechen?« fragte mich seine Sekretärin.

»Das Andy-Williams-Golffestival, wodurch San Diego, Californien, zu einer berühmten Stadt werden wird«, sagte ich mit fester Stimme, als ob das Turnier bereits in allen Einzelheiten festgestanden hätte.

Irgendwie klappte meine Methode. Andy kam ans Telefon und war höflich, zeigte aber nur recht mäßiges Interesse. Er spürte sofort meine jugendliche Unerfahrenheit und daß mir vieles, was mit diesem Turnier zusammenhing, überhaupt noch nicht klar war. »Wunderbar, das klingt gut«, sagte er. »Wenn Ihre Pläne jemals konkrete Form annehmen sollten, dann lassen Sie es mich wissen.«

Das war die Ermutigung, die ich brauchte. Ich stach nun sozusagen mit 31 Knoten in See. Ich fuhr sofort zu den NBC-Fernsehstudios, und es gelang mir tatsächlich irgendwie, hinter der Bühne eine halbe Stunde lang mit Andy zu reden. In dem Gespräch erfuhr ich, daß er Jonas Salk sehr bewunderte und daß es außerdem Maurie Luxford war, der sehr viel Erfahrung mit dem Organisieren aller möglicher Sportturniere und Festivals hatte, bei denen auch Stars auftraten. Luxford war einer der Hauptorganisatoren für das berühmte Bing-Crosby-Festival am »Pebble Beach« gewesen. Nach Andys Meinung war er derjenige, mit dem ich als nächstes Kontakt aufnehmen sollte.

Was kann ich, abgesehen von dieser verrückten Idee, für Sie tun?

Ich rief wirklich Maurie Luxford an und erhielt von ihm eine fast einzigartig entmutigende Antwort. Er ließ mich wissen, daß er 20 Jahre lang gebraucht hatte, um das Bing Crosby-Festival zu organisieren. Hinzu kamen Wendungen wie »Das werden Sie niemals schaffen . . . die Welt braucht doch nicht *noch* ein weiteres Festival . . . Was sollen denn die Golfer mit *noch einem* Turnier . . . Sie haben ja kaum Erfahrungen gesammelt . . . Das könen Sie nicht . . . Das sollten Sie nicht tun . . . Es ist völlig sinnlos . . . Was kann ich, abgesehen von dieser verrückten Idee, für Sie tun?«

Aber ich wollte nicht zurückweichen. Als Luxford merkte,

daß ich nicht bereit war, so leicht aufzugeben, schlug er vor, daß ich einmal zum Luftwaffenstützpunkt von March Field reisen sollte, wo ein solches Festival in naher Zukunft steigen sollte. Wenn ich erst einmal gesehen hätte, wieviel Arbeit zur Organisation eines solch kleinen Turniers gehörte, dann würde ich klarer sehen, was auf mich zukäme.

Mein Zahnrad rollte ein kleines Stückchen nach vorne, und ich fuhr nach March Field, wo ich noch einmal mit Maurie Luxford zusammentraf. Dann gingen wir zusammen zu Andy Williams, der ebenfalls bei diesem Festival auftrat.

Andy war höflich, fragte aber erst einmal: »Wie war noch Ihr Name?« Ich sagte meinen Namen und erklärte ihm noch einmal meinen Plan eines Andy-Williams-Golffestivals in San Diego. Beide Männer hörten mir zwar zu, erschienen aber recht kühl und ablehnend.

Aber irgendwie mußte Maurie Luxford doch etwas von meiner Begeisterung und von meinem Elan gespürt haben. Drei Tage später rief er mich an, um mir zu sagen, daß er bereit war, mir bei meinem Plan zu helfen!

In dem Moment rollte mein Zahnrad mindestens drei Schritte weiter voran. Aber während der nächsten Monate rutschte es dann wieder ein paar Schritte zurück. Ich kam nämlich von allen Seiten unter Beschuß. Andy Williams bestand einfach darauf, daß er nur bei einem Turnier der »Organisation der Berufsgolfspieler« auftreten würde. Aber Maurie Luxford wollte nicht mit dieser Organisation zusammenarbeiten. Und als ich mit anderen verantwortlichen Männern aus dem Bereich des Golfsports sprach, merkte ich, daß sie der Idee eines weiteren Festivals äußerst reserviert gegenüberstanden.

Es scheint, daß professionelle Golfspieler keinen wirklichen Spaß an solchen Festivals haben. Wenn sie einmal an einem solchen Turnier teilnehmen, dann knirschen sie offenbar heimlich mit den Zähnen, denn sie müssen dort mit

Leuten zusammenspielen, die massenhaft Fehler machen und denen es hauptsächlich gelingt, den Golfball in Teiche, auf Zuschauer und sogar auf ihre Mitspieler zu dirigieren.

Eine weitere Sorge bereitete mir die Tatsache, daß andere Größen des Showgeschäfts offenbar zur selben Zeit ähnliche Festivals planten. Frank Sinatra etwa trug sich mit ähnlichen Gedanken. Dean Martin und Jackie Gleason hatten auch Äußerungen in diese Richtung gemacht. Plötzlich erschien es mir, als wären die wirklichen Stars überhaupt nicht an einem Auftritt bei einem Golffestival interessiert.

Im Salk-Institut hatte ich zudem für meine Bemühungen wieder einmal die übliche skeptische Reaktion geerntet: Was zum Teufel hatten Wissenschaft und ein Golffestival miteinander zu tun? Allmählich fühlte ich mich so klein wie zu dem Zeitpunkt, als Admiral Lee zu Admiral Burke gesagt hatte, daß ich gerne Öffentlichkeitsarbeit machen wollte. Vielleicht hätte ich doch lieber als Schreibtischpilot bei der Marine bleiben sollen!

Was springt für Sie dabei heraus, Waitley?

Die Wende kam jedoch, als ich ein Turnier von Stars im »Peacock Country Club« in San Rafael, Kalifornien, besuchte. Andy Williams sollte auch kommen, und als er aus seinem Hubschrauber stieg, wartete ich schon, um ihn zu begrüßen. Ich hatte nur ein kleines Problem – würde mich Andy erkennen oder sich sogar an meinen Namen erinnern?

Keine Sorge! Ich füllte einen riesigen Eimer mit Golfbällen und benutzte sie als mein »Ticket«, um hinter die weißen Linien und die Aufsichtsbeamten zu kommen, die versuchten, die Menschenmengen davon abzuhalten, über die Stars herzufallen. »Wo gehen Sie hin?« fragte mich einer der Ordnungsleute, als ich auf Williams zusteuerte.

»Ich muß diesen Eimer Bälle zu Andy Williams bringen«, antwortete ich.

Er ließ mich vorbei, und als ich den Eimer vor Andy hinstellte, sagte ich: »Hallo, Mr. Williams, vielleicht erinnern Sie sich noch an mich, ich bin Dennis Waitley, der Berater, der Sie gerne für das Andy-Williams-Golffestival gewinnen wollte, dessen Erlös dem Salk-Institut zukommen soll.«

»Ach, ja«, erwiderte Andy, als er zum Golfschlag ausholte. »Ich habe Sie zwar nicht mehr erkannt, aber vielleicht sollten wir irgendwann einmal darüber sprechen.«

Wenn Sie nicht wissen, in welche Richtung Sie gehen, dann ist es auch gleichgültig, ob der Wecker klingelt!

Zu diesem Zeitpunkt erkannte einer der Ordnungsmänner, daß ich mich ohne Berechtigung hinter die Absperrung geschmuggelt hatte, und ich wurde weggeführt. Für eine Weile noch versuchte ich, Andy irgendwie auf den Fersen zu bleiben, aber es wurde mir klar, daß weitere Gespräche mit ihm sinnlos wären, wenn es mir nicht irgendwie gelänge, mit ihm allein zu sprechen. Warum versuchte ich es nicht einmal in der Umkleidekabine? Er mußte ohnehin nach seinem Spiel dorthin kommen, um die Kleider zu wechseln.

Als Andy ins Clubhaus kam, saß ich natürlich schon dort und wartete auf ihn. Ich sah sofort, daß er für mich wahrscheinlich nicht mehr Zeit hätte als für das Ausziehen seiner Schuhe. So verlor ich keine Sekunde und sagte: »Ich weiß, daß ich Ihnen allmählich auf die Nerven falle, aber ich glaube wirklich, daß dieses Turnier, das ich plane, realisierbar ist - und Sie sollen als Star dabei auftreten.«

Andy sah mir fest ins Auge und sagte: »Ich muß Ihnen nur noch eine Frage stellen, bevor ich Ihnen meine Antwort sagen kann. Was springt für Sie bei der ganzen Sache heraus? Haben Sie finanzielle Vorteile davon? Werden Sie selbst dann der Oberboß des Salk-Instituts?«

Ich blickte ihm ebenso fest in die Augen und sagte ihm einfach die Wahrheit. »Ich bin der Berater des Präsidenten des Salk-Instituts, und dies ist ganz einfach ein Teil meiner Arbeit. Ich habe die Aufgabe, zur finanziellen Förderung der Forschungsaufgaben des Instituts beizutragen. Ich brauche keinen Ruhm. Ich möchte auch keinen Job bei Ihnen. Ich möchte nicht, daß Sie mir in irgendeiner Weise dafür gefällig sind, und ich möchte auch keinen Anteil an den Erlösen des Festivals. Ich bekomme vom Institut mein Gehalt, und das ist alles, was ich erwarte.«

Andy Williams lächelte. »Das ist die Antwort, auf die ich gewartet habe – nämlich, daß Sie dies für das Salk-Institut organisieren und nicht für sich selbst. Warum fliegen Sie nicht mit uns zurück nach Los Angeles, und wir sprechen ein bißchen mehr darüber?«

Waitleys Zahnrad ratterte ein gutes Stückchen vorwärts. Ich bekam einen Platz in einem privaten Flugzeug mit Andy Williams und einigen anderen sehr berühmten Passagieren. Als Andy und ich uns während des Fluges unterhielten, erzählte ich von meinen Public-Relations-Aktivitäten und erwähnte auch die Namen Peggy Lee und Perry Como – in der Hoffnung, ihn damit ein wenig zu beeindrucken. Andy war damit einverstanden, daß das Golffestival unter seinem Namen laufen sollte, aber er bestand darauf, daß die Organisation der professionellen Golfspieler (und nicht nur die Amateure) daran beteiligt sein müßte. So wie die Bing Crosby- und Bob Hope-Turniere, sollte dies eine ganz große Schau werden.

»Sprechen Sie mit meinem Werbeberater, Charlie Pommerantz, und sehen Sie, was Sie erreichen können«, sagte Andy, als wir uns verabschiedeten.

Andy und Dr. Salk haben die gleiche Wellenlänge

Es erwies sich, daß Charlie Pommerantz für mich wertvoller Bündnispartner werden sollte. Mit seiner Hilfe gelang es mir, billig einen Jet zu chartern und Andy Williams nach San Diego zu fliegen, damit er sich einmal persönlich den Ort ansehen konnte, wo das Turnier stattfinden sollte. Ich arrangierte es auch, daß er Dr. Salk traf und einen Rundgang durchs Institut machte. Andy wohnte im La Costa Country Club, der nur einen Steinwurf vom Institut entfernt war.

Andy und Dr. Salk hatten sofort die gleiche Wellenlänge. Da sie beide sehr bescheiden und menschenfreundlich auftraten, waren ihre Unterhaltungen sehr offen und tiefgehend. Es ging um die Frage, wie man Wissenschaft und ein Sportfestival zusammenbringen und trotzdem die »Würde der Wissenschaft« wahren konnte. Das endgültige Ziel war natürlich, dem Salk-Institut und der Menschheit zu helfen.

Nach dem Abendessen nahm Dr. Salk Andy auf einen privaten Rundgang durch das Institut mit. Andy war so beeindruckt von der Arbeit des Instituts und der Offenheit und Bescheidenheit von Dr. Salk, daß er sich spontan entschloß, die ersten 50 000 Dollar der Einnahmen aus seinem neuesten Album *Born Free* dem Institut zu spenden.

Das Zahnrad meines Erfolgs begann nun zu rattern. Aber immer wieder erlitt ich Rückschläge – manchmal sogar in einem Maße, daß ich mich total entmutigt fühlte. Schließlich vergingen zwei ganze Jahre, während derer ich aber immer am Ball blieb. Schließlich gelang es mir, einen Termin für das Festival festzulegen: Es sollte vom 6. bis 11. Februar 1968 in San Diego stattfinden.

Ich rief Andy Williams an und berichtete ihm die Neuigkeit. Er fragte: »Sind Sie sicher?« – »So sicher, wie ich es bei der ›Organisation der professionellen Golfspieler‹ überhaupt nur sein kann«, erwiderte ich.

»Na, nachdem Sie sich nun alle diese Mühe gemacht ha-

ben, nehme ich an, daß wir es nun durchziehen müssen«,
sagte Andy mit ein bißchen Spott in der Stimme.

»Warum nicht«, meinte ich kühl, »da wir nun schon einmal so weit gekommen sind.«

Irgendwie klickte das Zahnrad immer weiter voran

Ich hatte mein großes Ziel schließlich nun doch ereicht. Irgendwie war es wahr geworden. Während jenem Golfspiel
mit Frank Rhoades im Februar 1966 wurde ein phantasti-
scher Plan ausgeheckt, der sich zwei Jahre später mit dem
Andy Williams-Festival und mit riesigen Spendeneinnah-
men realisierte. Das Ganze fand vom 6.–11. Februar 1968
im Golfgebiet von Torrey Pines statt.

Jene zwei Jahre, in denen ich so sehr darum kämpfen
mußte, mein Ziel zu erreichen, haben mich das gelehrt, was
ich heute in meinen Seminaren zu vermitteln versuche. Um
irgendein Ziel zu erreichen, brauchen Sie erst einmal einen
Traum. Sie müssen sich selbst in der Rolle dessen sehen, der
ihn verwirklicht. Aber es ist mehr erforderlich als eine klare
Vorstellungskraft. Sie müssen auch die täglichen und
manchmal etwas mühseligen Hausaufgaben machen. Sie
müssen Ihre Teilziele aufschreiben, Sie müssen die Schritte
dorthin planen und Sie müssen sie, einen nach dem anderen,
auch gehen.

Wenn die unweigerlich eintretenden Enttäuschungen und
Rückschläge Ihnen auch gelegentlich den Mut nehmen, so
dürfen Sie doch nicht lockerlassen. Versuchen Sie, Unterstützung von Menschen, die schon einen Teil des entsprechenden Erfolgsweges zurückgelegt haben, zu bekommen.
Seien Sie flexibel, seien Sie bereit, die Sache auch einmal
von einer anderen Seite aus anzugehen, wenn dies notwendig sein sollte; und geben Sie nie, nie auf.

Was für ein herrliches Gefühl war es, an jenem Tag auf

dem Golfgelände von Torrey Pines zusammen mit Chris Schenkel, Andy Williams und Dr. Jonas Salk, Tom Weiskopf dabei zu beobachten, wie er zum Siegesschlag – der zugleich 30 000 Dollar bedeutete – ausholte. Und es war für mich noch aufregender, daß das Salk-Institut durch dieses Turnier – und dem abendlichen Festival mit Andy Williams – einem Erlös von mehr als 100 000 Dollar zugewiesen bekam.

Manche Gäste zahlten bis zu 250 Dollar, nur um die »Andy-Williams-Show« im Theater von San Diego besuchen zu können, und sie sahen ihn und eine ganze Reihe von berühmten anderen Stars: Bob Hope, Peggy Lee, Henry Mancini, The Osmond Brothers, The Lennon Sisters, Joey Bishop, Bob Newhart, Rowan and Martin, Dean Martin, Jack Nicklaus, Fred MacMurray, Lee Trevino, Jack Benny, Phil Harris und viele andere . . . die Show dauerte bis tief in die Nacht.

Seither hat jenes Turnier jedes Jahr aufs Neue stattgefunden. Obwohl das Salk-Institut heute nicht mehr von den Erlösen profitiert, tun das doch immer noch viele andere gemeinnützige Organisationen in San Diego. Im Februar 1987 besuchten meine Frau Susanne und ich die Party zum zwanzigsten Jahrestag des Festes und freuten uns sehr, daß wir auf dieser Veranstaltung Männer wie Andy Williams, Pat Boone und Ed Crowley wiedertrafen. Obwohl Andy und ich uns fast 20 Jahre lang nicht gesehen hatten, erinnerte er sich immer noch an jenen Tag im Clubhaus, als er mich fragte: »Was springt für Sie dabei heraus?«, und ich ihm sagte: »Nichts. Es gehört zu meinem Job.« Nach 20 Jahren erinnerte er sich noch an dieses Zeichen von Enthusiasmus und Unbestechlichkeit – und wenn ich mal so richtig darüber nachdenke: Ich erinnere mich auch selbst noch gerne daran.

Ich verließ das Salk-Institut mit gemischten Gefühlen

Ich arbeitete noch während des ganzen Jahres 1968 für das Salk-Institut, aber zu Beginn des Jahres 1969 verließ ich das Institut, um mich meiner Karriere als Leiter meiner eigenen Finanzberatungsfirma zu widmen und meine Doktorarbeit über das Thema »Psychologie des menschlichen Verhaltens« zu schreiben. Die vier Jahre, die ich dort am Institut verbrachte, waren mir sehr wertvoll, und ich werde mich immer an meine wenigen persönlichen Begegnungen mit Dr. Salk erinnern. Was ich daraus lernte, daß ich seine Bücher las, daß ich ihm zuhörte und ihn beobachtete, war unbezahlbar. Während ich ihn im Laboratorium beobachtete und sah, wie er sich verhielt und in welcher Weise er seine Ziele verfolgte, wuchs meine eigene Überzeugung, daß es notwendig ist, ein lohnenswertes Ziel vor Augen zu haben und immer weiter dazuzulernen.

Vielleicht werden Sie niemals in die Situation kommen, ein Turnier der »Organisation der professionellen Golfspieler« zu organisieren – oder vielleicht werden Sie auch etwas weitaus Wichtigeres und Bedeutungsvolleres tun. Aber es gibt einige Grundsätze, die Sie stets beachten müssen, wenn Sie sich im Leben bestimmte Ziele setzen – ob Sie nun eine Verkaufsschau planen oder eine Hochzeitsparty für die Tochter eines Freundes. Eines ist sicher: Früher oder später werden Sie den Zahnradeffekt kennenlernen und ihn einsetzen müssen.

Wir sind nicht alle hervorragende Schüler, Stars, Weltklasseathleten oder Direktoren von riesigen Firmen. Es ist jedoch unsere Aufgabe, das Beste aus den Fähigkeiten und den Talenten und aus unserer Intelligenz zu machen. Es ist unsere Lebensaufgabe, anzustreben, vor uns selbst der Beste zu sein. Die glücklichsten Menschen der Welt sind diejenigen, die etwas tun, von dem sie das Gefühl haben, daß es die Anstrengung wert ist, und die ihre Fähigkeiten auch ausnutzen. Vielleicht ist es das Beste, was wir tun können, wenn wir immer wieder versuchen, uns selbst zu übertreffen.

Das Setzen von Zielen ist nur ein Teil jenes Weges. Ich habe in den letzten beiden Kapiteln darüber gesprochen, wie wichtig es ist, einen Lebenssinn zu finden und diesem Sinn entsprechend seine Ziele zu setzen. Das Setzen von Zielen ist wichtig, aber man muß auch lernen, wie man sich dorthin bewegt und wie man seine Ideen in die Tat umsetzt. Wir werden uns diesen Weg in Kapitel 8 einmal näher ansehen.

8. Mein Schicksal bin ich selbst

Aus dem Fußballspiel und aus anderen Sportarten können wir hilfreiche Analogien entnehmen, die uns Hinweise darauf geben, warum Menschen, die sich bestimmte Ziele setzen, diese unter Umständen nicht erreichen. Alles scheint richtig und in Ordnung zu sein – und trotzdem klappt es nicht. Warum?

Vielleicht bilden sie sich andauernd ein, neben sich die Schritte und das Keuchen von jemandem zu hören, der sie so einschüchtert und erschreckt, daß sie den Ball verlieren?

Vielleicht sind Ihnen die Anstrengung und der Streß einfach zu viel – und Sie erreichen die Ziellinie nicht?

Oder sie entwickeln plötzlich eine Art »Verliererhumpeln«, ein Mechanismus, der manchmal unbewußt von einem Ballspieler eingesetzt wird, weil er ein Tor verschenkt oder deutlich verpatzt hat. Plötzlich beginnt er zu humpeln, und die Zuschauer müssen nun natürlich einsehen, daß er ganz einfach deshalb nicht seine Chancen nutzen konnte, weil er »sich verletzt hat«. Wenn manche Leute stets alle Arten von Entschuldigungen dafür parat haben, warum sie immer noch nichts an ihrer Situation verändert und eine mögliche gute Chance nicht wahrgenommen haben, dann sind sie vielleicht auch mit einem »Verliererhumpeln« geschlagen.

Und schließlich gibt es noch Leute, die einfach mehr versprechen, als sie halten können.

Warum einige Leute einfach nicht viel erreichen

In meinen Studien über das menschliche Verhalten bin ich immer wieder auf drei grundsätzliche Persönlichkeitstypen gestoßen, die sich durch ihr Verhalten und ihre Einstellung selbst im Wege stehen und nur selten besonders viel erreichen. Dies sind die ewigen Opfer, die Ängstlichen und die Träumer.

Opfer sind vor allem mit der Vergangenheit beschäftigt. Sie machen sich Sorgen um Dinge, über die man gar keine Kontrolle hat. Bei Bedarf legen sie sich das übliche »Verliererhumpeln« zu, und in ihren Gesprächen wiederholen sich immer wieder folgende Wendungen: »Ich hätte sollen«, »Ich hätte können«, »Ich würde haben«, »Ich könnte haben« und natürlich das wohlbekannte »Wenn nur . . .«

Opfer fühlen sich hilflos. Sie neigen dazu, andere verantwortlich zu machen. Sie betrachten sich selbst wie eine Art Thermometer, das von den Umständen beeinflußt wird – anstatt als einen Thermostaten, der sein eigenes Schicksal kontrollieren und regeln kann.

Die Opfermentalität ist heute in unserer Gesellschaft weit verbreitet. Tatsächlich glauben Millionen von Menschen, daß sie deshalb ihre Ziele nicht ereichen, weil sie zum falschen Zeitpunkt am falschen Ort waren. Oder vielleicht war einfach ihr Horoskop für einen bestimmten Tag nicht günstig. Für sie gibt es immer eine ganze Flut von Entschuldigungen. Das Problem ist dann entweder die Regierung oder das Haushaltsdefizit oder die Geschäftspraktiken der Japaner, oder vielleicht läuft für sie ohnehin deshalb alles schief, weil sie zu einer bestimmten angeblich oder tatsächlich diskriminierten Minderheit gehören.

Häufig machen jene Opfertypen auch ihre Familien für alles verantwortlich. Vielleicht behaupten sie, sie hätten »die falschen Eltern« gehabt. Sogar die Rangfolge ihrer Geburt unter ihren Geschwistern verdammt angeblich diese vom Schicksal geschlagenen Menschen zum Scheitern oder zur Mittelmäßigkeit. Die Probleme der Erstgeborenen kommen natürlich daher, daß sie sich fortwährend um ihre kleinen Brüder und Schwestern kümmern mußten. Das in der Mitte der Geschwisterfolge geborene Kind weiß natürlich, daß alles nur damit zu tun hat, daß es zwischen dem erstgeborenen Kind der Familie und dem Baby kam. Der Jüngste sagt dagegen, daß alles nur deshalb geschah, weil er immer das Baby der Familie war und dauernd abgetragene Kleidung anziehen mußte.

Opfertypen haben sich Ansichten zu eigen gemacht, mit denen sie sich selbst von vornherein das Wasser abgraben, beispielsweise: »Es ist sinnlos, gegen die Umstände und die Macht zu kämpfen.« Es scheint, daß solche Opfertypen andauernd vom Pech geschlagen sind. Wenn Sie sich zu einem irgendwie gearteten Optimismus durchringen können, dann etwa zu Einstellungen wie: *Es hätte doch alles noch viel schlimmer kommen können.*

Die *Status-quo-Leute* sind auch Menschen, die sich selbst behindern. Sie wagen nur sehr wenige Schritte in Richtung auf ein zukünftiges Ziel, weil sie sich zu viele Sorgen um die Gegenwart machen. Sie möchten gerne, daß die Dinge problemlos weiterlaufen, so, wie sie immer schon gelaufen sind. Indem sie ausschließlich in der Gegenwart leben, planen die Status-quo-Leute nur selten ihre Zukunft und sie lernen auch nicht von der Vergangenheit.

Sie sagen am liebsten: »Warum das verändern, was doch läuft?« Ihr eigentliches Problem ist die Angst. Vielleicht haben sie Angst vor jedem Streß. Vielleicht denken sie bei jeder Gelegenheit, daß sie schon die Schritte desjenigen hören, der ihnen alles wegnehmen will – warum also ein Risiko eingehen, sich um etwas zu bemühen? Sie tun zwar so, als machten sie Schritte in Richtung auf ein bestimmtes Ziel hin, aber alles, was sie tun, ist von ihrer Angst vor dem Risiko geprägt.

Die Status-quo-Leute sind die geborenen »Feuerlöscher«. Sie gehen ins Büro, nur um zu sehen, ob jemand irgendwie etwas von einem Feuer weiß, das gelöscht werden muß. Wenn eine Krise entsteht, dann gelingt es ihnen häufig, ihre Persönlichkeit weiterzuentwickeln.

Die Status-quo-Leute sind diejenigen, die immer überleben – und in jeder Gesellschaft findet man fast so viele Menschen dieses Typus wie Opfertypen. Ihr wesentliches Lebensziel ist es, die Woche irgendwie zu überstehen und dann das Wochenende zu genießen. Offensichtlich ist ihre Lieblingsdevise: »Gott sei Dank – es ist Freitag.«

Träumer reden furchtbar viel, um zu erklären, warum sie nichts schaffen. Ihre Träume sind bunt und phantasievoll, aber sie werden kaum jemals wirklich aktiv. Sie verwandeln ihre Ideen niemals in konkrete Ziele, Pläne und realistische Aktivitäten.

Träumer leben im Niemandsland des schönen Scheins und des »Eines Tages werde ich . . .«. Sie haben den Kopf voller Ideen, aber es fehlt ihnen an Tatkraft und Konsequenz, sie machen ganz einfach viel Lärm um nichts.

Träumer denken sich möglicherweise einen Wirtschaftsplan aus, der den gesamten Weltmarkt verändern würde, oder sie erfinden, während sie gerade unter der Dusche stehen, eine grundlegende technische Verbesserung. Allerdings verlassen sie das Bad niemals mit der festen Absicht, wirklich etwas zu unternehmen. Träumer tragen auf ihren Schultern »andauernd die schwere Bürde ihres unausgelebten Potentials«. Ihre Lieblingsdevise beginnt mit: »Eines Tages werde ich . . .« Aber leider warten sie auf diesen Tag ihr ganzes Leben lang vergeblich.

Werde heute aktiv, nicht morgen

Ich habe selbst auch zeitweilig die Rolle des Opfers, des Status-quo-Menschen und des Träumers gespielt. Jede dieser Verhaltensweisen ist zu bestimmten Zeiten und in bestimmten Situationen möglich. Alle drei haben Millionen von Menschen in ihren Lebensmöglichkeiten behindert und frustriert. Die irreführende »Lebensweisheit«, die hinter diesen Einstellungen steht, heißt:

»Que sera, sera« war früher ein hübscher Schlager, aber es ist eine ausgesprochen armselige Lebensphilosophie.

Wenn Sie merken, daß Sie im Begriff sind, sich von solch einer gefährlichen Devise einlullen zu lassen, dann müssen Sie schnell handeln und nach der rettenden Wahrheit greifen:

Mein Schicksal bin ich selbst

Anstatt zu glauben, Sie hätten gar keine Einflußmöglichkeiten und wären vollkommen hilflos, überzeugen Sie sich lieber davon, daß Sie die Dinge selbst in der Hand haben, denn das, was sein wird, wird in der Tat zu einem großen Teil von Ihnen selbst verursacht sein. Wenn Sie das Drehbuch Ihres eigenen Lebens schreiben, dann werden Sie ein vollkommen anderes Verhalten an den Tag legen, eines, das ich »Aktion heute, nicht morgen« nennen möchte.

Ich betrachte jeden Tag als *meinen* Tag. Warum? Weil er mir von einem liebevollen Gott zu dem Zweck geschenkt wurde, um ihn so gut es geht zu genießen. Am Rand des Weges zum Scheitern und zum Fehlschlag liegt der Müll der vielen verpaßten Chancen. Der Weg zum Erfolg dagegen ist mit täglichem Optimismus gepflastert. Ich erkenne, daß eine Chance niemals an die Tür klopft, denn sie liegt in mir selbst. Chance bedeutet unter anderem, einen Weg zu finden, positiv zu denken, wenn jeder um mich herum in negative Gedanken verstrickt ist. Ein bekanntes amerikanisches Sprichwort lautet: »Gestern ist ein ungültiger Scheck und morgen ist ein Schuldschein. Nur das Heute kann man in harte Münze verwandeln.« Deshalb bedeutet jeder Tag eine neue Gelegenheit, um von der ganzen Fülle des Lebens zu profitieren.

Warum fallen einzelne Menschen in die Falle, wie Opfer, Status-quo-Leute oder Träumer zu denken? Weil es ja so verführerisch einfach ist, sich von den gegenwärtigen Umständen gefangenhalten zu lassen. Vielleicht sind diese Leute unglücklich und möchten nur allzu gerne etwas Neues erreichen, aber es scheint, als stünden sie vollkommen hilflos ihrem Schicksal gegenüber. Ich habe diese Haltung bei vielen, sehr verschiedenen Menschen in allen Bereichen des Lebens beobachtet – bei Büroleitern, Fabrikarbeitern, Hausfrauen und Vizepräsidenten. Sie erkennen nicht die potentiellen Möglichkeiten, die sich um sie herum auftun – und auch nicht die, die in ihnen selbst liegen –, und sie fühlen sich aus lauter Furcht vor einem Fehlschlag wie gelähmt. Sie haben es einfach zugelassen, daß ihr fast unerschöpfliches Potential durch Begrenzungen eingeengt wird. Sie können einfach nicht weit genug vorausschauen oder großzügig genug denken oder sich vorstellen, wohin sie gehen können, oder wo für sie ein guter Platz wäre.

Seien Sie nicht immer nur vorsichtig, sondern gehen Sie auch einmal ein Risiko ein!

Eine andere Devise, die man in diesen Tagen allerorten hören kann, ist: »Warum sollte man ein Risiko eingehen? Warum sich besonders engagieren? Es wird sowieso niemand bemerken.« Wenn Sie überhaupt ein Gefühl für Ihren inneren Wert und nur ein Fünkchen Selbstachtung haben, auch wenn Sie nur eine blasse Vorstellung hegen von ihrem ungeheuren Potential und ihren naturgegebenen Fähigkeiten, dann wird diese Art von Geschwätz bei Ihnen auf taube Ohren fallen. Sie werden sehr viel mehr Interesse für Ihren eigenen Weg zum Erfolg aufbringen – und Sie wissen, daß Ihnen eigentlich nichts Schlimmeres passieren kann, als daß Sie einen Fehlschlag erleiden.

Leben ist ein: Tu-es-mit-Gott – Tu-es-für-andere – Tu-es-für-dich-selbst-Programm!

Unsere Vorderteile, die kreative Handlungen von vornherein so häufig ersticken, liegen häufig in kleinen Redewendungen begründet, die sich allmählich in unseren Alltag eingeschlichen haben und uns alle entmutigen. Hat beispielsweise diese Woche vielleicht beim Verabschieden jemand zu Ihnen gesagt: »Passen Sie auf!« oder: »Seien Sie vorsichtig!«? Natürlich ist niemand daran interessiert, tollkühn sein Leben oder seine Knochen aufs Spiel zu setzen. Vielleicht sollte das ewige »Sei vorsichtig« in ein »Versuch es doch, du kannst es schaffen!« verwandelt werden. Wie lange ist es her, daß ein Freund sich von Ihnen mit den Worten: »Arbeite nicht zuviel!« verabschiedet hat? Wäre es vielleicht nicht besser gewesen, wenn er Ihnen gewünscht hätte: »Viel Spaß und recht viel Erfolg bei der Arbeit heute!«?

Wenn sich Menschen davor fürchten, jede Art von Risiko einzugehen, dann reden sie sich ein, daß es sie glücklich mache, vorsichtig in dem Sicherheitsnetz der alten Routine weiterzuleben. Aber sie sind natürlich nicht glücklich; sie fühlen sich einsam und gelangweilt, unzulänglich und unsicher. Sie sind sich gar nicht so sicher, daß sie wissen, was nötig ist, um Erfolg zu haben, aber sie scheinen immerhin mit Sicherheit zu wissen, wie man einen Fehlschlag vermeidet. Die Devise des risikofreien Lebens kann man in diesem Wort zusammenfassen:

Sicherheit!

Heute wird sehr viel über Sicherheit gesprochen. Wir versuchen, unsere finanzielle Zukunft mit Sparplänen, zusätzlicher Altersversorgung und allen möglichen Versicherungsverträgen abzusichern. Wir sichern unsere Häuser mit Schlössern und Alarmvorrichtungen. Aber Sie und ich wissen, daß es sehr unwahrscheinlich ist, jemals vollkommene Sicherheit zu erlangen. Der einzig sichere Mensch ist der, der mit einer Lilie in der Hand zwei Meter unter der Erde in der Horinzontalen liegt.

Passen Sie auf, wenn Sicherheit zum Hauptziel in Ihrem Leben wird, wenn Freude und Erfüllung auf ein bloßes Existenzminimum reduziert sind – auf ein Aufrechterhalten des Status quo. Im Grunde genommen riskieren Sie immer noch sehr viel, wenn Sie diese Art von vorsichtigem Leben führen. Sie riskieren es, jede Aussicht auf ein wirkliches Glück zu verlieren, denn eigentlich kennen Sie ja die Freude, die darin liegt, ein sinnvolles Ziel zu erreichen und sein Bestes zu geben – und zu wissen, daß Sie auf dem Wege sind, der Beste, der Sie sein können, zu werden.

Das Leben ist schon an sich risikoreich. Die Geburt ist ein Risiko. Es ist ein Risiko, die Straße zu überqueren. Das Leben ist voller Risiken, Krankheiten, Unfällen, Terroristen, Steuerprüfungen, Entlassungen, und Konkursen. Aber das Leben ist auch voller Möglichkeiten, die Freude bringen können – eine gute Gesundheit, Liebe, eine glückliche Familie, befriedigende Arbeit, Beförderungen, finanzieller Erfolg und Selbstverwirklichung.

Als sie Anfang Vierzig war, entschloß sich Dixie Oliver, die Frau eines lieben Freundes und Kollegen von mir, aus dem Hause zu gehen und ein Risiko auf sich zu nehmen. Zu Hause lief alles glatt, und die Kinder konnten fast für sich selbst sorgen. Sie war – und ist immer noch – eine gute Hausfrau und eine hervorragende Mutter. Aber sie hatte einen Plan.

Sie hatte in einem Kurs der Volkshochschule die Montessori-Unterrichtsmethode kennengelernt – und sie war begeistert davon. Sie schrieb sich an der Universität für ein Studium der Montessori-Pädagogik ein und widmete sich ein Jahr lang dieser Ausbildung. Ihre Begeisterung für ihr Studium bedeutete allerdings, daß sie häufig von acht Uhr morgens bis zehn oder elf Uhr nachts lernen und arbeiten mußte.

Schließlich bestand sie das Examen und begann vor einigen Jahren, ihre eigene Montessori-Schule zu eröffnen. Für ihre erste Montessori-Klasse, die aus drei kleinen Kindern bestand, konnte sie die Räume einer Kirche irgendwo in der Altstadt von Atlanta benutzen. Das Unternehmen erwies sich zunächst einmal nicht gerade als eine Goldgrube. Für die meisten der Schüler, die zuerst auf ihre Schule gingen, wurde das Schulgeld vom Staat bezahlt; die Familien konnten sich keinen teuren Schulbesuch leisten. Aber natürlich war der Profit nicht der Grund, warum Dixie die Schule eröffnet hatte.

Dixie wollte im Grunde Gott dienen, indem sie den Menschen diente. Ihr Ziel war es, Menschen zu lehren, das Beste zu geben. Für sie war das Geld nicht die Hauptsache.

Innerhalb weniger Jahre bekam die Schule schließlich einen ausgezeichneten Ruf und hat heute mehr als 90 Schüler. Das wichtigste Ergebnis von Dixies anfänglicher Risikobereitschaft ist, daß sie einen sehr positiven Einfluß auf die verschiedenen Familien hat, denen ihre kleine Schüler angehören.

Mein Freund fragte Dixie kürzlich: »Wenn es auf der Welt irgendeinen Platz gäbe, wo du gern wärest, und wenn du das tun könntest, was du gerne tun würdest – was würdest du dann tun?«

Sie lächelte, und mit einem Leuchten in den Augen antwortete sie: »Ich würde genau das tun, was ich jetzt auch tue!«

Dixie hat, genau wie die anderen, die es wagen, ein Risiko einzugehen, einen Fehlschlag zu erleiden, um schließlich doch Erfolg zu haben, die Lebensdevise »Sicherheit« durch eine andere, sehr treffende Wahrheit ersetzt:

Das eigentliche Risiko im Leben ist, nichts zu tun.

Wenn Sie sich selbst darauf beschränken, nur immer innerhalb der Grenzen dessen, was sicher und vertraut ist, zu leben, dann begrenzen Sie ganz entschieden alle Ihre Glücksmöglichkeiten. Aber wenn Sie dagegen aus der alten Routine ausbrechen und gegen Hindernisse couragiert angehen, dann öffnen Sie sich für die ganze Fülle des Lebens. Wenn Sie sich weigern, vernünftige Risiken einzugehen, um Ihren Anteil an dieser Fülle des Lebens mitzubekommen, dann gibt es niemanden außer sich selbst, den Sie dafür verantwortlich machen können.

Wer ist Ihr Sündenbock?

Im dritten Buch Mose des Alten Testaments wird ein heiliges Ritual beschrieben: Einmal im Jahr schlachtet man einen Sündenbock, um damit für die Sünden, Fehler und Fehlschläge der Israeliten zu büßen. In einer feierlichen Zeremonie führt der Hohepriester Aaron einen Ziegenbock zum Opferplatz. Dort legt er seine Hände auf den Kopf der Ziege und beichtet darüber alle Sünden des israelitischen Volkes. Durch diesen symbolischen Akt nahm dann der Bock alle Sünden auf sich.

Wir benutzen noch heute den Begriff *Sündenbock*, aber wir verweisen damit nicht auf irgendeine heilige Zeremonie. Heute gebrauchen Menschen diesen Begriff, um damit auszudrücken, wen oder was sie für ihre Probleme und Fehler verantwortlich machen. Einige Leute machen ihre Eltern zu Sündenböcken, andere beschuldigen die Regierung, die Wirtschaft, die Schulen, die Firma, in der sie arbeiten, ihre Vorgesetzten – sogar ihr Horoskop!

Anstatt daran zu arbeiten, was sich in ihnen selbst abspielt, versuchen sie die Schuld in den *Umständen* zu suchen. Es ist immer leichter und bequemer anzunehmen, daß die Antwort irgendwo anders oder bei jemand anderem liegt. Sie schreiben ihr eigenes Drama, das heißt, ihre persönliche Geschichte des Fatalismus und der Opferhaltung. Ihr Motto lautet: »Ich bin ein Opfer von Umständen, denen ich nichts entgegensetzen kann.«

Aber wenn ich irgend etwas in den letzten 20 Jahren gelernt habe, dann ist es, daß jeder die Geschichte seines Lebens weitgehend selbst schreibt. Und daß ich immer die persönliche Verantwortung für mein Verhalten übernehmen muß. Ich bin davon überzeugt, daß schon im irdischen Leben letztendlich jeder das bekommt, was er verdient hat.

Das Gesetz von Ursache und Wirkung ist so etwas wie ein Bumerang Gottes. Was man sät, wird man auch ernten. Ich habe niemals gelogen, ohne daß ich mich dadurch irgendwie selbst ins eigene Fleisch geschnitten hätte. Und ich habe niemals eine gute Tat vollbracht, die mir nicht in der Seele wohlgetan, die mir allein deshalb letztlich konkret weitergeholfen hätte.

Sie und ich sind nicht dafür verantwortlich, was »dort draußen« geschieht, was andere tun oder denken. Wir sind nur dafür verantwortlich, für welche Reaktion wir uns entscheiden. Wir können unsere eigene positive Einstellung und Haltung wählen. Die Verantwortung für sich tragen Sie. Die Verantwortung für mich trage ich selbst.

Bummelei und Verzögerung sind ein Lieblings-»Versteck«

Mir selbst passiert es auch gelegentlich, daß ich ein Verhalten an den Tag lege, durch das ich mich selbst in meinen Möglichkeiten beschneide – etwa, indem ich nach einem Sündenbock suche oder versuche, risikofrei zu leben. Zu meinen Lieblings-»Verstecken« gehören Bummelei und ein ewiges Aufschieben. Wenn ich die Dinge aufschiebe, dann tue ich niemals heute, was ich bis morgen aufschieben kann – oder vielleicht bis zur nächsten Woche. Natürlich muß ich dafür einen sehr hohen Preis bezahlen. Wenn ich alles vor mir herschiebe, dann habe ich andauernd dieses lähmende Gefühl, daß ich müde und erschöpft, immer zu spät dran bin. Ich versuche, mir einzureden, daß ich die Dinge eben nicht so wichtig nehme, daß ich meine Energien nur für einen neuen großen Vorstoß sammle. Meine Trägheit und Bummelei rationalisiere ich dann wieder mit allerlei irreführenden Devisen und Lügen. Die Wahrheit ist, daß Bummelei weder Zeit noch Energie spart, sondern daß wir dadurch vielmehr unsere Zeit und Energie verschwenden.

Eigentlich wird Bummelei durch Furcht- und Angstgefühle verursacht. Möglicherweise fürchtet man sich vor einem Fehlschlag, davor, nicht erfolgreich zu sein. Wer möchte einen Fehlschlag nicht bis zum nächsten Tag aufschieben? Vielleicht ergibt sich bis morgen, bis zur nächsten Woche oder bis zum nächsten Monat eine Veränderung. Vielleicht kommt dann der endgültige Durchbruch.

Häufig sind es vor allem die Perfektionisten, die die Dinge ewig vor sich herschieben. Sie drücken sich vor der Verantwortung – und dann stürzen sie sich Hals über Kopf in ihre Aufgabe und klagen darüber, daß sie »nicht genug Zeit« haben. Der perfektionistische Bummelant hat häufig diese oder eine ähnliche Entschuldigung: »In dem kurzen Zeitraum, der mir zur Verfügung stand, konnte ich es einfach nicht besser machen.«

Lassen Sie es nicht zu, daß Sie »unter Kanonenbeschuß« kommen

Wir sind alle ziemlich beschäftigt. Es scheint, daß wir jeden Tag eine riesige Liste von Aufgaben zu erledigen haben – wir müssen Leute treffen, Vorhaben zu Ende bringen, Briefe lesen und schreiben, telefonieren – und dann noch mehr telefonieren, um die zurückzurufen, die uns angerufen und uns eine Nachricht hinterlassen haben. Unser Leben ist oft wie ein zu voll gepackter Koffer, der an den Seiten auseinanderklafft. Es scheint, daß wir andauernd das Gefühl haben, daß wir bei weitem zuviel zu tun haben – die Amerikaner sagen: »Ich bin diese Woche so richtig unter Kanonenbeschuß.«

Als ich hörte, was es mit der Geschichte, die hinter dieser amerikanischen Redewendung steht, auf sich hat, entschloß ich mich ein für allemal, dieses Sprichwort für mein eigenes Leben zu streichen. Ich möchte gerne mehr Verantwortung übernehmen, nicht mehr bummeln und nicht mehr alles vor mir herschieben, so wie es der erste Mann tat, dessen Verhalten obige Redewendung geprägt hat.

Ich fand heraus, daß seine Geschichte sich in jenen Tagen abspielte, als es noch die wunderbaren großen Segelfregatten gab, wahrscheinlich etwa Mitte des 17. Jahrhunderts. Diese angeblich wahre Anekdote handelt von einem jungen Marineoffizier, der dafür, daß er ein Problem löst, eine Belohnung bekommt, der aber zugleich dafür bezahlen muß, daß er das Problem überhaupt erst in die Welt gesetzt hat. Nennen wir ihn hier einmal Leutnant Nobel und setzen ihn auf ein Schiff der Königlich Britischen Flotte auf seiner Route zu den Britischen Kolonien.

Die Geschichtsbücher erzählen, daß die Bewohner der Kolonien andauernd irgendwelche Rebellionen im Kopf hatten und daß dies Schiff Kanonen und Munition zur Verstärkung der Soldaten Seiner Majestät des Englischen Königs in die Kolonien bringen sollte. Leutnant Nobel war eine ganz besondere Aufgabe anvertraut worden, zu der es gehörte, daß er eine große Kanone von Portsmouth in England nach Boston in die amerikanischen Kolonien transportieren sollte. Er sollte dafür sorgen, daß die schwere Waffe sicher überführt und dem entsprechenden Mann am Bestimmungsort ausgehändigt würde.

Nach zwei Tagen auf See geriet sein Schiff in einen Sturm. Leutnant Nobel beeilte sich, die schwere Kanone an Deck festzubinden, und hatte nichts Besseres zu tun, als sofort wieder unter Deck zu laufen, um warme Kleider anzuziehen und eine heiße Suppe zu löffeln. Er redete sich ein, daß die Taue ganz sicherlich halten und daß der Sturm nicht mehr stärker werden würde.

Während Leutnant Nobel also seine heiße Suppe löffelte, rollte und schlingerte das Schiff immer heftiger. Schließlich riß ein Tau und die Kanone rumpelte über Deck. Nobel hörte, daß die Männer, die oben Wachdienst hatten, Warnschreie ausstießen und war fast gelähmt vor Entsetzen, als er das Geräusch von krachend splitterndem Holz hörte. Er sprang auf Deck und sah gerade noch, daß die Kanone auf zwei Matrosen zurollte, die sich verzweifelt bemühten, zwei ineinander verwickelte Segel glattzuzerren.

Ohne auch nur einen Moment zu zögern, warf sich Leutnant Nobel vor die schwere Kanone, und es gelang ihm tatsächlich, sie irgendwie zum Halten zu bringen, bevor sie die Matrosen erreichte. Die gewaltigen Räder der Kanone brachen ihm, als er sich davorwarf, beide Beine, aber er hatte durch seinen mutigen Einsatz schließlich die Situation doch noch gerettet.

Am nächsten Morgen sollte Leutnant Nobel auf dem hinteren Deck eine besondere Ehrung für seine Tat erhalten. Die ganze Mannschaft versammelte sich, um zu sehen, wie der Kapitän dem jungen Leutnant eine besondere Auszeichnung für seinen Heldenmut überreichte. Als der Kapitän ihm die Medaille ansteckte, erhob sich allgemeiner Jubel. Aber dieser Jubel verwandelte sich sofort in tödliches Schweigen, als der Kapitän seine Rede mit den Worten schloß: »Dafür, daß er dieses Schiff und seine Besatzung in schwere Gefahr gebracht hat, und dafür, daß er seine Pflicht vernachlässigt hat, wird Leutnant Nobel zum Tode durch Erschießen verurteilt. Das Urteil wird sofort ausgeführt.«

Die Moral der Geschichte liegt auf der Hand. Wenn Sie sehr hart oder sogar heldenhaft daran arbeiten, ein Problem zu lösen, dann brauchen Sie nicht allzu stolz auf Ihren heldenhaften Einsatz zu sein, wenn Sie es waren, der das Problem überhaupt erst geschaffen hat.

Wenn die Amerikaner heute die Redewendung »unter Kanonenbeschuß sein« gebrauchen, dann beziehen sie sich damit gewöhnlich auf Zwänge und Probleme, von denen sie meinen, daß sie sie nicht selbst geschaffen hätten. Aber häufiger als sie zugeben wollen, sind sie deshalb »unter Beschuß« oder »unter Druck«, weil sie sich vorher nicht ausreichend eingesetzt haben.

12 Fragen, mit denen Sie herausfinden können, ob Sie zu denjenigen gehören, die alles vor sich herschieben

Haben Sie das Gefühl, daß Sie ein wenig zu häufig unter Druck sind? Vielleicht bummeln Sie mehr als Ihnen bewußt ist. Hier sind ein paar Fragebn, die Ihnen vielleicht helfen können, sich selbst besser kennenzulernen:

1. Schiebe ich die schwierigen Aufgaben vor mir her oder vermeide ich schwierige Aufgaben in der Hoffnung, daß die Dinge sich ändern könnten und ich die Verantwortung von mir wegschieben kann?

2. Verschiebe ich wichtige Aufgaben, indem ich mich damit aufhalte, meinen Schreibtisch aufzuräumen, meine Akten in Ordnung zu bringen oder meine Bleistifte anzuspitzen?

3. Fürchte ich mich vor neuen Situationen oder vor jedem Risiko und jeder Veränderung?

4. Wenn ich mit einer schwierigen oder unangenehmen Situation konfrontiert werde, neige ich dann dazu, krank zu werden oder sogar Unfälle zu haben?

5. Habe ich jemals etwas so sehr verzögert oder so schlecht

gemacht, daß es schließlich jemand anders tun mußte (was ich im Grunde von Anfang an beabsichtigt hatte)?

6. Vermeide ich es, mich mit anderen auseinanderzusetzen, obwohl ich vielleicht ein sehr berechtigtes Anliegen oder eine berechtigte Beschwerde habe, oder möglicherweise eine Information, die dem anderen wirklich helfen könnte?

7. Neige ich dazu, »sie« oder »es« für meine Fehler und für meine Unfähigkeit, meine Ziele zu erreichen, verantwortlich zu machen?

8. Versuche ich, mich in Kritik oder Sarkasmus zu flüchten, um mich vor einer schwierigen oder langweiligen Aufgabe zu drücken?

9. Verschiebe ich Untersuchungen beim Arzt oder Zahnarzt, weil ich glaube, »zu viel zu tun« zu haben?

10. Bummele ich bei meiner Arbeit und entschuldige mich dafür, indem ich behaupte, sie sei »zu langweilig«?

11. Steht in dem Buch, in dem ich meine Ziele aufschreibe, sehr vieles, was ich noch nicht annähernd erreicht habe?

12. Sind die Listen, in denen ich aufschreibe, was ich unbedingt tun muß, im wesentlichen angefüllt mit Punkten, die noch nicht erledigt sind?

Einer der besten Wege heraus aus dem Gefängnis der ewigen Bummelei ist die bewußte Entscheidung, *irgend etwas* zu tun – wenn man damit auch nur einen winzigen Schritt in Richtung auf sein persönliches Ziel macht. Es gibt alle möglichen Wege, um Experimente zu machen und neues Territorium zu erforschen, ohne daß man dabei gleich seine ganze Existenz aufs Spiel setzen muß.

Wie ich Ihnen schon sagte: Der einzige Weg zum Fortschritt in Richtung auf Ihr Lebensziel ist der über den »Zahnradeffekt«: Versuch und Irrtum, und noch ein Versuch und schließlich – der Erfolg! Es gibt niemals den legendären Zustand eines andauernden und unveränderbaren Erfolgs, aber es gibt das erhebende Gefühl, daß man im Alltag etwas erreicht hat und dadurch schon auf dem Wege ist zu seinem nächsten Ziel und zum nächsten Schritt in Richtung auf mehr Erfolg.

Warum die ewigen Bummelanten Angst haben

Die wesentlichen Gründe, warum Menschen unter Druck geraten, sind Furcht und ein Mangel an Selbstvertrauen. Sie bummeln ganz einfach deshalb, weil sie Angst haben. Es sind im wesentlichen drei Befürchtungen, die Menschen dazu bringen, ewig alles vor sich herzuschieben: (1) Furcht vor dem Unbekannten, (2) Furcht vor Unterlegenheit oder davor, anderen lächerlich zu erscheinen, und (3) Furcht vor dem Erfolg.

Wir haben uns bereits mit der Furcht vor dem Unbekannten beschäftigt, als wir das Problem der Risikobereitschaft ansprachen. Die Furcht vor dem Unbekannten ist manchmal kombiniert mit der Furcht, daß man sich unterlegen fühlen oder anderen unterlegen erscheinen könnte. Diejenigen, welche immer alles vor sich herschieben, möchten häufig ihr Bestes geben, aber sie haben Angst, es nicht zu schaffen. Häufig sind sie ausgezeichnete Kritiker, die analysieren können, was andere falsch machen. Sie können erklären, warum der Umsatz in ihrer Firma zurückgeht, warum immer mehr Leute aus der Kirche austreten, und so weiter. Solche Menschen beobachten dauernd andere, die bestimmte Ziele anstreben oder die eine bestimmte Arbeit verrichten und sagen anschließend zu sich selbst: »Ich könnte das besser.«

*Hören Sie auf, über einer Sache zu brüten und wagen Sie
einfach den ersten Schritt!*

Aber die meisten Zauderer haben, vielleicht unbewußt, Angst vor dem Erfolg. Die meisten Leute (und ich meine damit auch viele Direktoren und Manager) fürchten den Erfolg, weil Erfolg zusätzliche Verantwortung bedeutet. Sie scheuen sich davor, diese Verantwortung zu übernehmen. Erfolg bedeutet, daß man anderen mit beispielhafter Tüchtigkeit vorangeht, und dazu bedarf es eines persönlichen Einsatzes und der persönlichen Risikobereitschaft. Es ist sehr verführerisch, immer an eine legendäre Sicherheit zu glauben, anstatt aus dem Dunkel herauszutreten und jetzt etwas richtig zu machen.

Qualität ist das oberste Gebot!

Seit den späten 70er Jahren sind zwei sehr wichtige, häufig gebrauchte Begriffe der amerikanischen Industrie und ihrer Werbung *Qualität* und *Qualitätskontrolle*. Die Firma Ford wurde berühmt für ihre Fernsehwerbung, in der es hieß: »Qualität ist das oberste Gebot!« Und die augenblickliche Tendenz bei Ford, trotz einer sehr harten Wettbewerbssituation immer mehr Profit zu machen, ist Beweis dafür, daß Qualität mehr ist als nur ein Werbeslogan.

Philip Crosbys Buch *Qualität ist frei: Die Kunst, eine gute Qualität zu garantieren (Quality is Free: The Art of Making Quality Certain)* hat vielen industriellen Unternehmen in den USA dabei geholfen, Hervorragendes zu produzieren.

Seine innovativen Konzepte wurden in vielen Firmen angewandt, vor allem bei ITT, wo er vierzehn Jahre lang Vizepräsident und Direktor für Qualitätskontrolle war. ITT wurde, mit seinen 350 000 Angestellten und jährlichen Umsätzen von 15 Billionen Dollar, überall in der Welt der Inbegriff für Qualität. Indem man Crosbys Ideen anwandte, reduzierte ITT ganz entscheidend die Produktionskosten, ebenso die Kosten für Service und Verwaltung. Dadurch sparte ITT im Jahre 1968 30 Millionen Dollar. Bis zum Jahre 1976 hatte die Firma durch ihn 530 Millionen Dollar gespart.

Philip Crosby begann seine Karriere im Bereich von Qualitätskontrolle und Qualitätsverbesserung als junger Techniker, und zwar, indem er Systeme zur Feuerkontrolle und Feuerbekämpfung für die B-47-Flugzeuge testete. Nachdem er vier oder fünf Jahre damit zugebracht hatte, Fehler, Irrtümer und Gleichgültigkeit zu bekämpfen, wurde ihm schließlich ein grundlegendes Prinzip bewußt, das seither immer seinen Umgang mit dem Faktor Qualität bestimmt hat: »Warum soll man soviel Zeit damit verbringen, einen Fehler herauszufinden und wieder zu reparieren, wenn man die ganze Panne von vornherein verhindern kann?« Mit anderen Worten, man müßte jedermann dahin bringen, gleich von Anfang an die Haltung einzunehmen: *Ich mache es gleich von Anfang an richtig, so wie es sein soll.*

In der heutigen Zeit beschäftigen sich große und kleine Firmen sehr intensiv mit dem Faktor Qualität. Das Konzept von »Qualität auf allen Ebenen« wurde zunächst von dem Amerikaner W. Edwards Deming in den späten vierziger Jahren entwickelt, und der Gedanke breitete sich dann von den Vereinigten Staaten nach Japan aus. Das Konzept wurde dann in Japan weiterentwickelt. Richtig populär wurde es dann in den Vereinigten Staaten in den 60er und 70er Jahren. Im Jahre 1968 veröffentlichte Patrick Townsend sein Werk »Verpflichtung zur Qualität« *(Commit to Quality),* in dem er den Gedanken von »Qualität auf allen Ebenen« vor allem in Bezug auf die menschliche Leistungsbereitschaft noch weiterentwickelte.

Es ist offensichtlich, daß sich Qualität vor allem im geschäftlichen Bereich auszahlt. Ich glaube aber, daß man auch in persönlichen Beziehungen davon profitiert, wenn man stets sein Bestes gibt. Ich habe immer sehr stark an Qualität geglaubt – daran, daß es wichtig ist, Qualitätsarbeit zu leisten, einen hervorragenden »Qualitäts«-Service zu leisten und Qualitätsprodukte und -dienstleistungen zu kaufen.

Ich möchte einmal Qualität mit einer zweiseitigen Goldmünze vergleichen. Die eine Seite bedeutet, daß man das Richtige tut – und es von Anfang an richtig macht. Dies ist der Weg, um nicht »unter Beschuß«, unter Druck zu geraten. Dadurch kann man auf wunderbare Weise Zeit sparen, Probleme vermeiden und gute persönliche Beziehungen aufbauen.

Die andere Seite der »Goldmünze Qualität« bedeutet, daß man bereit ist, Geld zu investieren in etwas, was länger hält und besser seinen Zweck erfüllt. Gewöhnlich ist die Beziehung zwischen Qualität und Kosten für ein Produkt ganz offensichtlich, aber diejenigen, die nun ein Produkt einem anderen nur wegen seines eindrucksvollen Preisschildes vorziehen, haben im Grunde nicht verstanden, worum es geht.

Es geht darum, ein Produkt wegen seiner besseren Qualität und seines höheren Wertes zu kaufen. Nehmen Sie das bessere Auto, nicht um Ihren Nachbarn zu beeindrucken, sondern weil es länger hält und weil Sie besser und sicherer damit fahren können. Kaufen Sie das handgemachte, gut verarbeitete Kleidungsstück, nicht wegen des eingenähten Zeichens, sondern weil es sich besser trägt, besser paßt und Sie besser kleidet.

Qualität macht sich bezahlt ist nicht ein Slogan, der nur für Yuppies gilt. Es ist Wahrheit, die jeden Tag aufs neue bewiesen wird. Wenn Sie einen Fallschirmsprung machen müßten, wo würden Sie dann einkaufen, um sich dafür auszurüsten? Würden sie den Fallschirm in einem Fachgeschäft oder auf dem Flohmarkt kaufen? Wenn Sie etwas kaufen müßten, von dem Ihr Leben abhängt, würden Sie dann nach einem Sonderangebot Ausschau halten, oder würden Sie sich vielmehr an einen Experten wenden, der einen guten Ruf hat, aber natürlich auch seinen Preis kostet?

Qualität bedeutet, daß Sie an einer Schnur ziehen oder auch einen Knopf drücken oder den Motor anwerfen können, und daß das, worauf Sie sich im Moment verlassen, immer und immer wieder funktionsfähig sein wird.

Um der Beste zu sein, verpflichten Sie sich vor sich selbst, immer Qualitätsarbeit zu leisten und qualitativ die höchsten Leistungen bei allem, was Sie unternehmen, anzustreben.

Ein Weg aus der Sackgasse der ewigen Bummelei

Ich habe hier einige Schritte aufgeschrieben, die Sie aus der Sackgasse der Bummelei und Verzögerung in Richtung auf Selbstaktivierung und Entschlossenheit führen sollen. Vielleicht ist es für Sie sinnvoller, nur einen oder zwei dieser Punkte gleichzeitig in Angriff zu nehmen und erst allmählich zu versuchen, alle zehn Ratschläge zu beherzigen.

1. Lassen Sie morgen früh – und in Zukunft immer – Ihren Wecker eine halbe Stunde früher klingeln. Nutzen Sie diese Zeit, um darüber nachzudenken, wie Sie am besten Ihren Tag organisieren und verbringen wollen.
2. Wiederholen Sie im Geiste immer wieder dieses Motto: Handle heute, nicht morgen! Befassen Sie sich mit jedem Brief, den Sie bekommen, nur einmal, und reservieren Sie sich für die Telefongespräche, die Sie selbst erledigen und entgegennehmen, bestimmte Tageszeiten. Ebenso sollten Sie sich für persönliche Begegnungen mit anderen Menschen bestimmte Stunden am Tage vorbehalten.
3. Wenn Menschen mit ihren Problemen zu Ihnen kommen, dann helfen Sie ihnen dabei, selbst zu einer Lö-

sung zu kommen. Fragen Sie: »Was ist der nächste Schritt« oder: »Was wünschen Sie sich als nächstes?«

4. Konzentrieren Sie alle Ihre Energie und Kraft ohne Ablenkungen auf das Hauptprojekt, an dem Sie momentan arbeiten. Beenden Sie, was Sie angefangen haben.

5. Anstatt an sich Gruppennörgelei, Selbstmitleidsorgien und einem ewigen Aufstauen von Groll und Ärger hinzugeben, suchen Sie sich irgend jemand oder irgend etwas, was Sie loben können. Anstatt dauernd nur destruktive Kritik zu äußern, seien Sie konstruktiv und hilfreich.

6. Beschränken Sie Ihren Fernsehkonsum im wesentlichen auf besondere, entweder informative oder lehrreiche Sendungen. Sehen Sie sich Nachrichtensendungen an, um allgemein informiert zu sein, aber lassen Sie nicht die letzten Nachrichten im Fernsehen zu dem Eindruck werden, mit dem Sie ins Bett gehen.

7. Machen Sie eine Liste von fünf notwendigen, aber unangenehmen Aufgaben, die Sie bisher immer vor sich hergeschoben haben. Setzen Sie sich für jede dieser Aufgaben einen Termin, an dem sie durchgeführt sein muß. Wenn Sie unangenehme Aufgaben sofort in Angriff nehmen, dann reduzieren Sie dadurch Schwierigkeiten und innere Spannungen. Es ist sehr schwierig, zu gleicher Zeit aktiv und deprimiert zu sein.

8. Suchen Sie die Begegnung mit Menschen, die Sie für sich selbst als Rollenvorbild nehmen können und von denen Sie etwas lernen können. Die produktivsten Menschen sind diejenigen, die auch aus den Erfolgen und Rückschlägen anderer lernen. Betrachten Sie sich die Lebensweise von solchen erfolgreichen Menschen, befragen Sie sie, hören Sie ihnen gut zu und finden Sie heraus, was sie so erfolgreich macht.

9. *Furcht* ist nichts anderes als eine falsche innere Einstellung und Programmierung, und *Glück haben* bedeutet

vor allem, das richtige Wissen zu haben – und auch danach zu handeln. Je mehr Informationen Sie über eine bestimmte Angelegenheit haben, vor allem über Menschen und Projekte, die erfolgreich sind, desto weniger wahrscheinlich ist es, daß Sie Ihre Entscheidungen immer vor sich herschieben.

10. Betrachten Sie Probleme als Anzeichen dafür, daß eine Veränderung stattfindet. Da der gesellschaftliche und der geschäftliche Bereich sich schnell verändern, sollten wir uns angewöhnen, Veränderungen als normal zu betrachten, und wir sollten viele der Veränderungen, die stattfinden, positiv betrachten.

Durch diese Wege zur Selbstaktivierung wird es Ihnen gelingen, Ihre Neigung zur Bummelei und zum Aufschub zu überwinden. Sie vertreiben so das Gespenst der Erfolgsangst. Und was am wichtigsten ist: Sie verbannen die gefährliche Devise des »Was kommen soll, kommt sowieso« aus Ihrem Gehirn. Sie lieben das Morgen deshalb, weil es nur einen Tag vom Heute entfernt ist. Sie wachen auf und sagen sich: »Nicht: Was kommen soll, kommt sowieso; sondern: *Ich werde es realisieren!*«

Verwandeln Sie Motivation in Motiv-Aktion

Wenn Sie einmal darüber nachdenken, dann wird Ihnen klar, daß es so etwas wie eine zukünftige Entscheidung nicht gibt. Sie werden dagegen in der Gegenwart immer wieder mit Entscheidungen konfrontiert, die einen Einfluß darauf haben, was in der Zukunft geschieht. Die Bummelanten warten nun ewig darauf, daß der richtige Moment für ihre Entscheidung kommen möge. Wenn Sie immerzu auf jenen perfekten Augenblick warten, dann werden Sie zu einem Sicherheitsfanatiker, der immer nur auf der Stelle tritt und schließlich immer tiefer in die Sackgasse der Erfolgslosigkeit gerät.

Wenn ich darauf warte, daß jeder Einwand erst entkräftet wird, dann geschieht gar nichts. Mein persönliches Motto ist deshalb: *Hör auf zu brüten und werde aktiv.* Es ist unmöglich, zu gleicher Zeit deprimiert und aktiv zu sein, dies möchte ich an dieser Stelle noch einmal betonen. Ich würde gerne das Wort *Motivation* ein wenig abwandeln in das Doppelwort: Motiv-Aktion. Damit will ich andeuten, daß ich mich verpflichte, heute aktiv zu sein und mein Bestes zu geben.

Jeder sucht heute nach neuen Wegen, um sich selbst zu motivieren. Kleine und große Firmen zahlen erstaunliche Geldsummen an Berater, die die Angestellten zu höherer Produktivität motivieren und die Verkäufer zu besseren Leistungen anspornen sollen. Ein Mensch, der motiviert ist, denkt: *Ich werde es versuchen.* Aber Motivation muß sich in Motiv-Aktion verwandeln, oder es wird gar nichts geschehen. Ein Dichter schrieb folgenden kleinen Vers:

> *Ich habe ein Vermögen ausgegeben*
> *für ein Trampolin,*
> *ein Sportrad ohne Räder zum Trainieren*
> *und eine Rudermaschine.*
> *Es gibt viele kleine Meßgeräte,*
> *um meinen Puls zu messen, und Meßgeräte,*
> *die beweisen sollen, daß*
> *ich Fortschritte mache.*
> *Aber gestern hab' ich mein altes Fahrrad genommen,*
> *bin losgefahren und endlich vorangekommen!*

Das alte Fahrrad, das auch Sie schließlich vorwärtsbringen wird, ist Motiv-Aktion. Probieren Sie es doch einmal aus!

Parabel für Zauderer:

Diese Geschichte handelt von vier Leuten. Sie hießen *Jeder,*
Irgendjemand, Irgendeiner und *Niemand.* Eines Tages war
eine wichtige Arbeit zu erledigen, und *Jeder* war sicher, daß
Irgendjemand sie erledigen würde. *Irgendeiner* hätte sie
machen können, aber *Niemand* tat es. *Irgendjemand* wurde
wütend darüber, denn es war eine Arbeit, die eigentlich *Je-*
der hätte erledigen können. *Jeder* dachte, daß *Irgendeiner*
die Arbeit schon tun würde, aber *niemand* wurde klar, daß
keiner sie tatsächlich in Angriff nahm. Es endete damit, daß
Jeder Irgendjemand dafür verantwortlich machte, daß eine
Arbeit, die eigentlich alle hätten tun können, von *Niemand*
gemacht wurde.

9. Enthusiasmus, Übung und Hartnäckigkeit

»Frisch gewagt ist halb gewonnen«, sagt man – aber was ist mit der anderen Hälfte? Vielleicht ist es am allerhärtesten, sich selbst dazu zu zwingen, weiterzumachen, wenn irgend etwas nicht klappt, wenn aus allen Richtungen Schwierigkeiten und Frustrationen entstehen.

Eine Erfolgsgeschichte von Patti Benedict, die in Jackson, einer Kleinstadt im US-Staat Mississippi, wohnt, gibt ein ausgezeichnetes Beispiel für Selbstdisziplin. Sie hatte mir einen Brief geschrieben, in dem sie zu Anfang sagte, daß sie einige meiner Prinzipien mit großem Erfolg angewandt hatte. Dann erzählte sie mir ihre Geschichte voller Mißerfolge und Irrtümer, die aber schließlich doch gut ausging:

An einem Maitag, während wir mit unseren Fahrrädern durch ein elegantes Gartenviertel radelten, kamen mein Begleiter und ich an einem Haus vorbei, das niemand zu bewohnen schien. Als wir es uns näher ansahen, entdeckten wir, daß das obere Stockwerk nach hinten hinaus durch ein Feuer zerstört worden war; von der Straße aus hatte man den Schaden nicht sehen können. Als wir in das Haus hineingingen, sahen wir, daß das Innere verkohlt und rauchgeschwärzt war; der Holzfußboden war gänzlich ruiniert. Mein Begleiter meinte: »Weißt du, ein paar Leute, die wirklich Spaß daran hätten, könnten dieses Haus wunderbar restaurieren.«

Seine Augen glänzten. Wir hatten schon früher im Büro gemeinsam Projekte bearbeitet. Mein Freund hatte natürlich keine Ahnung, daß er eine meiner frühesten Kindheitssehnsüchte angesprochen hatte – nämlich ein Haus zu restaurieren. Ich wußte, daß es durchführbar war.

Am nächsten Tag schon hatte ich die Eigentümer dieses

Besitztums ausgemacht, und jetzt begannen mein Freund Robert und ich eine fruchtbare Zusammenarbeit – wir hatten das schon früher bei anderen gemeinsamen Projekten erprobt. Er übernahm die Verhandlungen mit den Eigentümern – und ich die mit den Bankleuten. Ich fühlte mich wie beflügelt von unserem Vorhaben.

Zuerst jedoch mußten wir sozusagen unsere Hausaufgaben erledigen. Die Versicherungen mußten Gutachten abgeben, wir mußten Fotos machen, das Ganze schätzen lassen – schnell entstand eine dicke Akte. (Ich muß sagen, daß unsere Freunde schon jetzt begannen, uns für »verrückt« zu erklären.)

Der erste Bankangestellte, mit dem ich mich unterhielt, sagte mir, daß er erstaunt darüber wäre, was ich alles über diesen Besitz herausgefunden hatte. (Er fragte mich, ob ich Makler wäre!) Ich hatte auf jede Frage, die er mir stellte, eine präzise Antwort. Für jeden Raum des Gebäudes legte ich ihm meine Berechnungen vor: über den Arbeitsaufwand, die geschätzten Kosten, den Arbeitsplan, die Geldmittel, die man dafür zur Verfügung hatte – und die, die man noch brauchte. Er sagte mir: »Ich habe hier noch mit niemanden gesprochen, der so gut vorbereitet gewesen wäre!«

Es tat ihm aufrichtig leid, daß seine Vorgesetzten, als sie das Haus sahen, das Projekt als »zu riskant« bezeichneten und einen Rückzieher machten. Er riet mir, nicht aufzugeben, und gab mir die Adresse einer anderen Bank, bei der man sich sehr gut im Bereich Haus und Grundstück auskannte. Unerschrocken setzte ich mich mit dem Kreditsachbearbeiter dieses Instituts in Verbindung und beschrieb das Projekt. Auch er sagte mir, daß ihn das, was ich ihm vortrug, sehr beeindruckte. Nach nur fünf Minuten gab er mir eine vorläufige Zusicherung.

Aber ich mußte noch einen zweiten Rückschlag hinnehmen: Auch als die Kollegen und Vorgesetzten dieses Mannes das Haus sahen, bekamen sie kalte Füße. Aber dieser

Bankkaufmann selbst hatte Vertrauen in meinen Plan und sagte mir, ich könnte auf jeden Fall dann den Kredit bekommen, wenn ich solange mein eigenes Haus als Sicherheit zur Verfügung stellen würde.

Ich zögerte keine Sekunde. Es war eine wirklich tolle Erfahrung, mit 32 Jahren als alleinstehende, geschiedene Frau ein Projekt mit einem solchen Umfang in Angriff zu nehmen – und zu gewinnen!

Meine Freunde und viele andere Leute sagten mir, die ganze Sache sei unmöglich. Das Haus könne man nur noch verschrotten. Wir seien völlig verrückt, etwas Derartiges zu unternehmen. Trotzdem begannen wir mit der Arbeit. Jeder, der uns sah, schüttelte nur den Kopf. Wir arbeiteten trotzdem weiter. In weniger als einem Monat hatten wir alles, was kaputt und erneuerungsbedürftig war, herausgerissen. Die Leute sagten: »Vielleicht ist es doch möglich, aber es ist so furchtbar viel Arbeit!«

Keiner durchschaute, daß mir das Haus wie eine Parallele zu meinem Leben vor einem Jahr erschien. Es schien völlig heruntergekommen und anscheinend in so schlechtem Zustand, daß sich der Versuch, es wieder zu reparieren und wieder aufzubauen, überhaupt nicht zu lohnen schien. Ich allerdings wagte diesen Versuch dennoch und baute aus meinem Leben wieder etwas Wunderbares und Schönes auf. Wir machten also weiter.

Der Teil, von dem behauptet wurde, daß er überhaupt nicht zu restaurieren wäre, ist nun fertiggestellt. Nächste Woche kommen die Schindeln aufs Dach. Alles andere – die Isolations- und Installationsarbeiten beispielsweise – müssen auch bei jedem anderen Hausbau gemacht werden.

Jetzt sagen die Leute: »Mein Gott, das ist wirklich erstaunlich.« Es ist tatsächlich in gewisser Weise erstaunlich – und dann auch wieder nicht. Wir haben an das Haus, an uns selbst und aneinander geglaubt. Und einige Dinge haben wir, während wir zusammen Tag für Tag und Nacht für

Nacht an diesem Projekt arbeiteten, auch gelernt, die uns sonst wohl gar nicht klar geworden wären. Wenn das Haus fertig ist, dann wird es unser Hochzeitsgeschenk sein – am 15. November dieses Jahres. Vielleicht sollten wir es »Das Haus, das die Liebe gebaut hat« nennen.

Ohne Selbstdisziplin geht gar nichts

Patti schloß ihren Brief mit einigen Fotos von dem Haus und einigen wichtigen Zahlen. Als »das Haus, das die Liebe gebaut hat« fertig war, wurde sein Wert auf 140 000 Dollar geschätzt, und es war nur noch mit 70 000 Dollar belastet. In ihrem Brief nannte Patti dies eine »Doppel-Gewinn-Situation«!

Ich war mit ihr völlig einer Meinung. Pattis Traum verwandelte sich in ein Ziel, das sie mit leidenschaftlichem Enthusiasmus verfolgte. Und zu ihrer Leidenschaft kamen Selbstdisziplin und Hartnäckigkeit – nur so konnte sie schließlich ihren Traum realisieren.

In meinen Seminaren betone ich immer wieder, daß Selbstdisziplin Sie dazu zwingen wird, sich nicht nur in Worten, sondern in Ihren Taten anzustrengen. Selbstdisziplin beginnt dort, wo Beteuerungen und Lippenbekenntnisse enden. Alle anderen guten Eigenschaften, die Sie vielleicht zum Erfolg führen, sind ohne ein leidenschaftliches Bekenntnis zur Selbstdisziplin absolut wertlos.

Alles, was ich bis jetzt in diesem Buch erörtert habe, ist für jeden, der der Beste sein möchte, außerordentlich wichtig. Wir haben bestimmte schädliche und irreführende Vorstellungen und Leitsätze über unseren Wert, unsere Integrität, über unsere natürlichen Fähigkeiten und über unsere Möglichkeiten ad absurdum geführt. Wir haben darüber gesprochen, daß es notwendig ist, etwas Sinnvolles anzustreben und dies stets vor Augen zu haben, daß man meßbare Ziele haben sollte und daß es notwendig ist, beim Anstreben dieser Ziele aktiv zu sein. Aber selbst wenn wir uns alle diese Regeln zu eigen machen, haben wir es doch noch nicht geschafft. Um es schaffen zu können, brauchen wir vor allem Selbstdisziplin.

Das Setzen von Prioritäten nach dem Prinzip AVK

Ich habe sehr viele Leute gekannt, die sehr diszipliniert zu sein scheinen. Sie setzen sich eine Fülle von Zielen und hasten voller Aktivität hin und her, aber sie schaffen nie besonders viel. Der, der sein Leben damit verschwendet, nur wenig zustande zu bringen, ist in der Tat eine tragische Figur.

Wie also schafft man es, etwas wirklich zustande zu bringen – etwas, was von Bedeutung ist? Sie müssen sich nur immer wieder selbst prüfen, um sicherzugehen, daß Sie nicht nur die Dinge richtig machen, sondern daß Sie auch immer die richtigen Dinge zur richtigen Zeit tun. Mit anderen Worten, Sie müssen immer wieder Ihre Prioritäten festlegen, überprüfen, einschätzen und vielleicht aufs neue festlegen.

Das Thema Prioritäten ist schon häufig erörtert worden. Alle Seminare, die sich mit dem Thema Erfolg befassen, betonen, wie wichtig es ist, Prioritäten zu setzen, um bestimmte Ziele erreichen zu können, und sie schlagen alle möglichen Systeme und Wege vor, um zu zeigen, wie man das macht. In meinen Seminaren erläutere ich immer ein Prinzip, das ich für besonders nützlich halte. Ich habe es einfach AVK genannt, und es geht so: Ich habe in meinem Notizbuch drei Karten mit Prioritätenlisten. Diese Karten sind überschrieben mit den Buchstaben A, V und K für: »Aktion sofort«, »Vor dem Wochenende«, und: »Kann warten.« Ich helfe mir auch gerne mit Farbsymbolik: Rot für »dringend«, Gelb für »diese Woche«, Blau für »diesen Monat« und Grün für »wenn ich Zeit habe«. Ich mache mir deutlich bewußt, was mich davon abhält, die augenblicklich wichtigsten Aufgaben zu Ende zu bringen. Und wenn es notwendig ist, dann ordne ich meinen persönlichen Aktionsplan neu, um wirklich positive Schritte zu unternehmen, mich von Zerstreuungen zu befreien und mich voll auf das, was wirklich wichtig ist, zu konzentrieren.

Sie haben es schon erkannt: Mein AVK-System ist nichts anderes als eine etwas geordnete Liste von Dingen, die zu erledigen sind. Wenn Sie selbst noch kein eigenes System entwickelt haben, dann sollten Sie vielleicht einmal versuchen, dies oder etwas Ähnliches auszuprobieren, um sich der eigentlichen Prioritäten in Ihrem Leben immer wieder bewußt zu werden. Aber wodurch gewinnt eine Aufgabe für Sie Priorität? Um das zu erkennen, müssen Sie durchschauen, auf welche Weise Sie Ihre Gewohnheiten entwickkeln.

Was ist eine Gewohnheit?

In meinem Buch »Seeds of Greatness« habe ich die wichtige Rolle des Unterbewußtseins beschrieben. Das Unterbewußtsein ist die Wache, die dafür verantwortlich ist, alle Reize, die auf Sie einwirken, zu filtern – seien dies nun visuelle oder akustische Eindrücke, Gerüche oder Berührungen. Mit anderen Worten, das Unterbewußtsein ist letztlich die Instanz die wirklich Ihre Prioritäten und Ihre Listen von Unerledigtem kontrolliert.

Ist Ihr Unterbewußtsein nun ein Despot, der Ihr Leben kontrolliert und von dem Sie mehr oder weniger tyrannisiert werden? Keineswegs! Ihr unterbewußtsein ist vielmehr ein sehr gehorsamer Sklave – Ihr Roboter, wenn Sie so wollen. Die Frage, die eigentlich zählt, ist: Was soll Ihr Unterbewußtsdein für Sie tun?

Gehen Sie besser sicher, daß Sie das selbst ganz genau wissen, denn es hat die ganz unheimliche Fähigkeit, nur das zu machen, *was Ihnen wirklich wichtig ist.*

Ihr Unterbewußtsein hat tausenderlei Möglichkeiten, um aktiv zu werden. Nehmen wir beispielsweise einmal an, Sie ziehen in eine neue Wohnung in der Nähe des Flughafens oder ganz in die Nähe der Autobahn oder Eisenbahn um. Eine Zeitlang – ein paar Tage lang oder auch ein paar Wochen – scheint es so, als würden Sie nie wieder eine Nacht ruhig durchschlafen können. Aber dann geschieht etwas Seltsames. Der Lärm hört auf, Sie zu stören. Sie schlafen das erste Mal eine ganze Nacht lang durch. Schließlich nehmen Sie gar keine störenden Geräusche mehr wahr. Wenn Freunde auf einen Besuch vorbeikommen, dann fragen diese Freunde vielleicht: »Wie kannst du es hier bloß aushalten? Ich kann nicht einmal einen klaren Gedanken fassen!«

»Wieso aushalten?« fragen Sie dann vielleicht. Und es wird Ihnen plötzlich klar, daß die Freunde den Lärm der Flugzeuge über Ihrem Kopf oder den Verkehr, der am Fenster vorbeidonnert, meinen. »Ach so«, sagen Sie dann möglicherweise. »Ich nehme an, ich habe mich eben daran gewöhnt.«

Wenn Sie sich nämlich einmal entschlossen haben, in Ihrer neuen Wohnung zu leben, dann ermöglicht Ihnen Ihr Unterbewußtsein, sich an den Lärm zu gewöhnen. Dort zu leben wurde zu Ihrer eigentlichen Priorität. Sie hatten dort genug Platz, Ihr Arbeitsplatz ist ganz in der Nähe, die Wohnung liegt in der Nähe eines Freundes – was auch immer der Grund gewesen sein mag, für Sie war der Entschluß, in eben dieser Wohnung leben zu wollen, wichtiger als die Störung durch den Lärm. Und nachdem Ihr Unterbewußtsein überzeugt war, daß Sie selbst hinter diesem bestimmten Plan stehen, hat es den Lärm für Sie gefiltert, und Sie haben »nichts mehr gehört«.

Ihr Unterbewußtsein akzeptiert positiven, aber auch negativen Input

Sie selbst tragen die Verantwortung für Ihr Unterbewußtsein. Es akzeptiert negativen oder positiven Input, und das einzige, worum es sich sozusagen kümmert, ist die Wichtigkeit dieses Inputs für Sie selbst.

Kennen Sie jemanden, bei dem anscheinend dauernd alles schiefgeht oder der ständig Unfälle hat? Wenn ja, dann haben Sie sicherlich diese oder eine ähnliche Erklärung von ihm gehört: »Wahrscheinlich habe ich einfach Pech«, oder: »Es ist wahrscheinlich Schicksal«, oder: »Ich bin wohl einfach ein Trampeltier«.

Das Unterbewußtsein eines solchen Menschen würde dann sagen: »Quatsch! Es ist nur einfach ein bestimmtes Programm, das du mir eingegeben hast. Du hast mir ganz präzise Anweisungen gegeben, alle positiven Gedanken, die dir zum Erfolg verhelfen könnten, auszuschalten, und du wünschst dir im Grunde, daß ich all das Negative vorbeilasse, das du angeblich zu vermeiden versuchst.«

Aber auch das Umgekehrte kann geschehen. Das Unterbewußtsein kann darauf programmiert werden, sich auf den Erfolg und nicht auf Fehlschläge einzustellen. Wenn jemand morgens um fünf Uhr aufwachen möchte, um einen schönen Angelausflug zu machen, dann wird das Unterbewußtsein dafür sorgen, daß er auch ohne Weckergerassel und ohne Weckradio aufwacht.

Es ist der Grund dafür, daß einige Leute andauernd Fehlschläge erleiden und andere erfolgreich sind. Es erklärt, warum einige Leute in jedem Lösungsvorschlag ein Problem sehen, während andere für jedes Problem einen Lösungsvorschlag haben.

Seien Sie sich klar darüber, daß Ihr Unterwußtsein nicht daran interessiert ist, was Sie anderen erzählen, um einen bestimmten Eindruck hervorzurufen, um sich zu verteidigen oder eine Entschuldigung anzubieten. Es interessiert sich dafür, was Ihnen wirklich wichtig ist – *und es weiß das ganz genau.* Welche Vorstellung beherrscht Ihre Gedanken? Was auch immer das sein mag, Ihr Unterbewußtsein wird Sie in die Richtung führen – so sicher, wie der Mississippi in den Golf von Mexiko mündet.

Mein Unterbewußtsein wurde zum »Bootaholic«

Ich weiß, wovon ich rede, denn vor fast zwanzig Jahren war ich ein williges Opfer meines Unterbewußtsein. An einem Samstagnachmittag schlendert ich mit meiner Familie am Kai des Hafens an der Bucht von San Diego entlang und fühlte mich fasziniert von den Segelyachten und den großen Kreuzern, die dort vor Anker lagen. »Das ist ja einfach ganz toll«, dachte ich. »Das ist das ideale Leben! Wir könnten an Bord unseres eigenen Schiffes leben. Ich könnte mein ganzes Büro aufs Schiff verlegen und die Hälfte der Yacht als Geschäftsunkosten abschreiben. Vielleicht könnten die Kinder alle kleine Jobs irgendwo im Hafen oder auf der Werft bekommen, so daß wir den Kredit leichter zurückzahlen können.« Mein Kopf schien fast zu platzen, so viele fantastische Gedanken blähten sich darin auf!

Damals war mir noch nicht klar, daß mein Unterbewußtsein ebenfalls zuhörte, die Informationen aufnahm und verarbeitete. Als wir heimkamen, ließ es mich in die »Schiffsverkäufe«-Spalte in der Zeitung blicken. Den Gedanken, eine teure größere Motoryacht zu kaufen, nahm ich selbst nicht ganz ernst, aber mein Unterbewußtsein unterstrich seltsamerweise verschiedene Anzeigen mit einem roten Filzstift. »Das ist doch lächerlich«, stöhnte ich, »ich kann mir nicht einmal ein kleines Fischerboot leisten und bin dabei, Anzeigen von riesigen Segelyachten auszuschneiden.« Mein Unterbewußtsein hörte meinem Gejammer überhaupt nicht zu.

Es beschäftigte sich damit, sich den unendlichen, glasklaren Ozean vorzustellen, dazu eine kühle Brise und einen Liegestuhl.

Für den darauffolgenden Samstag hatte ich mir eigentlich vorgenommen, den Rasen zu mähen, die Hecke zu schneiden und die Garage zu säubern. Aber statt dessen bewirkte mein Unterbewußtsein, daß ich zum Hafen fuhr – und zwar ohne meine Familie – und eine Demonstrationsfahrt mit einem professionellen Yachtenmakler unternahm. Das Unterbewußtsein des Maklers war offensichtlich darauf programmiert, mir das größte Boot der Welt zu verkaufen. Alles, woran ich mich erinnern kann, war, daß der Verkäufer mir sagte: »Setzen Sie doch einfach mal die Kapitänsmütze auf, stellen Sie sich hinter das Steuer – und dann los!«

Wie sollte ich nur meiner Frau erklären, daß ich mich aufgemacht hatte, um eine neue Heckenschere zu kaufen, und daß ich nun zurückkam als Besitzer eines 70 Fuß langen Motorkreuzers mit Dieselmotor, einer Waschmaschine mit Trockner, einem Farbfernsehgerät, einer Suite von teakholzgetäfelten Schlafzimmern und einem Konferenztisch aus Rosenholz?

Aber genau das war geschehen. Ich war plötzlich der stolze Besitzer von *Minnie Lee*, einem wunderbaren, 70 Fuß langen britischen Torpedoboot, das zu einem Ozeankreuzer umgerüstet worden war. Bevor sich meine Familie überhaupt von dem absoluten Schockzustand erholen konnte, hißten ich, mein Unterbewußtsein und ein paar andere abenteuerlustige Männer die Segel in Richtung auf Costa Rica, um die Silberminen zu erschließen, die als »Schatz von San Martin« bekannt geworden sind.

Als wir, vorbei an El Salvador, in Richtung auf die Kokosinseln zusteuerten, ein paar hundert Meilen weg von der Küste von Puntarena, Costa Rica, da wurde ich plötzlich von Reue- und Schuldgefühlen überflutet. »Was in aller Welt mache ich hier, auf dieser verrückten Don-Quixote-Fahrt?«

Plötzlich setzte ich mich voller Schrecken urplötzlich in meiner Hängematte auf – so ruckartig, daß ich fast über Bord gegangen wäre. Plötzlich schrie eine Stimme in mir: *»Wie soll ich das bloß Alles bezahlen?«* –, und zwar so laut, daß auch mein Unterbewußtsein aufmerksam wurde. Nüchtern und sachlich erwiderte es: *»Ich brauche doch nicht für deine Pläne zu bezahlen. Ich bin nur derjenige, der sie für dich realisiert. Du mußt dir überlegen, wie Du dafür bezahlen willst.«* Und mein Unterbewußtsein machte sich wieder daran, über den sagenumwobenen *Schatz von San Martin* nachzudenken.

Bevor wir noch an der Kokosinsel ankamen, hatten wir kein Geld und auch keine freie Zeit mehr. Wir gingen also in Costa Rica vor Anker, wo einige ziemlich skrupellose Einheimische plötzlich in unser Schiff eindrangen und drohten, es zu konfiszieren, wenn wir nicht ein »Platzgeld« von 20 000 Dollar zahlten. Schließlich kam uns die costaricanische Armee zur Hilfe, und am nächsten Morgen waren wir immerhin in der Lage, wieder nach Norden und heimwärts zu segeln. Sobald wir wieder vor unserem Ankerplatz beim Islandia Hotel in der Bucht von San Diego lagen, klebten wir ein großes Schild »Zu verkaufen« an die *Minnie Lee*. Gott sei Dank wurde sie tatsächlich bald gekauft – nämlich von einem Millionär, dessen finanzielle Situation in etwa mit den Plänen seines Unterbewußtseins in Einklang stand.

Was auch Sie aus diesem recht bizarren, aber wahren Ereignis lernten können, ist, daß Ihr Unterbewußtsein Sie immer in die Richtung der Gedanken führen wird, von denen Ihr Geist beherrscht wird, gleichgültig, ob diese Pläne und Gedanken nun wirklich gut für Sie sind, ob Sie sich ein bestimmtes Projekt finanziell leisten können oder nicht. Wenn Sie Ihren Gedanken erlauben, irgendeine Sache als wichtig einzustufen, dann wird sich das auf die eine oder andere Weise manifestieren. Ich gebe Ihnen mein Wort, daß es wirklich so ist!

Legen Sie nicht einfach Ihre schlechten Gewohnheiten ab – ersetzen Sie sie durch bessere!

Es gibt noch andere (falsche) Leitsätze, die jedermann für wahr hält, etwa, es wäre notwendig, eine schlechte Gewohnheit (etwa zu rauchen oder zu viel zu essen) abzulegen. Und zugleich hat man dann im Hinterkopf die Vorstellung, daß die Gewohnheit eben doch so stark ist, daß man in Wirklichkeit nicht davon loskommt.

In Wahrheit legt man eine schlechte Gewohnheit überhaupt nicht ab, sondern ersetzt sie vielmehr durch eine gute. Anstatt Ihrem Unterbewußtsein einzuprogrammieren, was Sie nicht sein oder nicht tun wollen (»Ich will nicht mehr zu viel essen.« – »Ich will aufhören zu rauchen.«), sollten Sie ihm vielmehr folgendes Programm anbieten: »Ich komme jetzt dadurch in Form, daß ich meinem Körper die richtigen Dinge zuführe.« – »Eigentlich bin ich ja eine 40er Größe, und in zwei Monaten werde ich dann auch in die richtige Kleidung passen!«

Was ist Ihr Ziel? Der einzige Weg, es zu erreichen, ist, das angestrebte Verhalten zu einem Teil Ihres Lebens zu machen – das heißt, es muß für Sie zur Routine werden. Möchten Sie beim Tennis einen besseren Vorhandschlag haben? Versuchen Sie, die richtigen Instruktionen zu bekommen, und trainieren Sie dann immer wieder Ihre Vorhandschläge.

Übung macht den Meister

Ich liebe die Geschichte von dem jungen Violinspieler, der, seinen Violinkasten unter dem Arm, zum Taxistand stürzte und keuchte: »Schnell! Wie komme ich zur Carnegie-Konzerthalle?«

Der Taxifahrer musterte ihn und seinen Violinkasten

prüfend und sagte dann: »Durch Übung, Mann, nur durch Übung.«

Was ist Ihre Carnegie-Konzerthalle? In welche Richtung wollen Sie gehen? Welche Anstrengungen und Übungen machen Sie, um dorthin zu gelangen? Welche Gewohnheiten machen Sie sich zu eigen?

Vielleicht beobachten Sie irgendwann einmal, wie jemand etwas besonders gut macht. Vielleicht sehen Sie es im Fernsehen oder in einem Film, oder Sie beobachten es auf einer Party oder im Büro. Was Sie sehen, gefällt Ihnen, und Sie möchten es auch machen. Oder vielleicht möchten Sie dadurch zu einer bestimmten Gruppe gehören, weil es in ihr »jeder macht«. So beginnen Sie, nachzuahmen und zu imitieren, und allmählich erwächst aus vielen einzelnen ähnlichen Gedanken und Handlungen eine Gewohnheit, die allmählich so stark wird wie ein Stahlseil, das Ihnen entweder Stärke geben oder Sie fesseln kann.

Jeder lernt auf dieselbe Weise: Durch Beobachtung, Nachahmung und Wiederholung. Schädliche Gewohnheiten wie lieblose Selbstkritik, Rauchen, unmäßiges Trinken und Essen, Faulheit, Depressionen, Unpünktlichkeit und Gefühllosigkeit werden gelernt und entwickeln sich durch andauernde Übung zu Charakterzügen.

Und ebenso sind auch hilfreiche und erfolgreiche Gewohnheiten, wie eine hohe Selbstachtung, die Kontrolle von Genußmitteln, eine gesunde Ernährung, Hingabe an und Enthusiasmus für eine gute Sache, Verläßlichkeit und Mitgefühl für andere einmal gelernt und verinnerlicht worden, und sie werden durch andauernde Übung erhalten. Eine positive Sichtweise eines Problems wird sehr viel eher zum Erfolg führen als eine negative Sichtweise. Es ist sehr viel leichter, mit etwas Neuem zu beginnen, als mit etwas, was einem schon seit langer Zeit zur Gewohnheit geworden ist, aufzuhören.

Nehmen wir einmal an, Sie seien ein starker Raucher und

221

wollen endlich damit aufhören, weil Sie sicher sind, daß Nichtraucher ein gesünderes Leben führen. Probieren Sie also folgendes Programm aus:

1. Malen Sie sich aus, wie gut es für Sie ist, mit einer sauberen Lunge und mit einem gesünderen Herzen zu leben.
2. Machen Sie einen Raucher-Entwöhnungskurs.
3. Legen Sie dorthin, wo immer Ihre Zigaretten lagen, Kaugummi oder Pfefferminz ohne Zucker – ins Auto, in Ihre Schreibtischschublade, in Ihre Tasche oder wohin auch immer.
4. Machen Sie sich bewußt, daß Sie ab sofort eine neue Gewohnheit haben: Sie greifen nach einem Kaugummi oder einem Pfefferminzbonbon, Sie wickeln es aus, und Sie stecken es in Ihren Mund.
5. Schreiben Sie das Drehbuch Ihrer neuen Lebensgewohnheiten und wiederholen Sie es recht häufig. Schreiben Sie beispielsweise:« Ich kontrolliere meine Gewohnheiten und meine Gesundheit ... Ich halte mich für die täglichen Aufgaben fit ... Meine Lungen sind sauber und stark ... Ich atme nur frische Luft ein ... Meine Kraft und mein Durchhaltevermögen wachsen ... Die gesunden Mahlzeiten, die ich esse, schmecken jetzt sogar noch besser.«
6. Hören Sie sich Kassetten an, die Sie mit einem guten Anti-Raucher-Programm unterstützen.
7. Begeben Sie sich in öffentlichen Verkehrsmitteln und im Büro in die Nichtraucherzonen.
8. Genießen Sie die neue Klarheit, die Ihnen das Nichtrauchen bringt.
9. Umgeben Sie sich mit Nichtrauchern.
10. Genießen Sie den intensiveren Geruchs- und Tastsinn, die bessere Gesundheit und das bessere Aussehen, das das Nicht-Rauchen mit sich bringt.

In Wahrheit legen Sie als eine schlechte Gewohnheit nicht einfach ab, sondern ersetzen sie vielmehr durch eine neue!

Indem Sie die zehn Schritte einüben, die ich hier skizziert habe, wenden Sie ein grundlegendes Prinzip an: Es ist schwierig, zwei Dinge zur selben Zeit zu tun. Anstatt mit Ihrer alten Gewohnheit des Rauchens einfach weiterzumachen, *ersetzen Sie sie durch eine neue, bessere Gewohnheit.* Während Sie sich mit neuen Handlungsweisen und Einstellungen befassen, überlagern und ersetzen diese Einstellungen Ihre alten Gewohnheiten. Bei allen diesen neuen Aktivitäten, die Sie entwickelt haben, werden Sie schließlich für Ihre alten, schlechten Gewohnheiten gar keine Zeit haben. Häufig sagen die Leute, sie wollten von heute auf morgen eine schlechte, alte Gewohnheit ablegen. Ich finde es besser, davon zu reden, sich von heute auf morgen eine bessere, neue Gewohnheit anzueignen.

Jeder, der jemals irgend etwas erreicht hat, weiß, wie wichtig Übung ist. Wir alle üben jeden Tag auf die eine oder andere Weise. Das Problem ist nur, daß die meisten von uns ihre Zeit mit dem Einüben von schlechten und nicht von guten Gewohnheiten verbringen.

Es hat viele Jahre gedauert, bis ich es geschafft habe, jeden Tag zu beten und dem Herrn für all die Segnungen, die er mir und meiner Familie zukommen läßt, zu danken. Neben den Tischgebeten und den Gottesdiensten in der Kirche bete ich jeden Abend und jeden Morgen zu regelmäßigen Zeiten. Sogar Beten kann also zu einer (guten) Gewohnheit werden.

Selbstdisziplin bedeutet, etwas im Geiste zu tun und es zugleich Wirklichkeit werden zu lassen

Die besten Schauspieler und Schauspielerinnen vertrauen nicht auf das Glück, auf die Inspiration oder die Willenskraft, um ihre Rolle gut zu spielen. Sie betrachten jede einzelne Rolle als die Allerwichtigste in ihrer gesamten Laufbahn. Sie konzentrieren sich voll und ganz auf den jeweils zu spielenden Part. Sie üben immer wieder ihren Text ein. Um den Theaterzuschauern oder auch dem unbarmherzigen Auge der Kamera eine perfekt gespielte Rolle vorführen zu können, werden sie zu Experten in der Selbstdisziplin.

Ich erzähle häufig meinen Seminarteilnehmern, daß Selbstdisziplin bedeutet, etwas im Geiste zu tun und es zugleich Wirklichkeit werden zu lassen. Was genau meine ich damit? Die Antwort besteht aus zwei Teilen:

1. Etwas im Geiste zu tun bedeutet die Fähigkeit, sich geistig auf sein Ziel zu konzentrieren, während man ohne bestimmte Dinge auskommt, um eben jenes Ziel zu erreichen. Vielleicht müssen Sie auf Schlaf und Ausruhen verzichten oder auf jene entspannende Fernsehshow, die Sie eigentlich sehen möchten, oder auf jenen Eisbecher mit Früchten, den Sie so gern essen würden.

2. Aber während Sie im Geiste irgend etwas tun, werden Sie es schließlich schaffen, es auch Wirklichkeit werden zu lassen.

Alle vier Jahre sehen wir die Sportler bei den Olympischen Spielen, die uns vor Augen führen, wie man mit fortwährender Übung gute Gewohnheiten entwickelt. Einer der Schlüssel zu ihrem Erfolg ist ihre Fähigkeit, sich auf das zu konzentrieren, was sie erreichen und werden wollen – der beste Läufer oder Schwimmer oder Turner oder was auch immer. Bevor sie mit enormer Geschicklichkeit und Stärke mit anderen in einen Wettkampf eintreten können, müssen sie geistig simulieren, wie man es in der richtigen Weise tut – und dann müssen sie immer wieder üben.

Möchten Sie auch der Beste sein? – Das Geheimnis des Erfolgs ist es, sich in einer perfekten Technik zu üben. Dies können Sie bei einem Trainer oder Lehrer tun, der nachgewiesenermaßen bereits Erfolg hatte. Und während Sie im Geiste üben, lernen Sie es, Ihre Gedanken zu disziplinieren und neue Gewohnheiten zu entwickeln.

Wie Gene Littler zu seinem perfekten Golfschlag kam

Zu Zeiten, als ich noch ein schmächtiger kleiner Gymnasiast war, verdiente ich mir häufig als Golf-Caddy ein wenig Taschengeld. Für zwei Dollar trug ich zwei Taschen über eine Strecke von 18 Golflöchern, und dann verdiente ich mir häufig noch einen weiteren Dollar dazu, indem ich die Bälle auf dem Übungsplatz einsammelte.

Ein anderer Junge, der etwas älter war als ich und auch aufs Gymnasium von La Jolla ging, sammelte keine Bälle. Er versetzte ihnen vielmehr während des Golfunterrichts, den er bei Paul Runyan (einige nannten ihn den größten Golflehrer aller Zeiten) nahm, einen kräftigen Schlag. Paul Runyan brachte Gene Littler seinen perfekten Schlag bei. Und raten Sie mal, wer manchmal Gene Littlers Golfbälle einsammelte, wenn er Hunderte davon immer eine bestimmte Strecke weit schlug?

Die ersten Male, als ich meine kleine Ledertasche nahm und Bälle für Gene einsammelte, erwartete ich, daß ich furchtbar viel hin und her laufen müßte. So war es nämlich bei den meisten Golfspielern, bei denen ich Caddy spielte. Aber schon im Alter von 13 oder 14 Jahren konnte Gene Littler den Ball mit unglaublicher Präzision treffen. Fast gelang es ihm, jene Golfbälle in meine Tasche hineinzuzielen oder immerhin nahe genug, daß ich in ein oder zwei Schritten dort war!

Die Gründe für Genes Erfolg waren einfach, aber sehr wirksam. Er hatte ein enormes natürliches Talent, er suchte sich einen ausgezeichneten Lehrer und brachte dann von sich aus sehr viel Bereitschaft zum disziplinierten Üben ein.

Kein Wunder, daß man heute von Gene Littler behauptet, er beherrsche den perfekten Golfschlag. Es war eines von Genes hauptsächlichen Zielen, sich eben jenen Schlag anzueignen – und das schaffte er nur durch andauerndes Training. Schon als er noch ein Teenager war, war er ein lebender Beweis für die Voraussetzung jeder hervorragender Leistung im Leben:

Bevor Sie das Spiel spielen, müssen Sie erst einmal die richtigen Schritte einüben!

Gene Littler lernte tatsächlich die richtigen Schritte, und er spielt das Spiel noch heute ganz hervorragend. Im Laufe seiner Karriere als professioneller Golfspieler hat er eine große Anzahl von berühmten Turnieren gewonnen. Ebenfalls blieb er im Kampf gegen den Krebs erfolgreich. Vor sieben Jahren entdeckte Gene, daß im Lymphknoten unter einem seiner Arme ein Geschwür war. Als die Chirurgen den Tumor herausschnitten, mußten sie auch etwas vom Muskelgewebe des Armes mitnehmen. Nach einer langen Zeit der Erholung und nach vielen Stunden disziplinierter Therapie nahm Gene wieder an Golfturnieren teil, zeigte seinen wunderbaren Aufschlag und gewann tatsächlich ein ganz großes Profiturnier.

Eine andere von Gene Littlers ganz großen Qualitäten ist seine Liebe und Achtung für andere Menschen. Die Prioritäten, die er sich für sein Leben gesetzt hat, gehen bei weitem über den perfekten Anschlag im Golf hinaus. Er ist einer der besten Familienväter, die ich jemals getroffen habe. Seine Freunde und Kollegen kennen ihn als Gentleman Gene Littler. Ich kenne niemanden, der in seiner Gemeinde und von seinen Kollegen mehr respektiert würde. Ich habe ihn niemals irgend etwas Arrogantes sagen hören.

Gene Littler ist das, was ich einen Mann mit einem erfüllten Leben nennen würde. Er ist ein seelisch und moralisch integrer Mann voller Selbstachtung. Er entdeckte seine potentiellen und natürlichen Talente und verfolgte seine Ziele mit beharrlicher Selbstdisziplin. Er lernte die richtigen Schritte, und dann spielte er das Spiel in hervorragender und disziplinierter Weise.

Warum einige der talentiertesten Leute
es niemals schaffen

Von einigen der talentiertesten Sänger hört man niemals ein Lied. Von einigen der talentiertesten Schriftsteller liest man niemals eine einzige Zeile. Einige der talentiertesten Sportler gewinnen niemals einen Pokal. Warum? Sie schaffen es nicht, ihre latent vorhandene Begabung wirklich zu realisieren und anzuwenden. Sie halten immer nur nach der besten Abkürzung und nach dem einfachsten Weg Ausschau. Sie glauben, sie könnten wirklich etwas erreichen, ohne dafür vorher zu üben und sich einzusetzen. Sie wollen Erfolg ohne Disziplin.

Ich habe mit einigen der glücklichsten, produktivsten Menschen der Erde gesprochen, und ich habe bei ihnen immer wieder eine gemeinsame Einstellung festgestellt: Sie genossen ihre Arbeit. Und sie hatten Spaß daran, etwas Hervorragendes zu leisten, denn Sie haben eines erkannt: Da sie die meiste Zeit ihres Erwachsenenlebens sowieso damit verbringen, zu arbeiten, können sie auch ebensogut Spaß an dieser Arbeit haben.

Viele Leute allerdings werden mißtrauisch und runzeln die Stirn, wenn sie merken, daß sich jemand für sein Geld wirklich anstrengt und einsetzt. Der drogensüchtige Popstar, wird zum Helden, während die Leute über einen kleinen Angestellten, der lange und hart arbeitet, häufig lächeln und ihn ablehnen.

Die Leute jubeln, wenn jemand beim Lotteriespiel eine Million Dollar gewinnt, aber sie haben zwiespältige Gefühle, wenn es jemand auf Grund seiner eigenen Anstrengung und Leistung zu etwas gebracht hat. Häufig fragen sie sich, ob er vielleicht doch ein paar krumme Wege gegangen ist, ob er vielleicht bloß Glück hatte oder ob ihm irgend jemand finanziell unter die Arme gegriffen hat. Auf die eine oder andere Weise lehnen sie ihn deshalb ab, weil er sie daran erinnert, was sie eigentlich auch hätten sein können, wenn sie nicht im Sumpf der Mittelmäßigkeit versackt wären.

Wirklicher Erfolg – eben der Beste zu sein, der Sie sein können – ist nicht in den Sternen oder in Lotterielosen zu finden. Er bedeutet eine tägliche, andauernde Anstrengung. In Amerika gibt es einen Verband, in dem sich die führenden Verkäufer und Verkaufsexperten zusammengeschlossen haben. In Untersuchungen hat dieser Verein die folgenden, erstaunlichen Fakten herausgefunden:

- Achtzig Prozent aller Verkäufe werden erst nach dem *fünften* Gespräch oder Anruf getätigt.
- Achtundvierzig Prozent aller Verkäufer machen nur einen Anruf – dann geben sie bereits auf.
- Fünfundzwanzig Prozent geben schon nach dem zweiten Anruf auf.
- Zwölf Prozent aller Verkäufer rufen dreimal an und geben dann die Sache auf.
- Zehn Prozent rufen so lange an, bis sie Erfolg haben.

Und was bedeutet es, in diesem Club der Zehnprozentigen zu sein? Jene hartnäckigen Verkäufer gehören zu den am höchsten bezahlten Persönlichkeiten im Land – zusammen mit einigen Showstars, leitenden Direktoren und Freiberuflern. Die zehn Prozent, die durchhalten, sind die Erfolgreichsten.

Selbstdisziplin braucht Zeit

Wer Selbstdisziplin übt, hat auch gelernt, seine Zeit effektiv zu nutzen. Ich habe immer versucht, das Beste aus meiner Zeit herauszuholen, aber bei mir wie bei jedem anderen Menschen gibt auch es Tage, wo es so scheint, als seien alle meine Anstrengungen vergebliche Liebesmüh. Aber das Gute ist, trotz aller Zeitverschwendung in der Vergangenheit, immer noch das Morgen und viele weitere Morgen. Wenn mir klar geworden ist, daß ich die vergangene Stunde vergeudet habe, dann weigere ich mich, noch mehr kostbare Zeit mit Grübeln und mit Sorgen zu verschwenden. Ich mache mir bewußt, daß ich immer noch die kommende Stunde habe, in der ich meine Prioritäten klar setzen kann und in der ich tun kann, was ich tun möchte.

Eines meiner Lieblingszitate stammt von Horace Mann, und es klingt wie einer Anzeige in der »Verloren«-Rubrik:

»Verlorengegangen: Ein vierundzwanzigstündiger, vierundzwanzigkarätiger goldener Tag. Jede Stunde verziert mit 60 diamantenen Minuten. Jede Minute verziert mit 60 Rubinsekunden. Aber machen Sie sich nicht die Mühe, danach zu suchen. Jener wunderbare goldene Tag, den ich heute verloren habe, ist für immer fort.«

Horace Mann versuchte, die Zeit nicht zu töten. Sie sollten das auch nicht tun, denn in Wirklichkeit töten Sie damit Ihr Leben selbst. Um Ihre Lebenszeit besser zu kontrollieren und sicherzugehen, daß Sie Erfolg haben, versuchen Sie es einmal mit diesen altbewährten Techniken:

Machen Sie einen Plan zu Ihrer persönlichen Weiterentwicklung. Schreiben Sie das Wissen auf, das Sie brauchen, die Verhaltensmuster, die Sie ändern möchten, und die Verbesserungen, die Sie in Ihrem privaten und beruflichen Leben anstreben. Und halten Sie Ihren Plan immer auf dem neuesten Stand. Markieren Sie das, was Sie bereits erreicht haben und fügen Sie Ihrer Liste immer wieder neue Punkte hinzu. Sehen Sie sich diese Liste jeden Tag an.

Beginnen Sie jeden Tag mit einer Frage. Was wollen Sie heute schaffen, um Ihre Zeit in der bestmöglichen Weise zu nutzen? Was wird Sie einen Schritt weiter zu Ihrem Ziel hinbringen? Wenn Sie hinsichtlich Ihrer Zeiteinteilung eine Entscheidung zu treffen haben, dann fragen Sie sich: »Wird mich dies wesentlich beim Erreichen meiner Ziele voranbringen?«

Lernen Sie von guten Vorbildern. Suchen Sie sich Leute und sprechen Sie mit Leuten, die augenblicklich das tun, was Sie am liebsten selbst tun möchten – und die genau diese Sache gut machen. Lernen Sie soviel wie möglich von ihnen. Werden Sie sich klar, welche Schritte diese Leute gemacht haben, auf welche Weise sie planen und wie sie mit Hindernissen und Rückschlägen fertig wurden.

Selbstdisziplin bedeutet, etwas in Gedanken zu tun und etwas anderes in der Realität nicht zu tun.

Profitieren Sie von dem Unangenehmen, um sich in Selbstdisziplin zu üben. Machen Sie jeden Monat eine Liste von fünf notwendigen, aber unangenehmen Aufgaben, die Sie immer vor sich hergeschoben haben. Schätzen Sie, wie lange es dauern wird, diese Dinge zu erledigen – und reservieren Sie sich die dafür notwendige Zeit. Wahrscheinlich werden Sie nicht alle diese fünf unangenehmen Dinge an einem Tag – und wahrscheinlich nicht einmal in einer Woche – erledigen können, aber lassen Sie sich deshalb nicht entmutigen. Es ist vielmehr wichtig, jede einzelne dieser Aufgaben in Angriff zu nehmen und sie auch zu Ende zu führen. Wenn Sie unangenehme Aufgaben sofort anpacken, dann wird dies Streß und innere Spannungen vermindern, und Sie werden dadurch frei, das zu tun, was Ihnen wirklich am Herzen liegt.

Verlassen Sie die Gruppe der Mitläufer und gehen Sie zur Gruppe der Gewinner!

Die erwähnten Techniken sind ganz einfach und für jedermann einsichtig. Sie haben auch mir geholfen, mich von den Mitläufern, von der Gruppe der Mittelmäßigen in die Gruppe der Gewinner zu bewegen. Gegen eine der schlimmsten Möglichkeiten der Zeitverschwendung, das ewige Starren auf den Fernsehschirm, kämpfe ich mein ganzes Leben lang an. Der durchschnittliche erwachsene Amerikaner verbringt fast 30 Stunden pro Woche damit, in einem Zustand von halber Lähmung auf den Fernsehschirm zu starren – und er umgeht dadurch die Anstrengung, für sich selbst sinnvolle Ziele und Prioritäten zu setzen. Ich habe es gelernt, das Beste, was das Fernsehen mir anzubieten hat, zu genießen – und meine Erfahrung ist, daß ich dafür durchschnittlich in der Woche sieben Stunden lang fernsehe.

Es würde einhundert Leben lang dauern, um alles das fertigzumachen, was man zu tun fähig ist. Wenn Sie ewig leben würden, dann gäbe es keine Notwendigkeit, sich Ziele zu setzen, sorgfältig zu planen und eine bestimmte Richtung einzuschlagen. Wie Sie gesehen haben, ist das retikulär aktivierende System einer der faszinierendsten Aspekte des menschlichen Geistes. Sie können Ihr Unterbewußtsein programmieren, indem Sie sehr lebhaft einige für Ihr Leben wichtige Gedanken immer wiederholen. Auf die Weise wird es Ihnen gelingen, die unwichtigen Zerstreuungen herauszufiltern und sich auf das zu konzentrieren, was zum Erfolg führen wird. Ich nenne diesen Mechanismus den Dominanz- oder Prioritätenmechanismus.

Viele Menschen denken, daß sie das, was sie früher einmal gelernt haben, einfach auslöschen können. Aber es ist in Wirklichkeit unmöglich, Ihre Gedanken auszulöschen. Sie können sie nur mit neuen Gedanken überlagern. Diese Gedanken können Sie dann so lange wiederholen, bis es wiederum Ihre Dominanz-Gedanken werden – die Gedanken, die Sie auf wunderbare Weise zu Ihrem Ziel führen werden.

Ich kann ganz einfach nicht meinen Gewohnheiten entrinnen oder aus ihnen herauswachsen. Ich kann sie nur mit andauerndem Üben und durch andere Gedanken ersetzen. Ich achte niemals auf Aussagen oder Gedanken, die eine meiner schlechten Gewohnheiten beschreiben. Ich achte nur auf solches Gedankenmaterial, das die guten Gewohnheiten, die ich entwickeln und behalten möchte, beschreibt. Die positiven neuen Gewohnheiten übe ich ein, um die Alten zu ersetzen. Dies ist eine sehr simple psychologische Technik, die ich einmal »Ersatz-Gewöhnung« nennen möchte.

Wenn ich es mir zur Gewohnheit mache, mir selbst sinnvolle Ziele zu setzen und eine bestimmte Lebensweise einzuüben, um das Erreichen dieser Ziele zu unterstützen, dann mache ich mir selbst ein sehr kostbares Geschenk. Ich höre niemals auf, um Gottes Führung zu bitten. Und ich überprüfe mich immer wieder in Hinblick auf die Rechtschaffenheit meiner Motive. Mit der Hilfe Gottes werde ich zum Drehbuchschreiber, zum Produzenten und zum Star eines lebensechten Schauspiels, das eine aufregende Möglichkeit der Erfüllung bietet.

Anstatt meine Zukunft dem Zufall, dem Druck meiner Umwelt oder der Gehirnwäsche durch die Medien zu überlassen, gestalte ich meine Zukunft durch meine eigene Entscheidung. Wenn Sie wirklich der Beste sein wollen, der Sie sein können, dann sollten Sie dasselbe tun.

Die Macht der Gewohnheit

Vielleicht kennen Sie mich.

Ich bin Ihr ständiger Begleiter.

Ich bin Ihre größte Hilfe; ich bin Ihre schwerste Belastung.

Ich werde Sie zum Erfolg drängen – oder ich werde Sie hinabstoßen in den Mißerfolg.

Ich bin Ihr gehorsamer Diener.

Die Hälfte der Dinge, die Sie erledigen, können Sie auch mir überlassen. Ich bin durchaus fähig, sie schnell zu erledigen. Und ich bin fähig, sie immer auf die gleiche Weise zu tun, wenn Sie das gerne möchten.

Es ist leicht, mit mir umzugehen, Sie müssen sich nur konsequent verhalten.

Zeigen Sie mir ganz genau, wie Sie es gemacht haben möchten; nach ein paar Unterrichtsstunden werde ich es dann automatisch auch machen. Ich bin der Diener aller großen Männer und Frauen – und natürlich war und bin ich auch der Diener der Gescheiterten.

Ich habe alle Großen zu dem gemacht, was sie sind.

Und ich habe auch alle Fehlschläge und Mißerfolge verursacht.

Ich arbeite mit der Präzision eines wunderbaren Computers, der die Intelligenz eines Menschen hat.

Sie können mich einsetzen, damit ich Ihnen nütze. Und Sie können mich einsetzen, damit ich Sie zerstöre. Für mich macht das keinen Unterschied.

Nehmen Sie mich. Gehen sie nachlässig mit mir um, so werde ich Sie allerdings zerstören.

Nehmen Sie mich fest und konsequent in die Hand, und ich werde Ihnen die Welt zu Füßen legen.

Wer bin ich?

Ich bin die Gewohnheit!

10. Wie man Mißerfolg nutzt, um daraus zu lernen

In den meisten Büchern über Erfolg wird das Thema dieses Kapitels übergangen. Was in aller Welt sollen ein Fehlschlag und eine Enttäuschung dazu beitragen, daß man der Beste wird?

Alles.

Nur wenige Menschen sind bereit, sich mit einem Fehlschlag und mit Enttäuschung auseinanderzusetzen. Die meisten Leute ziehen es vor, an eine sehr falsche und irreführende Erfolgsdevise zu glauben:

Sie brauchen nichts weiter als eine positive Einstellung!

Wenn Sie der Beste sein wollen, ist eine positive Einstellung sicherlich eine ganz wesentliche Bedingung – aber sie ist nur ein Teilaspekt. Sie kann sich in ein sehr oberflächliches, mechanisches Gerede verwandeln, das zu leeren und frustrierenden Gedanken wie etwa dem folgenden führen kann: Wenn ich es mir nur vorstellen kann und ganz fest daran glaube, dann werde ich es mit Gewißheit erreichen.

Eines der ganz wesentlichen Ziele dieses Buches ist es, die Unterschiede zwischen einigen gängigen, aber irreführenden Vorurteilen und der eigentlichen Wahrheit herauszuarbeiten. Manchmal sind die Unterschiede ganz offensichtlich, springen möglicherweise sogar ins Auge. In anderen Fällen sind sie sehr subtil. Zwischen einem irreführenden Vorurteil und der Wahrheit gibt es nur eine sehr feine Trennungslinie. In einigen der gängigen Vorurteile ist sogar ein Körnchen Wahrheit enthalten, und umgekehrt ist es nicht schwierig, bestimmte Wahrheiten in falsche Leitsätze umzuwandeln. Beispielsweise kann man die Wahrheiten, die ich in diesem Buch zu vermitteln versuche, sehr leicht in falsche und irreführende Leitsätze verwandeln, indem man sie nur aus dem Zusammenhang reißt und sie mit ein wenig Erfolgsmarinade zubereitet: »Der ehrliche Mann hat immer Erfolg.« – »Gott produziert keinen Schund.« – »Er will, daß du reich bist.« – »Finden Sie Ihre Talente, und Ihnen ist der Erfolg sicher.« – »Sie können die Gewohnheit des Erfolgs ganz einfach einüben.«

Solche Aussagen lassen den Erfolg als etwas ganz Einfaches erscheinen, aber wie heißt es in dem zweiten Gesetz von Murphy:

Nichts ist jemals so einfach, wie es erscheint!

Die Erfahrung lehrt uns, daß ehrliche Menschen durchaus einen Fehlschlag erleiden können – und daß dies auch recht häufig geschieht. Ja, es ist richtig, Gott gibt uns unseren inneren Wert, aber es liegt in unserer, nicht in seiner Verantwortung, was wir daraus machen. Zweifellos können wir sehr viele Talente haben, aber möglicherweise unterlassen wir es, diese Talente überhaupt zu entwickeln. Kurz gesagt: Um die Gewohnheit des Erfolgs einzuüben, sollten wir möglichst wissen, wie man mit Fehlschlägen fertig wird.

Das Thema ›Erfolg‹ ist in der Kongreßbücherei sehr beliebt

Fehlschläge und Enttäuschungen gehören ebenso zum Leben wie Erfolg und Leistung. Allerdings schien das nicht das Ergebnis zu sein, zu dem vor einigen Jahren ein Freund und Kollege, Gerhard Gschwandter, kam, als er sich entschloß, einmal nachzuschauen, welche Titel die Kongreßbücherei in Washington zum Thema »Erfolg« hatte. Er fand heraus, daß es dort 1 200 Bücher zum Thema »Erfolg« und 220 weitere zum Thema »Siegen« gibt. Nur 16 Bücher waren zum Thema »Verlieren« erschienen.

Erstaunt und verwirrt ging Gerhard noch einmal zurück zum Computer, um zu sehen, was es in der Bücherei zum Thema »Enttäuschung« gab – ein Gefühl, das, wie er meinte, jedem Menschen im Leben recht häufig begegnete. Er sah sich mögliche Titel in drei Sprachen – Englisch, Deutsch und Französisch – an und fand nur einen Zeitschriftenartikel mit dem Titel »Wie man mit einer Enttäuschung fertig wird« von Dr. Abraham Zaleznik, der im Jahre 1967 in der Zeitschrift *Harvard Business Review* erschienen war. Jetzt war er wirklich neugierig geworden und fuhr nach Cambridge, Massachusetts, um Dr. Zaleznik an der dortigen Fakultät für Betriebswirtschaft aufzusuchen.

Dr. Zaleznik hatte sich bereits einen Namen als Managementberater gemacht, und er war sehr erstaunt, daß überhaupt jemand an dem Thema »Enttäuschung« Interesse zeigte. In den 16 Jahren, seitdem sein Artikel erschienen war, hatte niemals irgend jemand dieses Thema mit ihm diskutiert. Er glaubte, daß der Grund dafür auf der Hand läge. Die Menschen betrachten eine Enttäuschung als etwas, was einen notwendigerweise beeinträchtigt. Sie wollen einfach nicht über irgend etwas, was nicht positiv und inspirierend ist, nachdenken.

Gerhard nickte voller Verständnis. Zahllose Leute hatten ihm bereits gesagt, daß er einen Fehler machte, als er daran dachte, etwas über das Thema »Enttäuschung« und »Fehlschlag« zu schreiben. Er meinte, die Leser seiner sonstigen Publikationen würden sicherlich nicht wohlwollend auf irgendein Thema reagieren, das nicht positiv wäre.

Gerhards eigenes Gefühl stimmte jedoch nicht mit den vielen Ratschlägen seiner Freunde überein. Er wußte, daß die Leute daran interessiert sind, etwas über ihre innersten Motive zu erfahren. Sie möchten wissen, wie sie ihre Leistung und ihr Auftreten verbessern können. Er interviewte also Dr. Zaleznik und machte das Thema »Enttäuschung« zur Titelgeschichte einer Zeitschrift. In der Tat verkaufte sich jene Ausgabe der Zeitschrift besser als irgendeine andere, und sie mußte sogar mehrfach neu aufgelegt werden. Einige der wesentlichen Gedanken von Dr. Zaleznik möchte ich hier erörtern:

Eine oberflächliche Definition von Enttäuschung ist, »sich etwas wünschen und es nicht bekommen«. Aber wir müssen dazu noch einiges mehr sagen. Wenn das, was wir möchten, für uns sehr wichtig und wertvoll ist, dann kann die Enttäuschung ein alles andere beherrschendes Gefühl werden – sie kann sogar lebensbedrohend sein. Wenn die Enttäuschung groß genug ist, dann kann ein Mensch von seinen negativen Gefühlen so überschwemmt werden, daß er schließlich sogar Selbstmord begeht.

Die zwei hauptsächlichen Mißverständnisse, die mit dem Begriff Enttäuschung einhergehen, sind, daß dies Gefühl (1) schlecht ist und daß wir es (2) auf keinen Fall zeigen sollten, wenn wir enttäuscht sind. Man bringt uns bei, unsere Enttäuschung zu verleugnen, da sie angeblich überhaupt nichts mit Erfolg und Erfolgsorientiertheit zu tun hat. Die Welt liebt eben die Gewinner, nicht die Verlierer.

Im Gegensatz zu dem, was man allgemein annimmt, bedeutet Enttäuschung nicht einen Fehlschlag. Wenn man sie in einem positiven Licht betrachtet, dann kann Enttäuschung immer zu seelischem Wachstum und zum Erlernen führen.

Wenn Sie einen Fehlschlag oder eine Enttäuschung erleiden, dann können Sie sich für eine der beiden Reaktionen entscheiden: Sie können Trost oder Sie können eine Lösung suchen. Vielleicht ist es die beste Möglichkeit, sich ein wenig von beidem zu holen. Gehen Sie erst einmal einen Schritt zurück, halten Sie inne, und holen Sie sich ein wenig Trost – aber bleiben Sie dann dabei nicht stehen. Lecken sie sich (wie man sagt) vielmehr Ihre Wunden, lassen Sie sie verheilen, und bereiten Sie sich anschließend auf einen neuen Versuch vor. Dann suchen Sie nach der Lösung des Problems.

Es kann möglicherweise auch falsch sein, sofort nach einer Lösung zu suchen, bevor man sich zunächst ein wenig Trost geholt hat. Sie können sich auch nach einer Enttäuschung in eine hektische Arbeitsaktivität stürzen – ohne dabei allerdings viel zu schaffen. Vielleicht spüren Sie in dem Fall nicht Ihre Enttäuschung, sondern nur Wut und Ärger.

Um Gefühle von Enttäuschung wirklich zu überwinden und an ihnen zu reifen, schlägt Dr. Zaleznik folgende Schritte vor:

1. Sprechen Sie über Ihre Enttäuschung mit jemandem, dem Sie vertrauen können, der intelligent und liebevoll ist.

2. Schreiben Sie Ihre Gefühle nieder. Wenn Sie wütend sind, dann lassen Sie es an dem Papier aus. Spüren Sie Ihren Gefühlen nach. Weichen Sie ihnen nicht aus.

3. Sprechen Sie mit Menschen, die auch Enttäuschungen erlebt haben. Finden Sie heraus, wie sie damit umgegangen sind und was sie daraus gelernt haben.

4. Lesen Sie etwas über die Erfahrungen von begabten Führungspersönlichkeiten, die Rückschläge erlitten haben. Wie wurden sie damit fertig? Welche Ratschläge und allgemeinen Grundsätze sind auch auf Ihre persönliche Situation anwendbar?

Wenn Sie Fehlschläge völlig vermeiden wollen, so bedeutet das, daß Sie gar nichts tun dürfen

Ich bin sehr froh, daß Gerhard Gschwandter seinem Gefühl folgte und Dr. Zalezniks Gedanken zum Thema »Fehlschläge und Enttäuschungen« veröffentlichte. Indem er das tat, half er nämlich auch allen denjenigen, die sich jemals um das Thema »Erfolg« gekümmert haben. Vielleicht ist das

Wichtigste, das wir in unserem Leben lernen müssen, nicht die Antwort auf die Frage, was eigentlich Erfolg ist, denn für jeden Menschen sieht der Erfolg anders aus. Es ist dagegen sehr viel wichtiger zu lernen, wie man eine positive Einstellung zu Enttäuschungen und Fehlschlägen entwickelt.

Wenn wir etwas neu anfangen, dann haben wir im allgemeinen nur sehr wenig Selbstvertrauen, denn wir haben noch nicht aus Erfahrung gelernt, daß wir auf dem betreffenden Gebiet erfolgreich sein können. Dies trifft auf alle Lebensbereiche zu – ob wir nun Fahrradfahren lernen oder Skilaufen oder das Fliegen eines hochtechnisierten Flugzeugs, ob wir ein größeres Geschäft abschließen oder andere unterrichten. Ich glaube wohl, daß Erfolg weitere Erfolge nach sich zieht. Ich glaube jedoch nicht, daß Fehlschläge notwendigerweise noch weitere Fehlschläge nach sich ziehen müssen.

Einige Leute behaupten, daß man Fehlschläge um jeden Preis vermeiden müsse. Aber wenn Sie das einmal gründlich überdenken, dann wird Ihnen deutlich, daß ein solcher Preis zu hoch ist. Der einzige Weg nämlich, wie man einen Fehlschlag auf jeden Fall vermeiden kann, ist, nichts zu tun. Zwar vermeiden Sie dann hundertprozentig einen Fehlschlag und eine Niederlage, aber Sie berauben sich damit auch jeder Möglichkeit zum Erfolg und zum Sieg.

Andere Leute sagen, daß Fehlschläge so etwas sind wie giftiger Müll, und daß ein Nachdenken darüber die innere Einstellung unterminiert, die man für den Erfolg braucht. Ich betrachte einen Fehlschlag nicht als giftigen Müll, sondern vielmehr als ein Düngemittel. Die Bauern benutzen Kompost und andere Mittel, um ihre Aussaat zu düngen. In ganz ähnlicher Weise können Ihre Fehlschläge und Enttäuschungen dafür genutzt werden, um in die gute Erde Ihres Geistes die Samen des Erfolgs einzupflanzen.

Der Weg, um aus einem Fehlschlag zu profitieren, ist, Ihre Irrtümer und Fehlschläge zu benutzen, um daraus zu

lernen. Dann allerdings müssen Sie aufhören, darüber nachzudenken. Vergessen Sie Ihre Fehlschläge, und konzentrieren Sie sich vielmehr auf Ihren zukünftigen Erfolg. Benutzen
Sie Fehlschläge und Enttäuschungen sozusagen nur als Kor-
rektiv, das Ihnen helfen soll, sich wieder genau auf Ihr Ziel
einzustellen. Behalten Sie dabei Ihr Ziel stets im Auge – und
vertrauen Sie auf Ihre Fähigkeit, es auch zu erreichen.

Die Geschichte von Domino's Pizza

Eines der besten Rollenvorbilder, die ich gefunden habe, um
zu demonstrieren, wie man mit Fehlschlägen und Enttäuschungen fertig wird, ist Thomas S. Monaghan, der Grün-
der, Präsident und erste Vorsitzende der amerikanischen Re-
staurantkette *Dominos Pizza*. Es mag zwar sein, daß Sie
noch nie Domino's Pizza probiert haben, aber in den USA
gibt es immerhin 3 300 Domino's Pizzerias – und in keinem
dieser Restaurants steht ein einziger Tisch. Der Grund dafür
ist die Tatsache, daß Domino's sich auf die Lieferung von
Mitnahmepizzas spezialisiert hat – Sie können also Domino's Pizza überall dort essen, wo Sie Lust haben.

Der große Erfolg, den Domino's heute hat, wuchs sozusagen auf den Trümmern verschiedener zusammengebroche-
ner Geschäfte. Zunächst einmal hat ein schlechtes Management das ganze Unternehmen im Jahre 1965 fast Bankrott
gehen lassen. Im Jahre 1968 brach ein Feuer aus, aber die
Versicherung zahlte nur ein Zehntel des gesamten Verlustes,
der sich auf 150 000 Dollar belief.

Im Jahre 1970 wurde die Verwaltung der hochverschul-
deten Pizzakette vor allem von einem ihrer Gläubiger –
einem Bankunternehmen – übernommen. Zehn Monate
später nahm Thomas S. Monaghan, der ursprüngliche Eigentümer, das ganze Unternehmen wieder in seine eigenen
Hände. Gegen das Unternehmen liefen über 100 Prozesse,

1500 Gläubiger wollten Geld, und insgesamt war die Firma mit 1,5 Millionen Dollar verschuldet.

Niemand hätte es Monaghan ernstlich übelgenommen, wenn er seine Pizzabuden in den Wind geschrieben und sich selbst still aus dem Staub gemacht hätte. Aber er war an Enttäuschungen und Krisen gewöhnt. Als sein Vater starb, war er vier Jahre alt gewesen. Er war in verschiedenen Pflegefamilien aufgewachsen, hatte sich als Hilfsarbeiter auf einer Farm durchgeschlagen, hatte Bowlingbahnen geputzt und Zeitungen ausgetragen. Als er sich im Jahre 1970 dann noch mit diesen überwältigenden Schulden und Problemen auseinandersetzen mußte, wich Monaghan jedoch nicht zurück und machte auch nicht Bankrott. Er spuckte vielmehr in die Hände und nutzte seine Fehlschläge, um darauf neue Erfolge aufzubauen.

Thomas Monaghan gelang es nicht nur, die meisten der Prozesse gegen ihn zu gewinnen, die Gläubiger zu befriedigen und die Schulden zu bezahlen, sondern er schaffte es sogar, Domino's vom Rande des Ruins wegzuführen und hin zur Spitze der gesamten Branche in Amerika. Heute ist Domino's unter den fünfzig führenden Firmen, die sich auf diesem Bereich spezialisiert haben – und steigt weiter nach oben. Er wird bereits als der zweitgrößte Pizzaproduzent im ganzen Land angesehen, mit einer außerordentlichen schnellen Expansionsrate und als das führende Unternehmen im Bereich »Mitnahmerestaurant«.

Um Monaghan selbst zu zitieren: »Domino's hat ein einziges Ziel. Seine Aufgabe ist es, eine sehr gute Pizza zu liefern, und zwar heiß, in dreißig Minuten und zu einem angemessenen Preis.«

»Alles, was in Domino's getan wird«, sagt Monaghan, »konzentriert sich auf jenes Ziel.«

Als der Plan zuerst entstand, im Jahre 1960, war Thomas Monaghan gerade Dreiundzwanzig. Er und sein Bruder kauften in Ypsilanti, Michigan, eine unmögliche keine Pizzabäckerei auf, ganz in der Nähe des Geländes der Universität im Ostteil von Michigan. Tom war bereits Eigentümer eines kleinen Zeitungskiosks, und er dachte, daß die kleine Pizzeria ihm ein wenig zusätzliches Geld verschaffen könnte, das er für sein Architekturstudium gut gebrauchen könnte. Innerhalb eines Jahres war Tom zum Alleinbesitzer des Ladens, der sich damals *Domi-Nick's* nannte, geworden. Schließlich beschloß er, sein Studium aufzugeben und sich ganz seinem Pizzaunternehmen zu widmen. Ein Jahr später kaufte er eine zweite Pizzeria, diesmal in der Nähe der Universität in Central Michigan, auf, und als er zum allerersten Mal die in seinem neuen Laden produzierten Pizzas austrug, traf er seine zukünftige Frau, Margie, die Studentin an der Universität von Michigan war.

Monaghan lernte das Pizzabacken, indem er einfach verschiedene Möglichkeiten ausprobierte. Die Rezepte für die schnelle Zubereitung, die Domino's heute anwendet, wurden von Monaghan selbst entwickelt, während er selbst schweißtriefend und bis über die Ellenbogen in Mehl und Tomaten steckte. Er mußte sich immer beeilen, um mit seinen Pizzas zum Universitätsgelände zu gelangen, bevor geschlossen wurde.

Zuerst bot Monaghan fünf verschiedene Pizzagrößen an, einschließlich einer ganz kleinen Imbißpizza, welche die Studenten besonders gerne kauften. Dann kam der Abend, als jemand mitten in der Hauptverkehrszeit vorbeikam und zwölf von den winzig kleinen Pizzas auf einmal bestellte. An dem Abend entschied sich Monaghan dann, nur noch die größeren Pizzas zu backen – und sein Einkommen stieg dadurch sehr bald um mehr als 50 Prozent. Und außerdem erkannte er, daß in seinem Geschäft die Kunden, die die Pizzas bestellten und sie sich nach Hause liefern ließen, die besten Abnehmer waren.

Was auch immer er in den ersten Jahren lernte, Monaghan profitierte davon. Anstatt sich von Enttäuschungen und von dem, was er später als Fehleinschätzung ansah, einschüchtern zu lassen, paßte er sich immer wieder an neue Gegebenheiten an. In dem Maße, wie es ihm gelang, sich den Bedürfnissen seiner Kunden und dem Markt anzupassen, entwickelte er die innere Sicherheit, die nur aus der Erfahrung kommen kann. Heute weiß er wirklich, wo's langgeht, denn er ist durch eine harte Schule gegangen.

Wenn das Geschäft nun an einem bestimmten Abend gutgeht, dann stellt ein gutes Domino-Küchenteam alle sechs Minuten eine Pizza fertig. Für die Auslieferung haben sich die Fahrer bestimmte Routen ausgearbeitet, und so gelangt die Pizza in einer stabilen Isolierpackung blitzschnell bis zur Tür des Kunden.

Scheint Ihnen dies ein allzu mühseliges und arbeitsintensives Konzept zu sein? 1985 bestellten Domino's Kunden 135 Millionen Pizzas, und der Umsatz von Domino's stieg in Bereiche von einer Milliarde Dollar, 73 Prozent mehr als 1984. 1985 wurden 954 neue Domino's Pizzerias eröffnet – eine Rekordzahl für die gesamte Branche.

Monaghan selbst sagt, daß die Philosophie des Managements von Domino's auf einer einfachen goldenen Regel basiert. »Überleg dir vor allem, wie du selbst behandelt werden möchtest«, sagt er, »und dann behandle andere in genau derselben Weise – deine Kunden, deine Angestellten, deine Geldgeber, deine Lieferanten.«

Wenn das für die harte Geschäftswelt von heute auch vielleicht ein wenig zu idealistisch klingt, dann sehen Sie sich einmal die fünf wesentlichen *Prioritäten* an, von denen sich Thomas Monaghan seit seiner Jugend hat leiten lassen.

1. *Der spirituelle Bereich.* »Was nützte es, wenn ich die Welt gewänne und meine Seele verlöre?« fragt Monaghan, der sich früher mit dem Plan trug, Priester zu werden.

2. *Der familiäre und soziale Bereich.* Seine Firma ist ihm zwar sehr wichtig, aber wichtiger noch ist ihm seine Familie, vor allem seine Frau und seine vier Kinder.

3. *Der Bereich der geistig-seelischen Reifung.* Bevor er am Morgen zu arbeiten beginnt, verbringt er 15 Minuten mit stillem Gebet und innerer Sammlung.
4. *Der Bereich körperlicher Fitneß.* Zu Monaghans allmorgendlicher Routine gehört es, zu joggen und zu rudern.
5. *Der Bereich Finanzen.* Er glaubt, daß er, wenn er die anderen vier Prioritäten beachtet, soviel Geld, wie er möchte, verdienen und es auch noch »genießen« wird.

Es scheint, daß seine Grundsätze gute Früchte tragen. Die fünf Prioritäten, die er sich gesetzt hat, und die goldene Regel seiner Managementphilosophie haben ihn dahin geführt, daß er nun plant, die Anzahl der Domino's Pizzerias auf 10 000 bis zum Jahre 1990 zu steigern. Er denkt daran, vor allem noch mehr seiner Geschäfte in großen Hauptstädten wie Chicago und New York zu errichten, aber er möchte darüber hinaus auch den internationalen Markt erobern. Es gibt bereits Domino's Pizzerias in Australien, Kanada, Japan, Großbritannien und der Bundesrepublik Deutschland.

Identifizieren Sie sich niemals mit dem, was Sie falsch gemacht haben

Für mich ist Thomas Monaghan der lebende Beweis dafür, daß Rückschläge und Widrigkeiten nur eine einzige Gefahr in sich bergen. Diese Gefahr ist, daß Sie sich mit Ihren Fehlern und Fehlschlägen identifizieren. Wenn Sie das nämlich tun, dann werden Sie wahrscheinlich wirklich zu einem »Versager« werden.

Der Student, der meint, er sei zum Lernen nicht begabt, wird es unweigerlich erreichen, daß seine Noten ihm seine Theorie beweisen. Der Mensch, der meint, daß ihn niemand mögen kann, wird sehr bald finden, daß man ihn am Arbeitsplatz meidet. Durch seine Unsicherheit, sein allzu großes Bedürfnis, immer zu gefallen, und durch seine vielleicht unbewußte Feindseligkeit gegenüber denen, von denen er meint, daß sie ihn nicht mögen, bewirkt er, daß die anderen ihn wirklich zurückweisen. Seine Art und sein Verhalten bewirken, daß die anderen sich von ihm abwenden.

Wann immer sie sich selbst mit Ihren Fehlschlägen identifizieren, werden Sie eine leichte Beute für negative und destruktive Einflüsterungen:

Alles, was du machst, geht schief . . .
niemals klappt irgend etwas . . .
es ist alles nur deine Schuld . . .
du bist ein Versager.

Es ist erstaunlich, wie viele Menschen so von sich denken. Sie reden sich selbst ein, daß die Fehler, die sie machen, ein Beweis dafür sind, daß sie Versager seien. Leider wird ihnen niemals klar, daß das Problem nicht notwendigerweise in ihrer Leistung liegt. Es liegt vielmehr in dem negativen Selbstbild, das sie von sich selbst entwickelt haben – in den negativen Urteilen über sich selbst und in der negativen Einschätzung ihrer Persönlichkeit.

In verschiedenen psychologischen Untersuchungen wurde herausgefunden, wie wichtig es ist, eine positive Einstellung zu entwickeln und so auch Fehlschläge mit einer grundsätzlich positiven Einstellung zu deuten. Dr. Martin Seligmann, der 20 Jahre darauf verwandt und mehr als 100 verschiedene Experimente mit fast 15 000 Menschen gemacht hat, glaubt, daß die Art und Weise, wie wir die Dinge erklären, sehr viel wichtiger ist als das, was eigentlich passiert. Grundsätzlich pessimistische Einstellungen können zu Depressionen und Krankheit führen.

Um eine erfolgsorientierte Einstellung zu entwickeln, muß man auch wissen, wie man mit Fehlschlägen umgeht!

Der psychologische Begriff »pessimistische Erklärungsweise« bedeutet mit anderen Worten »eine negative Lebenseinstellung«. Nehmen wir beispielsweise einmal an, daß Sie zu einem wichtigen Geschäftsessen zu spät kommen. Wenn Sie sich nun dafür entscheiden, Ihre Unpünktlichkeit in negativer und pessimistischer Weise zu erklären, dann sagen Sie zu sich selbst: »Ich komme eben immer zu spät ... Ich schaffe es eben nie, pünktlich zu Verabredungen zu erscheinen ... Es scheint, daß ich überhaupt nicht fähig bin, für meine Arbeit einen Zeitplan zu machen ... Es ist alles meine Schuld.«

Indem Sie in dieser Weise Ihre Fehlschläge und Enttäuschungen erklären, werden Sie ganz sicherlich immer mehr zu dem typischen Pessimisten, für den das Glas des Lebens immer halb leer (oder nur ganz wenig gefüllt) ist. Dr. Seligmann hat in seinen Untersuchungen herausgefunden, daß Menschen, die in dieser Weise für alles negative Erklärungen finden, permanent stärker deprimiert sind als solche, die sich um eine mehr positive Einstellung bemühen.

Betrachten wir noch einmal diese Situation einer wichtigen Verabredung für ein Mittagessen und versuchen wir, sie mit einer positiven Grundeinstellung zu erklären. Sie könnten also von sich sagen: »Ich bin normalerweise sehr pünktlich ... Ich halte immer meine Verabredungen ... Diesmal hing ich im Büro meines Chefs fest und konnte eben nicht zu dem Zeitpunkt fortgehen, als ich es eigentlich wollte ... Solche Sachen passieren eben mal.«

Ich muß jedoch an dieser Stelle eine kleine Warnung aussprechen. Geben Sie sich nach einem Fehlschlag oder nach einer Enttäuschung niemals positive Verstärkung, um Ihre eigene schlechte Planung, Ihren Mangel an Selbstdisziplin oder an persönlichem Einsatz auf dise Weise wegzurationalisieren. Aber wenn Sie selbst wissen, daß Sie unter den gegebenen Umständen Ihr Bestes getan haben, dann ist positive Verstärkung der richtige Weg, um mit Fehlschlägen umzugehen und sie als eine weitere Stufe zum Erfolg zu nutzen.

In vielen Situationen liegt es vielleicht nicht in Ihrer Hand, die gegebenen Umstände zu ändern, aber Sie können immer Ihre persönliche Reaktionsweise und Ihre Einstellung ändern. Anstatt das alte Lied anzustimmen, daß Sie eben *immer* ein Versager sind, sollten Sie vielmehr so denken:

So bist du doch gar nicht . . . Das nächste Mal wirst du es richtig machen!

Vielleicht kommen Sie morgen wieder in dieselbe Situation, aber anstatt in eine Denkfalle zu laufen und sich einzureden, daß Sie *immer* alles verkehrt machen und *niemals* etwas gelingt, versuchen Sie doch einmal eine positive Einstellung zu entwickeln, die Ihnen dann helfen wird, noch bessere Leistungen zu erbringen.

Was geschieht, wenn Sie wirklich einen schweren Fehler machen?

Ein sehr lebendiges Beispiel dafür, wie man mit einem schrecklichen Fehler umgeht, findet man in dem erfrischenden Buch eines erfolgreichen Arztes aus Berkeley in Kalifornien, das unter dem Pseudonym Oscar London erschienen ist. Der Titel des Buches lautet: *Wie man es schafft, so wenig Patienten wie möglich umzubringen- und sechsundfünfzig andere Essays zum Thema, wie man der beste Arzt der Welt wird.*

In einem Fall wurde Dr. London durch einen Notanruf von einem kleinen, einhundert Meilen entfernten Krankenhaus geweckt. Ein Patient, der am Vortag die einhundert Meilen gefahren war, um London aufzusuchen, war gerade in der Unfallaufnahmestation an einer Lungenembolie gestorben. Und er starb, weil London die falsche Diagnose gestellt hatte! Er wird mit der Ehefrau des Toten verbunden, und Dr. London muß ihr nun sagen, daß es ihm furchtbar leid tut, aber daß er schlicht und einfach nicht die richtige Diagnose gestellt hat! Dr. London hängt den Hörer auf und beginnt nun mit seinem »Überlebenstraining«.

Ja, er weiß, daß er einen schrecklichen Fehler gemacht hat. Als er den Mann untersuchte, dachte er, daß das starke Schwitzen und die Atemnot ein Anzeichen für eine Grippe gewesen wären. Immerhin hat die Lunge ganz gesund geklungen, und die Röntgenaufnahme des Brustkorbs sah ganz normal aus. Aber er weiß jetzt, daß er einen schrecklichen Fehler gemacht hat.

Ein paar Wochen später ruft ihn ein Rechtsanwalt an, der sich auf ärztliche Kunstfehler spezialisiert hat, und will ihm ein paar Fragen stellen. Dr. London verweist ihn an seinen eigenen Rechtsanwalt und hängt ein. Eine gerichtliche Verfolgung wegen eines Kunstfehlers wäre in der Tat sehr unangenehm, aber er weiß, daß es für ihn persönlich jetzt um sehr viel mehr geht. Kein Gericht kann ihm schwerer zusetzen als er sich augenblicklich schon selbst zusetzt.

Zwei Wochen lang ist sein Herz bleischwer und kummervoll, aber er versucht zugleich auch, sich gegen weitere Depressionen zu wappnen. Er sucht nach Verbündeten: Freunden und einem guten Psychotherapeuten beispielsweise – die einen unterstützen ihn kostenlos, der andere nicht ganz so kostenlos. Er versucht, in Form zu bleiben und jede Nacht acht Stunden lang zu schlafen. Er ißt wenig und gut und versucht, für die Patienten, die zu ihm kommen, aufnahmebereit zu bleiben.

Auf jeden Fall erfüllt er weiter seine ärztlichen Pflichten und denkt nicht daran, ein paar Tage lang blau zu machen.

Er trinkt keinen Tropfen Alkohol. Er weiß, daß Alkohol, den man unter solchen Umständen trinkt, möglicherweise zu einem zwanzigjährigen Dauerrausch führen kann.

Er ist schließlich Arzt. Fehler – und manchmal sogar schreckliche Fehler – können ihm ebenso wie jedem anderen Menschen passieren. Das wichtigste für ihn ist jetzt, mit sich selbst gut umzugehen, während er, wie er weiß, immer wieder mit den Schrecken der menschlichen Unzulänglichkeit zu kämpfen haben wird.

Der Unterschied zwischen praktischem und neurotischem Perfektionismus

In seinem Bericht über die Fehldiagnose erwähnt Dr. London nicht, daß er sich etwa, in jenen schrecklichen Tagen nach dem Tod des Patienten, vorgenommen habe, positiv zu denken. Was er uns aber erzählt, zeigt doch sehr deutlich, daß er das Problem positiv anzugehen versucht. Anstatt sich von dem Gewicht des furchtbaren Fehlers niederdrücken zu lassen, versucht er, auf sich selbst gut aufzupassen. Er findet Freunde, mit denen er sprechen kann, und er lehnt es ab, sich noch mehr Selbstvorwürfe zu machen. Als ein gewissenhafter Arzt wäre er natürlich sehr gern perfekt, aber er muß mit der Tatsache seiner menschlichen Unvollkommenheit eben fertig werden.

Lassen Sie mich an dieser Stelle einige gute Ratschläge für Perfektionisten einfügen. Man kann beobachten, daß Menschen sich für einen der beiden Wege entscheiden können, um zu versuchen, wirklich Hervorragendes zu leisten: Der eine Weg ist der des praktischen, der andere der des neurotischen Perfektionismus. Neurotische Perfektionisten sind niemals fertig, ihre Arbeit ist niemals ganz gut, und sie sind extrem ängstlich und wenig produktiv. Wenn sie einen Fehler machen, dann sind sie am Boden zerstört.

Praktische Perfektionisten versuchen dagegen immer, das Beste zu geben, sie achten sehr auf die Details und arbeiten sehr systematisch und diszipliniert. Sie kommen zu einem bestimmten Zeitpunkt zum endgültigen Abschluß. Vielleicht könnten sie noch ein bißchen mehr Zeit darauf verwenden, um die Aufgabe noch ein »bißchen besser« zu erfüllen, aber sie erkennen, daß sie auf jeden Fall für diesen Zweck ihr Bestes gegeben haben. Wenn sie einen Fehler machen, dann unternehmen sie entsprechende Schritte, anstatt sich von diesem Fehler einschüchtern zu lassen.

Wenn Sie schon Perfektionist sein wollen, dann gehen Sie praktisch vor. Trotz aller Irrtümer, Fehler und Fehlschläge: Blicken Sie lieber nicht zurück. Sie müssen wissen, daß es normal ist, sich peinlich berührt zu fühlen, wenn man einen Fehler gemacht hat, sich vielleicht auch zu ärgern und Gefühle von Reue und Bedauern zu haben. Aber nehmen Sie sich dann lieber ein Beispiel an Dr. London und lassen Sie sich nicht von einem bestimmten Fehler für alle Zeiten unter Druck setzen. Statt dessen machen sie einen Schritt in eine positive Richtung, und konzentrieren Sie sich darauf, was als nächstes zu tun ist.

Totalschaden an meinem neuen Porsche

Einen Vorgeschmack dessen, wie man solche Ratschläge in die Realität umsetzt, bekam ich, als meine Tochter Sechzehn wurde und auf die Idee kam, sich mein neues Porsche Cabriolet »auszuleihen«, das ich mir nur unter großen Belastungen für unser Haushaltsbudget hatte zulegen können. Nachdem ich ihr ganz strenge Anweisungen gegeben hatte, nicht die Schlüssel des neuen, orangefarbenen Sportwagens anzurühren, ging ich auf eine kleine Geschäftsreise. Sobald ich wiederkam, hatte ich ihr versprochen, würde ich ihr zeigen, wie man mit dem Fahrzeug umgehen mußte, aber bis zu dem Zeitpunkt mußte sie die Finger davon lassen.

Ich nahm den Nachtflug nach Washington, voller Vertrauen darauf, daß mein Auto bis zu meiner Rückkehr sicher wäre. Am nächsten Abend, als ich mit einem Kunden zusammen beim Essen saß, wurde ich zum Telefon gerufen und die neuesten Nachrichten wurden mir übermittelt. Meine Tochter hatte der Versuchung offenbar nicht widerstehen können. Sie hatte den Porsche in die Altstadt von La Jolla hinuntergefahren und den Wagen mit laufendem Motor vor dem exklusivsten Warenhaus der Stadt geparkt. Natürlich kamen auch einige ihrer Schulkameraden vorbei und bewunderten das Auto. Sie drückte nur ein ganz kleines bißchen auf das Gaspedal, um ihnen mit dem machtvollen Aufheulen des Motors ein wenig zu imponieren.

In der Tat gelang es ihr, sie viel mehr zu beeindrucken, als sie beabsichtigt hatte. Mit einer Geschicklichkeit, die wahrscheinlich nur den Führerscheinneulingen im Teenageralter eigen ist, setzte sie irgendwie die Gangschaltung in Bewegung und fuhr meinen neuen Wagen direkt durch das Hauptportal des Walker-Scott-Warenhauses. Voller Temperament lenkte sie ihn durch die Glasschaukästen von Schmuck und Damenunterwäsche, vorbei an den Regalen mit Küchengeräten. Der Wagen kam erst in der Sofa- und Bettenabteilung zum Stillstand.

Das Auto hatte offensichtlich einen Totalschaden, aber meine Tochter war unverletzt geblieben und glücklicherweise hatte sich kein einziger der Warenhausangestellten vor das rollende Fahrzeug geworfen. Einer der Gründe für dieses »Glück im Unglück« war, daß meine Tochter zumindest den richtigen Zeitpunkt gewählt hatte. Der Wagen hatte die Türe des Ladens kurz nach Ladenschluß durchbrochen – genau eine Minute nachdem ihn der letzte Kunde verlassen hatte. Einzig die Glastüren, verschiedene Gänge mit Waren und Vitrinen, das Auto und das seelische Gleichgewicht meiner Tochter waren etwas erschüttert worden.

Ich flog sofort nach Hause und traf sie im Krankenhaus, zwar unverletzt, aber noch unter ärztlicher Beobachtung stehend.

»Vati, es tut mir so schrecklich leid, und ich schäme mich so. Ich wette, du bist stinksauer, nicht wahr?« flüsterte sie.

Ich konnte sehen, daß sie vor allem unter einem schlechten Gewissen litt, und nahm deshalb tröstend ihre Hand. »Im Gegenteil, mein Liebling. Ich bin erleichtert und dankbar, daß niemand verletzt wurde, und daß es dir gutgeht.«

Sie kämpfte mit den Tränen und fragte: »Was will das Schicksal mir wohl sagen, Vati?«

»Wie man monatlich etwas abzahlt!« deutete ich an. »Du wirst für den Schaden im Laden bezahlen und mich außerdem beim Bezahlen für das Auto unterstützen müssen. Aber mach dir keine Sorgen, die ganze Angelegenheit wird in ungefähr drei Jahren erledigt sein, und dann können wir durchaus daran denken, dir ein anderes Auto zu kaufen. Versuche einmal die Sache positiv zu sehen – du wirst sicherlich sehr viel an Erfahrung beim Management von Finanzen gewinnen!«

Die Augen meiner Tochter weiteten sich vor Entsetzen, aber sie erholte sich und stellte mir noch eine letzte Frage: »Was hast du aus dieser Erfahrung gelernt, Vati?«

»Dasselbe, was du jetzt auch lernst – wie man mit einer Enttäuschung umgeht und wie man es schafft, sich nicht wegen eines einzigen Fehlers ganz runterziehen zu lassen. Ich habe darüber hinaus gelernt, daß ich, wenn immer ich auf Reisen gehe, meine Autoschlüssel einstecken muß!«

Meine Tochter bezahlte in der Tat alle Schulden, die sie auf Grund ihres Porsche-Abenteuers gemacht hatte, und wurde außerdem eine gute und unfallfreie Autofahrerin. Sie ist inzwischen zu einer hübschen, zudem sehr talentierten und tüchtigen jungen Frau herangewachsen. Heute lachen wir über den Unglückstag, an dem sie das Auto in Walker Scott's Möbelabteilung parkte. Es gibt eine Tatsache, die auf die meisten Enttäuschungen zutrifft: Sie fühlen sich vielleicht, wenn sie Ihnen widerfahren, zum Weinen, aber später werden sie wahrscheinlich in der Lage sein, darauf zurückzublicken und zu lachen. Es ist sicher etwas Wahres daran: »Die Zeit heilt alle Wunden«.

Auch wenn Sie einmal enttäuscht sind ... bleiben Sie am Ball!

Ein wichtiger Charakterzug, um mit einem Fehler oder einer Enttäuschung oder möglicherweise einer ganzen Reihe von Enttäuschungen fertig zu werden, ist die Fähigkeit, am Ball zu bleiben, die ich schon im Kapitel 9 beschrieben habe. Einer der Menschen, die in dieser Hinsicht den längsten Atem hatten, war Thomas Edison. Er hat, trotz sehr vieler Rückschläge, immer weiter sein Ziel verfolgt – und hat sich auf diese Weise schließlich einen Platz unter den Unsterblichen erobert.

Wir alle kennen den Namen Thomas Edison. Er ist unter anderem derjenige, der die elektrische Glühbirne und den Tonträger erfunden hat. Was viele Leute jedoch nicht über ihn wissen, ist die Tatsache, daß Edison außerordentlich gut Enttäuschungen und Fehlschläge verkraftete – und zwar sehr viel besser als viele andere Männer in der Geschichte der Wissenschaft.

Nachdem 5000 verschiedene Materialien ausprobiert worden waren, um einen Faden für die Glühbirne herzustellen, fühlten sich Edisons Mitarbeiter allmählich entmutigt. Aber ließ sich Edison selbst von 5000 Fehlschlägen ins Bockshorn jagen? Nein, er meinte vielmehr, er hätte nunmehr immerhin gelernt, daß 5000 Materialien eben *nicht* funktionieren!

Edisons Geduld beim Erfinden der Glühbirne war bereits außerordentlich anerkennenswert, aber er mußte noch sehr viel mehr Geduld aufbringen, als er den Akkumulator erfand. Hierfür waren insgesamt ungefähr 25 000 Versuche notwendig. Wenn ihn jemand fragte, was für ein Gefühl er dabei hätte, 25 000mal erfolglos zu bleiben, erwiderte er: »Erfolglos? Ich bin doch nicht erfolglos. Ich kenne jetzt 25 000 Möglichkeiten, wie eine Batterie *nicht* funktioniert.« Wenn wir Fehlschläge als Düngemittel für spätere Erfolge ansehen wollen, dann hätte Edison wahrscheinlich als Düngemittelproduzent bald einen marktbeherrschenden Anteil gehabt!

Um wirklich die besten Leistungen zu erbringen, sollten Sie niemals einen Mangel an Erfolg als einen Fehlschlag bezeichnen. Profitieren Sie vielmehr von dem, was Sie lernen, wenn Sie verlieren – aber sammeln Sie dann wieder Ihre Kräfte und bewegen Sie sich weiter auf Ihr Ziel zu.

Furcht und Fehlschläge sind Blutsverwandte

Um mit Fehlschlägen richtig umzugehen, müssen Sie wissen, wie Sie mit Furcht fertigwerden. Wenn Sie lernen, mit Ihren Ängsten richtig umzugehen, dann werden Sie sicherlich viele Fehlschläge vermeiden und Problemen weitaus positiver sehen.

Die beiden besten Gegenmittel gegen die Furcht sind Wissen und Aktivität!

Ich habe kürzlich eine Studie gelesen, die von der Universität von Michigan veröffentlicht wurde und die mir dabei geholfen hat, die Wirkungen der Furcht in meinem Leben zu vermindern. In dieser Studie wurde eindeutig festgestellt, daß 60 Prozent unserer Befürchtungen unbegründet sind. 20

Prozent dessen, was uns ängstigt, ist bereits eingetreten und unterliegt sowieso nicht unserer Kontrolle. Weitere 10 Prozent der Dinge, die uns ängstigen, sind so unbedeutend, daß sie gar nicht ins Gewicht fallen. Von den übrigen 10 Prozent unserer Befürchtungen können nur 4 oder 5 Prozent als realistisch und begründet angesehen werden. Allerdings können wir bei der Hälfte der begründeten Ängste sowieso gar nichts tun! Das bedeutet, daß nur ungefähr 2 Prozent unserer Befürchtungen es wert sind, daß wir darüber nachdenken – und wir können sie ganz leicht zerstreuen, indem wir ganz einfach aufhören, darüber zu brüten und statt dessen aktiv werden.

Ich glaube, daß die beiden besten Gegenmittel gegen die Furcht Wissen und Aktivität sind – und ich selbst habe ein ganz einfaches Rezept, um diese beiden Mittel anzuwenden. Da ohnehin nur 2 Prozent unserer Befürchtungen es wert sind, daß wir ihnen Aufmerksamkeit widmen, reserviere ich 2 Prozent aller Tage im Jahr – ungefähr 7 Tage insgesamt – dafür, mich nicht zu ängstigen, sondern mit meinen Ängsten aktiv umzugehen. Ich benutze die 7 Tage, um mich vorsätzlich mit dem zu befassen, was während des ganzen Jahres schiefgehen könnte, und beschäftige mich dann sehr ernsthaft damit, daß dies nicht wirklich eintritt. Auf die Art und Weise kann ich die anderen 358 Tage wirklich genießen, weil ich eine ganz gezielte Anstrengung gemacht habe, damit nichts schiefgeht.

Gewöhnlich halte ich mir einen ganzen Tag frei, um gegen die Drachen der Furcht anzukämpfen. Alle sieben oder acht Wochen lege ich einen solchen Tag fest. Dann mache ich mir einmal ganz klar alles bewußt, was mir gegenwärtig oder zukünftig Sorgen und Angst bereiten könnte. Ich schreibe alles auf und überlege mir zugleich auch die Alternativen, die mir im Umgang mit diesen Befürchtungen weiterhelfen.

Ich benutze auch diese in meinem Kalender rot umrandeten Tage, um mich dann ganz besonders auf einen wesentlichen Bereich meines Lebens zu konzentrieren. Einer meiner Lieblingsplanungstage ist der, an dem ich mein Fitneßprogramm festlege. Ich plane meine alljährliche gründliche Untersuchung beim Arzt, zu der ein Bluttest und alle die anderen gründlichen Routineuntersuchungen – wie etwa die Untersuchung des Blutdrucks, eine Röntgenaufnahme des Brustkorbs, ein Hör- und Sehtest usw. – gehören.

Ich lasse auch auf jeden Fall alle sechs Monate meine Zähne überprüfen. Und ich überlege mir, wie es mit meiner Ernährung aussieht, ob ich auch ausreichend Gymnastik betreibe. Kurz gesagt: Mein Fitneßtag gibt mir niemals Grund zur Sorge, da ich alles mache, was meiner Gesundheit guttut.

Ein anderer großer, rot eingerahmter Tag ist der, an dem ich mir sehr ehrlich und gründlich meine Familiensituation vor Augen führe. Ich setze einen vollen Tag dafür an, um mir die Sorgen, Wünsche und Probleme aller meiner Familienangehörigen anzuhören. Natürlich ist jeder Tag für die Waitleys ein Familientag, aber an dem besonderen, rot eingerahmten Familientag machen wir alle ganz besondere Anstrengungen, um ehrlich und offen miteinander umzugehen. An diesem Tag lege ich für meine Familie Ziele und Prioritäten fest, die sonst möglicherweise untergehen würden. Viele sehr schöne Ausflüge und Feste sind während dieser Diskussionen geplant worden.

Zu den anderen, dick umrahmten Tagen gehören die Planungstage für die Finanzen, für unsere Freunde, für die Zukunft und für alles, was Haus, Auto, Ferienhaus, Büro etc. anbetrifft. Vor allem meine Frau Susan liebt die Tage, an denen diese letzteren Themen durchgesprochen werden. Die Handwerker in unserem Städtchen lieben jenen Tag auch ganz besonders, denn gewöhnlich bringt er ihnen eine Menge Aufträge ein.

Auf Grund dieses Systems von »rot eingerahmten Tagen« gelingt es mir, die wesentlichen Bereiche meines Lebens unter Kontrolle zu halten. Ich widme diesen Bereichen in periodischen Abständen meine ganz besondere Aufmerksamkeit und ich unternehme aktiv etwas, um möglichen negativen Entwicklungen entgegenzuwirken. Da ich jedes Jahr sieben spezielle Tage für diese Bereiche reserviere, gelingt es mir – wie meine Freunde von mir behaupten –, meist entspannt, großzügig und humorvoll zu sein. Da ich sieben- oder achtmal im Jahr mich ganz besonders darauf konzentriere, eventuelle Pannen zu verhindern, gibt es nur ganz wenige Dinge, die mich wirklich in Angst und Schrecken versetzen – außer vielleicht gewissen größeren Fischen, die große, spitze Zähne und kalte, vorstehende Augen haben, und die es möglicherweise auf einen etwas übergewichtigen, älteren Taucher abgesehen haben könnten, der weitab vom Strand seines Ferienhauses in Nordkalifornien nach Muscheln taucht.

Wenn ich es tatsächlich wage, dort in der Nähe von Sea Ranch, unserem Ferienhaus, unter Wasser zu gehen, dann frage ich mich häufig, ob ich nicht doch den Haifischen wie ein leckeres, gut durchwachsenes Seehundkotelett erscheine, vor allem in Anbetracht der langsamen Bewegungen meiner Schwimmflossen, die ich an meinen seeuntüchtigen Beinen angebracht habe. Jedesmal, wenn ich mich von Sea Ranch aus zum Austerntauchen aufmache, fühle ich eine prickelnde Mischung von Abenteuerlust und Entsetzen. Vielleicht brauche ich noch einen rotumrandeten Tag in meinem Kalender: den Austern-Angst-Tag. Wenn ich es mir ganz genau überlege, dann würde ich wahrscheinlich an einem wirklichen Austern-Angst-Tag folgende Aktionen planen: Verkauf des Taucheranzugs und Kauf von Austern auf dem Markt für dreißig Dollar das Pfund – um dann meine Rettung vor den Haifischen genießen zu können. Vielleicht könnte ich allerdings auch Susan und die Kinder dazu überreden, für mich zu tauchen. Dann könnte ich auf den Felsen sitzenbleiben und ihnen zurufen: »Holt sie euch nur! Ihr braucht keine Angst zu haben!«

Nichts ist sicher, außer dem Tod, den Steuern und – Veränderung

Die wesentliche Eigenschaft, die man braucht, um mit Fehlschlägen und Enttäuschungen umzugehen (oder sie ganz zu vermeiden), ist Anpassungsfähigkeit. Die Amerikaner sagen, nichts ist sicher außer dem Tod und den Steuern, aber es gibt noch etwas anderes, worauf Sie sich verlassen können: Daß nämlich alles sich dauernd verändert. Jeder Tag bringt uns wirtschaftliche Veränderungen, Veränderungen im politischen Klima, die Stellung Ihrer Firma auf dem Markt und sogar die Beziehung zu den Mitgliedern Ihrer Familie verändert sich täglich. Die Art und Weise, wie Sie sich an Veränderungen anpassen, kann zu Ihrer größten Herausforderung und auch zu einer ganz großen Möglichkeit für Sie werden.

Die wissenschaftliche Forschung hat herausgefunden, daß es die Dinosaurier nicht geschafft haben, sich an veränderte Lebensbedingungen anzupassen, und daß sie deshalb in einem relativ kurzen Zeitraum von der Erde verschwunden sind. Mir scheint jedoch, daß sie ein paar Millionen Jahre später dann doch wiederaufgetaucht sind; diesmal mit der Aufschrift »Made in Detroit«. Als nämlich plötzlich die Energie-Krise auftrat, reagierte die Automobilindustrie in Detroit recht schnell auf das Bedürfnis nach kleinen, kompakten Automobilen mit geringem Benzinverbrauch – so schnell etwa wie ein Brontosaurier im Spurt. Sofort eroberten die Japaner mit ihren Toyotas, Hondas etc. den Markt – bis schließlich die Autoindustrie von Detroit in den späten siebziger und frühen achtziger Jahren große Marktanteile zurückeroberte.

Anpassungsfähigkeit, oder auch der Mangel an Anpassungsfähigkeit, bewirkt den Unterschied zwischen Fehlschlägen und Erfolgen, Enttäuschung und Erfüllung. Stellen Sie sich beispielsweise einen Autohändler vor, der sofort beginnt, sich auf den Verkauf der kleinen kompakten japanischen Autos – statt der amerikanischen Dinosaurier – einzustellen. Einer seiner Verkäufer hat allerdings eine negative Einstellung und übermittelt sie auch seinen Kunden, indem er etwa sagt: »Ich glaube eigentlich nicht, daß Sie Lust haben, ein mickriges kleines Auto wie dieses hier zu kaufen – traurig, daß wir die Superschlitten leider nicht mehr führen.« Mit dieser Einstellung werden seine Verkaufszahlen und seine Provision wahrscheinlich bald gegen Null streben.

Aber im selben Autohaus paßt sich ein anderer Verkäufer sofort an die neuen kleinen Autos aus Japan an. Er kennt sie bald in allen Einzelheiten und ist zutiefst überzeugt, daß sie ihren Markt finden werden. Sein Enthusiasmus und Optimismus machen ihn sehr bald zu einem der erfolgreichsten Verkäufer. Schließlich bietet man ihm sogar eine Teilhaberschaft an.

Sind Sie so klug wie eine Biene oder wie eine Maus?

Wenn es Ihnen an Anpassungsfähigkeit fehlt, dann werden fortwährende Fehlschläge und Enttäuschungen Sie in eine Sackgasse führen. Sie werden sich fühlen wie eine Biene in einer Flasche. Bienen sind auf wunderbare Weise für ein Leben im Bienenstock programmiert, aber wenn man sie in eine Flasche befördert und den Boden der Flasche auf eine Lichtquelle richtet, dann sind sie vollkommen verloren. Selbst dann, wenn die andere Seite der Flasche offen ist, werden die Bienen niemals entdecken, wie sie hinauskommen können. Immer wieder werden sie in Richtung des Flaschenbodens und in Richtung auf das Licht hin fliegen. In einer Flasche gefangen zu sein, ist eine neue Situation. Für die Bienen scheint das Licht in irgendeiner Weise vertraut und tröstlich, sie versuchen immer wieder, dorthin zu gelangen – aber es ist zwecklos. Da sie unfähig sind, sich auf ihre veränderte Umgebung einzustellen, gehen sie schließlich zugrunde.

Dagegen kann man Mäuse in ein Labyrinth setzen und sie darauf trainieren, ihren Weg hin zu einem Stück Käse zu finden. Wenn man den Käse wegnimmt, werden die Mäuse den Weg, den sie sich gemerkt haben, noch ein paarmal laufen, aber dann werden sie versuchen, andere Möglichkeiten zu erforschen. Sie versuchen dann, andere Wege auszuprobieren, um zu sehen, ob sie dort ein wenig Käse finden – und sie geben die alte Route, die ihnen nichts mehr einbringt, sehr bald auf.

Seltsamerweise beweisen Menschen bisweilen nicht soviel »Köpfchen« wie Mäuse. Wir neigen dazu, immer wieder einem bestimmten Muster zu folgen, das uns vielleicht früher einmal bestimmte Vorteile brachte, aber wir folgen jenem Muster immer weiter, sogar nachdem es uns vielleicht kaum noch irgendeine Erfüllung bringt. So wie Bienen in einer Flasche fliegen wir immer wieder zu unserer Lichtquelle, ohne jedoch wirklich irgendwohin zu gelangen. Wir neigen dazu, der Devise zu folgen:

Tu immer das, was bequem ist!

Dies ist sicherlich eine irreführende, wenig fruchtbare Devise. Dahinter steht ein ganzes Bündel von alten, nur allzu vertrauten Entschuldigungen, die immer wieder zu hören sind, wenn Fehler gemacht werden oder Enttäuschungen hereinbrechen, wenn es offensichtlich sinnvoll wäre, irgendeine Veränderung herbeizuführen (oder wenn schon eine Veränderung eingetreten ist): »Aber wir haben es doch schon immer so gemacht?« – »Warum soll man das, was doch einigermaßen läuft, denn verändern?« – »Woher sollen wir wissen, daß es (die notwendige Veränderung) auch klappen wird?« – »Was ist, wenn wir nur gerade in einer schlechten Verfassung sind? Da wir soweit gekommen sind, müssen wir auch in dieser Form weitermachen.« Die letzte Bemerkung ist der typische Kommentar eines Managers oder Trainers, dessen Mannschaft schon sehr weit oben angekommen ist und der sehr wohl weiß, daß er unbedingt einiges verändern muß, der aber Angst hat, die Aufstellung dieser Mannschaft auch nur ein kleines bißchen zu verändern.

Menschen, die sich nicht anpassen können, neigen dazu, steif und unbeweglich zu werden. Durch Fehlschläge und Enttäuschungen fühlen sie sich gelähmt, und anstatt aktiv zu werden, bleiben sie ganz still sitzen und hoffen, daß sich eine Lösung schon irgendwie finden wird.

Menschen dagegen, die bereit sind, einen Anpassungsversuch zu machen, haben Spaß daran, neue Möglichkeiten auszuprobieren; es macht ihnen Freude, ein Risiko einzugehen. Sie versuchen auch einmal zu improvisieren und sind bereit, einen neuen Versuch zu wagen.

Was ist es, das Menschen in Situationen festhängen läßt, die zwar vertraut und bequem, aber zugleich auch destruktiv und sinnlos sind? Es ist etwas, was wir schon vorher untersucht haben: die Angst vor einem Fehlschlag. Die Situation erfordert ganz deutlich, daß bestimmte Maßnahmen ergriffen, ein Risiko eingegangen und eine Veränderung bewirkt werden muß, aber solche Menschen erscheinen wie gelähmt, festgefroren an Ort und Stelle wie ein behaarter Mammut, der die Eiszeit nicht hat kommen sehen.

Ich liebe den bekannten Spruch, daß es besser sei, etwas zu versuchen und einen Fehlschlag zu erleiden, als nichts zu tun und Erfolg zu haben. Manchmal ist ein etwas unorganisiertes und unvollkommenes Handeln besser als eine ordentliche, organisierte, sterile Passivität.

Ich möchte noch einmal auf den Vergleich mit der Biene in der Flasche zurückkommen – lassen Sie uns aber einmal statt einer Biene eine Fliege verwenden. Stellen Sie die Flasche noch einmal an dieselbe Stelle, den Boden auf ein helles Licht gerichtet. Wird die Fliege nun auch immer wieder gegen den Boden prallen, immer wieder versuchen, ins Licht zu fliegen, ohne doch jemals aus der Flasche herauszukommen? Im Gegenteil: Die Fliege summt in alle Richtungen – nach oben, nach unten, gegen das Licht, vom Licht weg, sie summt gegen die Wände der Flasche und, früher oder später, findet sie ihren Weg heraus durch den offenen Flaschenhals.

Die Lehre, die wir aus diesem Beispiel ziehen sollten, ist offensichtlich. Wenn Sie mit Veränderungen, Enttäuschungen oder Fehlschlägen fertig werden müssen, dann stehen Sie nicht passiv herum, sondern tun Sie *irgend etwas*! Jedoch bedeutet das natürlich nicht, daß Sie auf den Panikknopf drücken sollten. Lassen Sie sich auch nicht sofort von negativen Gedanken einschüchtern: Daß alles Ihre Schuld sei, daß Sie immer alles verderben und daß etwas, was Sie in Angriff nehmen, sowieso niemals klappt. Statt dessen behalten Sie das, was Sie eigentlich erreichen wollen, im Auge.

Jammern Sie nicht andauernd händeringend über die Vergangenheit. Planen Sie vielmehr den nächsten Schritt. Blicken Sie niemals auf einen Fehler zurück, den Sie gemacht haben, sondern bewegen Sie sich weiter vorwärts in Richtung auf Ihren Erfolg – und sei es auch nur um einen winzigen Schritt. Denken Sie an Ihre weiteren Erfolgsschritte und konzentrieren Sie sich auf das, was die Zukunft Ihnen bringen wird.

Akzeptieren Sie schwierige, destruktive Situationen und Fehlschläge vielmehr als Lernangebot. Versuchen Sie, wenn es irgend möglich ist, nicht noch einmal in dieselbe Situation, in dieselbe Falle zu geraten.

Vor allem setzen Sie für sich selbst Qualitätsmaßstäbe. Nehmen Sie sich in jedem Moment so, wie Sie sind, aber setzen Sie sich auch die für Sie erreichbaren nächsthöheren Ziele und passen Sie Ihr Verhalten an neue Situationen an. Und machen Sie sich eines bewußt:

Die Fähigkeit, sich anzupassen, ist von allergrößter Bedeutung!

Anpassungsfähigkeit in Aktion

Die folgenden fünf Vorschläge werden Ihnen helfen, Anpassungsfähigkeit zu entwickeln:

1. Anstatt sich vor Veränderungen zu fürchten, erwarten Sie in Ihrem Leben immer das Auftauchen von Veränderungen. Betrachten Sie Veränderungen als etwas Normales. Überprüfen Sie sich immer wieder, ob Sie aufnahmebereit sind für neue Ideen, für Überraschungen und für andere Situationen, die die Bereitschaft zur Veränderung verlangen.

2. Gewöhnen Sie sich an, aus jeder Situation das Beste zu machen. Wenn sich die Dinge nicht ganz genau so entwickeln, wie Sie es geplant haben, dann lassen Sie sich nicht niederdrücken oder von Panik überwältigen. Gleichgültig, welches Spiel Sie spielen – ein Fehlschlag heißt nicht, daß nun alles verloren ist. Ein falscher Schachzug bedeutet nicht, daß Sie das Spiel nicht doch noch gewinnen können.

3. Achten Sie nicht auf die kleinen Enttäuschungen und Ärgernisse, denen Sie auf dem Wege zu Ihrem Ziel notwendigerweise ausgesetzt sein werden. Viele Leute lassen sich von eigentlich unwichtigen negativen Erlebnissen so sehr beeindrucken, daß sie dadurch insgesamt unsicher werden und sich ihre Erfolgschancen verderben. Anpassungsfähige Leute haben es gelernt, mit einem gewissen Maß an Unangenehmem, Peinlichem, Entmutigendem und mit gewissen Widerständen zu leben. Sie konzentrieren sich auf das, was wirklich zählt – auf Ihr eigentliches Ziel.

4. Verbessern Sie Ihre Fähigkeit zur Veränderung und Er-

neuerung. Innovation ist lebenswichtig, da täglich neue bedrohliche Herausforderungen auf Sie zukommen können. Es gibt immer Wege und Möglichkeiten, um Aufgaben effektiver zu lösen. Vielleicht ist es notwendig, einige altbewährte Techniken mit einigen neuen Möglichkeiten zu kombinieren.

5. Ändere das, was du ändern kannst, finde dich mit dem ab, was unveränderlich ist, und bitte Gott um die Weisheit, beides unterscheiden zu können.

11. Ein Fünf-Sterne-Erfolg

Jedes Jahr kaufe ich mir voller Eifer und Vorfreude den neuen Hotelführer. Da ich während der letzten zehn Jahre praktisch überall in der Welt herumgereist bin, in fast jede größere Stadt der Vereinigten Staaten und in viele verschiedene Länder, macht es mir Spaß, zu sehen, welche Restaurants und Hotels die begehrten fünf Sterne erhalten. Fünf Sterne zu bekommen bedeutet für das Unternehmen fortwährend beste Qualität und besten Service.

Menschen kann man in ganz ähnlicher Weise einschätzen. Wenn Sie wirklich Ihren inneren Wert spüren und schätzen, warum sollten Sie dann nicht fortwährend jedermann, dem Sie begegnen, Ihre volle Aufmerksamkeit und Ihre ganze Kraft widmen? Wenn ich dies schreibe, dann habe ich immer unsere »Adoptivtochter« aus Mexiko vor Augen.

Graciela Gonzales wurde in der kleinen Stadt El Chante, ungefähr 150 Meilen südlich von Guadalajara, Mexiko, geboren. Sie kam zu uns, als sie gerade Siebzehn geworden war. Sie war in die Vereinigten Staaten gekommen, um ihre Chancen im Leben durch eine gute Arbeit und durch Fortbildung zu verbessern. Zu Hause in Mexiko war sie eines von 13 Kindern gewesen, deren Eltern sich mehr schlecht als recht als Landarbeiter durchschlugen. Stundenlanges Fernsehen war ganz sicherlich nicht eines von Gracielas Problemen! Sie hatte andere und wichtigere Sorgen, etwa, wie sie nach Kalifornien kommen könnte, um sich eine Arbeit zu suchen, und wie sie Geld nach Hause schicken könnte, um ihre Familie zu unterstützen.

Zuerst war Graciela sehr schüchtern und sprach kein Wort Englisch, aber sie wollte gerne arbeiten, weiterkommen, helfen und lernen. Gegen freie Unterkunft und Verpflegung, Ausbildung und ein Taschengeld half sie uns, die kleineren Kinder in unserer Familie zu versorgen. Wir mochten sie sofort, und sie wurde praktisch unsere »Adoptivtochter.«

Gracielas Geschichte ähnelt sehr der von Eliza Doolittle in *Pygmalion*. Zuerst blieb sie, wenn sie frei hatte, immer mit ihren mexikanischen Freunden, die auch Arbeit in den Staaten suchten, in ihrem Zimmer. Sie wollte nicht aufdringlich sein und niemandem zur Last fallen. Immer wieder sagten wir ihr: »Du gehörst zu uns, du gehörst zur Familie.« Wir behandelten sie immer mit Liebe und Respekt, und unsere Wertschätzung für sie wuchs im Laufe der Zeit immer mehr.

Unsere Eliza Doolittle aus Lateinamerika enttäuschte uns nicht. In den zehn Jahren, die sie bei uns arbeitete, lernte sie fließend Englisch und wuchs zu einer attraktiven jungen Frau heran. Sie hatte die Selbstachtung, die daher kommt, daß man seinen eigenen inneren Wert erkannt hat und sein Leben voller Selbstachtung und Rechtschaffenheit gestaltet. Sie besuchte eine Abendschule, bekam die Qualifikation zum Besuch einer Hochschule und ging dann zurück auf die Universität von Guadalajara, wo sie ein ausgezeichnetes Examen als Grundschullehrerin machte.

Heute hat Graciela die amerikanische Staatsbürgerschaft angenommen und macht gerade das Examen als Sprachlehrerin für Mexikanisch und Englisch. Ich war erfüllt von Stolz, als ich sie bei ihrer Hochzeit mit einem amerikanischen Ingenieur an meinem Arm das Kirchenschiff hinabgeleitete – ganz so, wie ich unsere Töchter Debbie und Dayna zum Altar geleitet hatte, und wie ich hoffentlich eines Tages auch Kimberlyn und Lisa dorthin führen werde. Graciela und ihr Mann, Ron, leben heute mit ihren drei Söhnen in Kalifornien und sind eine der glücklichsten Familien, die ich kenne.

Ihr Mann nennt sie Grace, die Anmutige, und ich könnte mir selbst keinen passenderen Namen vorstellen. Von dem

Tag an, wo ich Graciela zum ersten Mal traf, war sie in einzigartiger Weise liebreizend und anmutig. Graciela war immer voller Dankbarkeit und freute sich über die geringsten Möglichkeiten und Angebote, um sich zu entwickeln und weiterzuwachsen. Sie war dankbar für alles und zeigte es uns während sie bei uns war und auch später. Sie antwortete auf jeden Brief und auf jede Karte, die wir ihr schickten. Sie hat niemals einen Geburtstag oder eines unserer Familienfeste vergessen. Sie blieb immer mit uns in Kontakt und war in ihrem Fleiß, ihrer Dankbarkeit und ihre Liebe für uns alle beispielhaft.

Kürzlich haben Susanne und ich Graciela besucht, und während sie uns ihr hübsches kleines Haus zeigte, sprachen wir über ihr Leben. Sie sagte: »Wir haben gemeinsam eine ganz schöne Strecke zurückgelegt, nicht wahr?« Das Wort *wir* war typisch für Graciela. Sie war sich immer bewußt, wie wichtig andere Menschen für uns sind, und sie hat in ihrem Leben andere Menschen immer voller Respekt und Achtung behandelt.

Graciela Gonzales machte aus dem, was das Leben ihr anbot, das Allerbeste. Für mich ist sie ein leuchtendes Beispiel für das »gewisse Etwas«, das jeder, der wirklich weiß, was es heißt, der Beste zu sein, immer in sich hat. Dieses »gewisse Etwas« ist schwer zu beschreiben. Mir fallen dazu nur die Worte *dankbar, sorgfältig, rücksichtsvoll, liebevoll* ein. Aber es kommen noch andere Eigenschaften hinzu, beispielsweise das Gefühl der Verantwortung gegenüber der großen Chance, die das Leben für uns bereithält. Und dazu gehört vielleicht mehr als alles andere die Bereitschaft, sich selbst und andere Menschen wertzuschätzen, weil man sich der Schönheit und des Wunders des Lebens in jedem Moment bewußt ist.

Eine liebevolle Einstellung zum Leben bedeutet nicht »Das süße Leben«

Wir können nicht über das Thema »Der Beste sein« nachdenken, ohne uns über die Haltung von Liebe und Achtung für das Leben Gedanken zu machen. Dies ist natürlich etwas ganz anderes als »Das süße Leben«, wie wir es in den hochglänzenden Vierfarbdrucken mancher Zeitschriften abgebildet finden, auf den Fotos von wunderbar gedeckten Tischen, die mit frischen Blumen geschmückt sind. Ich freue mich auch an wunderbar gedeckten Tischen und frischen Blumen – aber ich weiß auch, daß Menschen, die eine liebevolle, respektvolle Haltung zum Leben haben, durchaus nicht immer diese Art von »gutem Leben« führen. Mit Liebe und Achtung für das Leben meine ich die persönlichen Einstellungen und Überzeugungen, die uns immer ins Bewußtsein rufen, wer uns auf seinen Schultern trägt und uns dorthin gebracht hat, wo wir heute stehen.

Niemand ist eine Insel. Dadurch, daß wir einander brauchen, sind wir alle untrennbar miteinander verbunden. Der Leitsatz ist irreführend:

Erfolg hat der, der sich nur auf sich selbst verläßt!

Wir sollten über solche Sprüche nur lächeln. Niemand kann sich *nur* auf sich selbst verlassen. Alle unsere Erfolge, all das, was wir erreichen, verdanken wir jemandem oder einer Sache, der uns unterstützt oder die uns weitergeholfen hat. Insgeheim wissen wir, daß dies die Wahrheit ist:

Der Erfolg ist eine gemeinsame Anstrengung.

Und ebenso müssen wir auch das Leben gemeinsam angehen. Manche behaupten: »Auf jeden Gewinner kommt ein Verlierer.« Die Wahrheit aber ist: »Immer, wenn es irgendwo einen Gewinner gibt, profitieren auch andere davon, haben auch andere dazu beigetragen.« Viele Leute sind der Meinung, daß es immer nur wenige Menschen gibt, die Erfolg haben können. Die Wahrheit aber sieht anders aus: Erfolg ist für viele Menschen zu einer festen Lebensform geworden – vor allem für die, die voller Liebe und Achtung für ihre Mitmenschen und nicht nach dem Gesetz des Dschungels leben.

Aber was bedeutet ein erfolgreiches Leben, was bedeutet »Respekt für das Leben« praktisch, in unserem Alltagsleben? Es ist eine grundsätzliche, persönliche Einstellung zum Leben – und wir könnten ein ganzes Buch darauf verwenden, um sie zu beschreiben. Es bedeutet auf jeden Fall, daß wir uns einige grundsätzliche Fragen ganz ehrlich beantworten, ohne jeden Selbstbetrug und Zynismus und ohne jede phrasendreschende »Positives-Denken«-Oberflächlichkeit. Die Fragen, die wir uns stellen müssen, sind diese: Weißt du, wer du wirklich bist? Weißt du das zu schätzen, was du hast? Befindest du dich da, wo es für dein Leben richtig ist? Machst du jeden Tag eine besondere Anstrengung, um zu deinem Lebensziel zu gelangen? Rivalisierst du mit anderen oder arbeitest du mit ihnen zusammen?

Wenn Sie der Beste sein wollen, dann müssen Sie diese Fragen ehrlich beantworten – und noch einiges mehr. Wenn Sie Ihr Bestes geben wollen, dann bedeutet das, daß Sie zumindest vier Ebenen der persönlichen Reifung durchschritten haben müssen, und für jede dieser Ebenen ist einer dieser vier folgenden Sätze charakteristisch: (1) Kann nicht jemand anderes es tun?; (2) Ich kann es schon selbst machen; (3) Bitte hilf mir; und (4) Bitte laß mich dir helfen.

Wenn Sie die vierte Ebene erreichen, dann sind Sie der Haltung der grundsätzlichen Achtung und Liebe für das Leben schon sehr nahe gekommen. Der verstorbene Lloyd Conant, der mir half, meine Karriere als Seminarleiter und Lehrer aufzubauen, war ein Mann, der wirklich Achtung und

Liebe für das Leben hatte. Er sagte mir: »Die besten Menschen auf der Welt werden niemals eine besondere Bekanntheit und Ehre erlangen. Sie haben es nicht nötig, bekannt und berühmt zu sein, und sie verschwenden nicht ihre Zeit mit eitlen Zurschaustellungen. Da sie ein beispielhaftes, gesundes Leben führen, erscheinen sie nur sehr selten in den Medien. Die Medien nämlich interessieren sich meist nur dafür, was sensationell, widersprüchlich oder bizarr ist. Gelegentlich liest man über sie später in den Geschichtsbüchern, gewöhnlich dann, wenn sie in der Welt Führungspositionen innehatten.«

Ob Sie nun in den Annalen der Geschichte erscheinen werden oder nicht, ist im Grunde unwichtig. Aber die Haltung von Achtung und Liebe zum Leben ist wichtig, um ein erfülltes, erfolgreiches Leben zu führen.

Wissen Sie, wer Sie wirklich sind?

Wir haben schon in Kapitel 2 erörtert, daß es für Ihre Selbstachtung von entscheidender Bedeutung ist, Ihren gottgegebenen inneren Wert zu erkennen. Auf der Hierarchieleiter der Selbstachtung steht ganz oben der *innenorientierte Mensch*, der sagen kann: »Ich beurteile mich selbst nach meinen eigenen Maßstäben, nicht auf Grund der Meinungen, die andere über mich haben. Ich gebe dem Leben mein Bestes. Ich setze mich bei dem, was ich tue, voll und ganz ein. Ich liebe das Leben.«

Wenn Sie über Ziele und Wissen verfügen, wenn Sie hart arbeiten, Durchhaltekraft und Anpassungsvermögen haben, dann ist es möglich, daß Sie das vom Leben bekommen, was Sie sich wünschen. Was noch hinzukommt, ist, daß Sie sich auch dann, wenn Sie es erreicht haben, noch die Fähigkeit bewahrt haben, sich darüber freuen zu können. Der Geschäftsleiter in seinem riesigen Büro im zwölften Stock seines Hochhauses, von dem aus er die ganze Stadt überblicken kann, nimmt sich vielleicht niemals die Zeit, aus dem Fenster zu blicken. Er hat Scheuklappen aufgesetzt und spielt ein lebensnahes »Monopoly«-Spiel, in dem er nie sicher ist, daß er auch genug hat. Manche erfolgreichen Geschäftsleute haben die schönsten Häuser auf dem Lande oder an der See, aber sie benutzen Sie nur, um dort zu essen und zu schlafen. Sie haben immer das Gefühl, sie müßten die Spitze des Berges erreichen – aber irgendwie scheint jener Berg immer ein Stückchen höher zu wachsen.

Es gibt ein offenes Geheimnis, wie man aus harter Arbeit und aus einem zielorientierten Leben am meisten Freude schöpft: Man muß sich am Duft der Rosen schon auf dem Wege und nicht erst am Ziel freuen. Vielleicht arbeiten Sie ununterbrochen an sechs von sieben Wochentagen, um gut für Ihre Familie zu sorgen. Aber in der Zwischenzeit wachsen Ihre Kinder heran und haben bald eigene Kinder, und auch diese Enkelkinder bleiben für Sie unbekannte Wesen. Vielleicht arbeiten Sie dreißig Jahre lang, ohne einmal wirklich Urlaub zu machen, und entdecken dann, wenn Sie in Rente gehen, daß Sie nicht wissen, wie man taucht oder Wasserski fährt oder mit einem Segelflugzeug fährt – ganz zu schweigen davon, wie man nur auf einem Felsen sitzt und dem Sonnenuntergang zuschaut. Überall wird uns eingehämmert:

Das Leben ist ein Wettlauf, in dem man der Erste sein muß!

Häufig hat man mir gesagt, daß es vor allem zwei Tragödien im menschlichen Leben gibt: entweder nie einen Traum zu haben, für den es sich zu leben lohnt, oder niemals wirklich diesen Traum verwirklichen zu können. Die größte Tragödie ist es jedoch, das zu erreichen, was Sie immer angestrebt haben, nur um herauszufinden, daß es Sie nicht befriedigt. Das

Leben ist kein Wettlauf, in dem Sie der Erste sein müssen. Die Wahrheit ist vielmehr:

Das Leben ist kein Probelauf – jeder Moment ist ein Geschenk an Sie!

Wenn Sie wissen, wer Sie wirklich sind, dann erfahren Sie das Glück auf der Reise, die Sie machen, und nicht so sehr im flüchtigen Rausch, »angekommen« zu sein. Erfolg liegt im Lernen, im Wachsen, im Teilen mit anderen. Jede Vollendung birgt wieder einen neuen Anfang in sich.

Im Herbst seines Lebens kann der *innenorientierte Mensch* zurückblicken und denken: »Ich habe die meisten Tage meines Lebens und die meisten Strecken meiner Reise genossen.« Der *Materialist* dagegen, der bloß *Leistungsorientierte* und sogar der *Altruist* müssen vielleicht im Rückblick zugeben: »Ich habe mich bis auf die Knochen abgerackert, und jetzt bin ich zu müde, um die Früchte meiner Arbeit zu genießen. Soll das alles gewesen sein?«

Der reichste Mann Amerikas hat einen wirklichen Lebenserfolg erzielt

Ein Mann, dem es gelungen ist, großen Reichtum und zugleich einen wirklichen Lebenserfolg zu erzielen, ist Sam Walton. Die Zeitschrift *Forbes* hat ihn einmal zum reichsten Mann Amerikas erklärt. Die sprudelnde Quelle seines riesigen Reichtums ist seine Kette von Wal-Mart-Discount-Warenhäusern, die 1986 einen Umsatz von 11 Billionen Dollar machte. In seiner Funktion als Mitbegründer und Hauptgeschäftsführer der ungefähr 900 Wal-Mart-Kaufhäuser, die er in 22 Staaten besitzt, hat er ein Einkommen von »bescheidenen« 300 000 Dollar pro Jahr. Aber die Zeitschrift *Forbes* spekulierte, daß allein sein Grundbesitz und seine Dividenden ihn bereits zu einem reicheren Mann machten, als es je ein Rockefeller, Getty oder Kennedy waren.

Sam Walton sagt, er wüßte nicht genau, wieviel Geld er hat, und es interessiere ihn im Grunde auch nicht besonders. Er fährt immer noch durch die kleinen Straßen von Bentonville (9901 Einwohner), Arkansas, in einem kleinen rot-weißen Ford-Lieferwagen (Modell 1979) und hat während der Jagdsaison ein paar Hühnerhunde auf dem Beifahrersitz.

Sam hat sich jedoch keinesfalls zur Ruhe gesetzt. Er verbringt sehr viel Zeit damit, mit einem der fünf firmeneigenen Flugzeuge zur Eröffnung eines neuen Wal-Mart-Kaufhauses zu fliegen. Man erzählt sich von Walton, daß er bei solchen Eröffnungsfeiern – ebenso wie bei den Direktorenversammlungen – oft auf einen Stuhl springt und jeden dazu animiert: »Ruft mal alle laut W-A-L . . . lauter, alle zusammen . . .!« Der allgemeine W-A-L-Jubel zeigt, wie Walton das Leben und seine Verpflichtungen begreift: Er ist vor allem verantwortungsbewußt und aufrichtig, er arbeitet hart, häufig bis spät in die Nacht, er weiß wirklich, wie seine Läden laufen (und bezieht daraus sehr gute Geschäftsideen), er behandelt seine Mitarbeiter voller Respekt, reduziert die Preise und die Gewinnspannen auf ein Minimum und schläft in der Nacht tief und fest.

Jeder Besucher, der sich erhofft, einmal einen Hauch des Lebens der Reichen und Berühmten mitzubekommen, wäre enttäuscht, wenn er sein Haus in Bentonville besuchte. Wenn Sie zum Haus mit dem Postkasten »Sam und Helen Walton« hinausfahren, dann finden Sie ein ländliches, bescheiden möbliertes Haus im Stil einer Ranch, weit weg von der Straße unter Bäumen gelegen. Der Fuhrpark besteht nur aus einem kleinen Lieferwagen, und wahrscheinlich rennen gerade ein oder zwei lehmbespritzte Hühnerhunde über das Gelände.

Wenn Sam den Wal-Mart-Laden in seiner Kleinstadt betritt, fragt er vielleicht den Manager: »Wie geht das Geschäft?« Dann bedient er sich mit seinem Einkaufswagen und stellt sich wie die anderen Kunden an die Kasse.

Glauben Sie mir nicht, daß er sich in seinem eigenen Laden tatsächlich keine besonderen Rechte herausnimmt? Der Geschäftsführer gibt zu, daß Sam in der Jagdsaison manchmal wirklich in Eile sei. Vielleicht drückt er dann einfach dem Verkäufer einmal eine Fünf-Dollar-Note in die Hand und sagt: »Ich bin schrecklich in Eile. Würden Sie das bitte für mich erledigen?«

Also mir scheint, Millionäre sind manchmal wirklich reichlich arrogant! Und hier ist noch ein Beispiel, wie »arrogant« Sam sein kann. Eines Morgens vergaß er, der reichste Mann von Amerika, seine Brieftasche. Er hatte sich gerade die Haare schneiden lassen, und sein Friseur, John Mayhall, zu dem er seit 25 Jahren geht, sagte einfach: »Sie können das nächste Mal bezahlen.«

Sam Walton erwiderte: »Nein, ich hole das Geld.« Und er ging nach Hause, holte seine Brieftasche und kam zurück, um seine Rechnung zu begleichen.

Wenn Sie nach einem Vorbild suchen, einem Mann, der wirklich weiß, wer er ist, dann ist Sam Walton der Richtige. Er badet sich nicht in seinem eigenen Ruhm und wühlt auch nicht allabendlich, wie Dagobert Duck, im Geldhaufen, in den Zeitungsartikeln, die über ihn erschienen sind. Der Mann, der wirklich der reichste Amerikaner ist, hat wirklich sein Leben zu einem Erfolg gemacht – aber sein Geld hat in Wirklichkeit nur sehr wenig damit zu tun.

Wissen Sie das zu schätzen, was Sie wirklich haben?

Eine unserer größten Sünden – und wir sind uns dieser Sünde noch nicht einmal bewußt – ist es, alles Gute als selbstverständlich anzusehen. Wir neigen dazu, uns über Kleinigkeiten zu beschweren, und sehen nicht, was wir besitzen. Auf Seminaren frage ich häufig meine Zuhörer: »Wer von Ihnen leidet *nicht* an einer tödlichen Krankheit? Bitte heben Sie die Hand.«

Gewöhnlich gehen etwa 99,9 Prozent der Hände hoch. Wenn jemand die Hand nicht hebt, dann spreche ich ihn daraufhin nicht an. Ich will vielmehr darauf hinaus, daß sich jeder im Raum dessen bewußt wird, daß die Menschen, die im großen und ganzen gesund sind, zu den auserwählten 5 Prozent der Menschen auf dieser Erde gehören. Wenn Sie also augenblicklich nicht unter einer ernsten Krankheit leiden, dann heiße ich Sie im 5-Prozent-Club willkommen! Ungefähr 95 Prozent der Erdbevölkerung nämlich hat sehr große Schwierigkeiten, bis zum Alter von 45 Jahren zu überleben!

Es ist doch erstaunlich, daß wir heute in unserer modernen Zeit die Gesundheit als etwas Selbstverständliches ansehen. Wir verhalten uns so, als wenn uns das Schicksal die gute Gesundheit ganz einfach schuldig ist, und klagen andauernd über die hohen Kosten für das Gesundheitswesen und über die Schreckensgeschichten, die im Zusammenhang mit ärztlichen Kunstfehlern verbreitet werden.

Ich ziehe eine andere Einstellung vor: »Ich bin dankbar, daß ich überhaupt jeden Morgen aufwache.« Ich schlage die Augen auf, sehe die Zimmerdecke, sage zu mir selbst: »Dem Herrn sei Dank für diesen neuen Tag. Jetzt also los!«

Mein Freund Zig Ziglar pflegt manchmal zu sagen: »Wenn Sie meinen, dies sei kein guter Tag, dann versuchen Sie doch einmal, einen auszulassen.«

Etwas anderes, was wir ebenfalls als selbstverständlich ansehen, und was wir häufig ganz einfach brach liegen lassen, ist unser ganzes geistiges und seelisches Potential, über das wir vorher gesprochen haben. In unserem gesamten Leben benutzen wir nur einen Bruchteil unserer Denkfähigkeit. Es wäre uns ohne Schwierigkeit möglich, fünf Sprachen zu lernen, mehrere Bände Konversationslexika auswendig zu lernen und erfolgreich Dutzende von Hochschulkursen abzuschließen.

Sehr ernstzunehmende Wissenschaftler haben uns bestätigt, daß wir nur einen winzigen Prozentsatz der Fähigkeiten unseres Gehirns wirklich nutzen. Es fehlt uns nicht an Potential; es fehlt uns nur an einem starken Willen und oft an einem wertvollen Lebensziel. Viele von uns lernen und erreichen ganz einfach deshalb nicht mehr, weil wir zu faul sind, um uns anzustrengen. Es ist eben leichter, sich auf den Freitag und das Wochenende zu freuen.

Viele Leute behaupten, sie wüßten, daß Wissen Macht ist, und daß eine gute Ausbildung der beste Weg zu einem guten Job ist, aber nur relativ wenige handeln nach dieser Erkenntnis. Für die meisten Leute ist Lernen so ähnlich wie Steuern bezahlen oder ein Besuch beim Zahnarzt. Es ist etwas, was sie überhaupt nicht gerne tun, und nur wenige tun es wenigstens dann, wenn es absolut notwendig ist. Die meisten Leute meinen, daß der Tag, an dem sie von der Schule oder der Hochschule abgegangen sind, der letzte Tag gewesen sei, an dem sie in ihrem Leben etwas lernen mußten.

Unsere moderne Industriegesellschaft verfügt über das reichste Angebot für Erziehung und Bildung. Unsere Bibliotheken, unsere Hochschulen und Universitäten platzen geradezu vor Informationen über jedes erdenkliche Thema aus allen Nähten. Jedem, der bereit ist, nur eine halbe Stunde pro Abend zu lernen, können sie dazu verhelfen, ein intelligenter und erfolgreicher Mensch zu werden.

Erfolg bedeutet, zu wachsen, zu lernen und sich anderen mitzuteilen!

Den Japanern ist es gelungen, sich zu einer der führenden Nationen im Bereich von Wirtschaft und Wissenschaft zu entwickeln, weil sie sehr viel mehr Gewicht auf eine fortwährende Weiterbildung legen. 95 Prozent der Fernsehapparate, die wir benutzen, um unsere Zeit in Apathie und Langeweile zu verschwenden, werden von ihnen hergestellt.

Wir haben uns auf unseren Lorbeeren ausgeruht, und so ist Japan an unsere Stelle getreten. Allmählich ist auch Japan in Versuchung, sich auf seinen Lorbeeren auszuruhen – und raten Sie einmal, wer schon darauf wartet, an seine Stelle zu treten? Die Chinesen beginnen, ganz groß herauszukommen. Die Fünftkläßler in China verbringen durchschnittlich 114 Minuten am Tag über ihren Hausaufgaben. Die erwachsenen Amerikaner dagegen verbringen täglich ungefähr 46 Minuten damit, sich irgendwie zu Hause weiterzubilden.

Ich habe mich immer geweigert, zu glauben, daß die guten alten Zeiten ein für alle Male vorbei seien. Vielmehr sage ich mir gerne, daß wir die guten alten Zeiten hier und jetzt erleben. Dennoch müssen wir zugeben, daß wir, im Vergleich zu den guten alten Zeiten, als Sportlern und Unterhaltungskünstlern noch nicht astronomische Summen dafür gezahlt wurden, daß sie unsere inneren Spannungen vermindern, in mancher Hinsicht schlechter dastehen. Damals saßen die Kinder eben täglich drei oder vier Stunden über ihren Hausaufgaben und die Konkurrenz aus anderen Ländern bedrohte nicht unsere Arbeitsplätze. Wir Amerikaner sind immer noch die mächtigste Nation der Erde, aber im Welthandel sind wir nicht länger die führende Nation. Wir stehen schlechter da als manche Staaten am Pazifik und in Europa, und es gelingt uns nicht, aufzuholen.

In einem kürzlich erschienen Artikel in der Zeitschrift *Newsweek* wurde dargestellt, daß es uns als Nation an Wettbewerbsfähigkeit mangelt. Wir arbeiten ganz einfach nicht hart genug – und das zeigt sich daran, daß unser jährliches wirtschaftliches Wachstum und unsere Produktivitätssteigerung seit 1950 nur 1,4 % betragen. Dies sind 25 % der japanischen Wachstumsrate, und wir sind damit immer noch erheblich schlechter als Westdeutschland oder Frankreich.

Die Kritiker sagen, unser Problem sei unsere allgemeine Lethargie und unsere Selbstgefälligkeit, wir würden kleine Gewinne und kurzfristige Profite auf Kosten einer realistischen Langzeitplanung vorziehen.

Politiker bieten uns alle möglichen Lösungen an, sie entwerfen Programme, die viele Billionen Dollar kosten und die darauf abzielen, unser Bildungssystem an die wirtschaftlichen Notwendigkeiten anzupassen. Möglicherweise wäre es auch eine gute Idee, sich weniger an Männern zu orientieren, die 1,2 Millionen Dollar im Jahr dafür verdienen, daß sie einen Baseball werfen, einen Basketball ins Netz treffen oder einen Fußball ins Tor schießen (oder die jemandem hinterherrennen, der das ebenfalls kann). Vielleicht würde es uns nützen, uns mehr an Männern wie Warren Spahn zu orientieren, der bis zum Alter von vierundvierzig Jahren immer in den besten Baseballmannschaften mitspielte und der, während der längsten Zeit seiner Sportlerkarriere, für den Baseball das war, was Michelangelo für die Malerei repräsentierte.

»Dem Baseball verdanke ich alles.«

Warren Spahn ist einer der ganz großen Baseballspieler Amerikas. Er ist ein Symbol der unkomplizierteren Zeiten, als die Sportler sich noch ihrer Mannschaft und nicht ihrem Managern verpflichtet fühlten, als Sportler ein Hochgefühl durch ihre Siege und nicht durch Kokain bekamen und als sie sich mit einem Honorar von 1500 Dollar nach einer ganz besonders guten Spielsaison glücklich schätzten.

Heute ist Warren Spahn der Besitzer der Diamond Star Ranch am Rande von Harshorne, Oklahoma. Im Jahre 1948, als seine Mannschaft aus Milwaukee den Pokal gewann, kaufte er ein paar Quadratkilometer Land auf. Nach und nach kaufte er mehr Land zu seinem Besitz hinzu.

Heute hat er 2800 Hektar Weideland, Getreideäcker, Teiche und eine Ölquelle, die Öl im Wert von 500 Dollar im Monat produziert.

In den Zeiten seiner Spitzenleistungen brachte Spahn ein Gehalt von 87 500 Dollar nach Hause. Heute ist das durchschnittliche Jahreseinkommen für einen der ganz großen Baseballspieler in Amerika 412 520 Dollar – das ist ungefähr dreimal so viel wie zu Spahns Zeiten, selbst wenn man die Inflation in Betracht zieht.

Spahn hatte nie einen Manager. Er handelte seinen Jahresvertrag mit John Quinn, dem Trainer seiner Mannschaft, sogar selbst aus, und in einer Spielsaison, in der Spahn mehr als 20 Spiele gewann, bot ihm Quinn keinen Cent mehr an.

Spahn fragte manchmal: »John, was muß ich tun, um eine kleine Gehaltserhöhung zu bekommen?« John pflegte dann zu antworten: »Du wirst dafür bezahlt, daß du 20 Spiele gewinnst.«

Wenn man ihn fragt, was er wohl auf dem heutigen Markt von Sport und Massenunterhaltung wert wäre, dann lächelt Spahn nur und meint, er wäre ganz gerne noch einmal Einundzwanzig und im Vollbesitz seines dicken Haarschopfs. Er beschreibt den Grund, warum er bis zum Alter von 44 Jahren spielte, so: »Ich war eben immer noch hungrig. Ich hatte immer noch eine große Sehnsucht in mir. Kann man heute noch wirklich etwas erreichen wollen, wenn man Millionär ist und für die Zukunft ein für alle Male ausgesorgt hat?«

Spahn verwaltet seine Ranch mit Hilfe seines Sohnes, Greg, Absolvent der Universität von Oklahoma und Spahns einziges Kind. Sie sind Partner und gute Freunde.

Neben seiner Arbeit auf der Ranch reist Spahn als Redner durch die USA und arbeitet im Bereich der Werbung für große US-Firmen. Natürlich spielt er auch Baseball in einer »Alte-Herren«-Mannschaft, er entwirft Trainingsprogramme für junge Baseballspieler, tritt auf Sportfesten auf und spielt bei bekannten Golfturnieren mit. Manchmal unterschreibt er bei ganz großen Baseballspielen Autogramme und hält Reden über seinen Lieblingssport.

Seitdem er vor einigen Jahren Witwer wurde, wohnt Spahn allein in seinem bequemen Drei-Schlafzimmer-Ranchhaus. In diesem Haus befindet sich auch sein Büro. Er arbeitet an seinem einfachen Metallschreibtisch und stellt niemals den Anrufbeantworter ein.

Die »Firma Spahn« hat keine Angestellten, nicht einmal eine Teilzeitsekretärin und ganz sicher keinen Manager. »Warum sollte ich es jemand anderem übergeben, wenn ich es selbst besser machen kann?« fragt er.

Spahn macht es Freude, durchs Land zu reisen und den Leuten seine Botschaft zu übermitteln: Durch Disziplin, harte Arbeit und die Bereitschaft, auch Unangenehmes auf sich zu nehmen, können Sie es schaffen, ein Sieger in Ihrem Leben zu werden. Er wurde durch diese Eigenschaften zum Gewinner von 363 ganz großen Spielen und wurde für seine Tapferkeit in der Schlacht um die Brücke von Remagen im Zweiten Weltkrieg zum Offizier ernannt. Er meint: »Ich denke, das Geheimnis ist, sich jederzeit im Leben voll einzusetzen und das Beste herauszuholen. So habe ich es in der Vergangenheit gemacht, und so mache ich es noch heute. Dem Baseballspiel und meiner Militärzeit verdanke ich alles, was ich heute bin.«

Leben Sie mit Ihren Kräften und mit Ihrer inneren Uhr im Einklang?

Eine der bedeutungsvollsten Beziehungen in meinem ganzen Leben war meine Freundschaft mit dem verstorbenen Dr. Hans Selye, einem anerkannten Streßforscher. Er begann seine Forschungen und seine Veröffentlichungen über Streß in den 30er Jahren und formulierte die klassische Definition des Streß: »Streß ist die unspezifische Antwort des menschlichen Körpers auf Forderungen, die an ihn gestellt werden.« Mit anderen Worten: Ihr Körper ist in dieser Hinsicht nicht wählerisch. Gleichgültig, welcher Art von Druck oder Aufregungen Sie ausgesetzt sind. Ihr Körper antwortet immer mit einer Streßreaktion.

Dr. Selye war der Meinung, daß wir alle eine bestimmte Form von Lebenskraft haben – und zwar in Form eines Streß-Sparkontos. Wir sollten diese Lebenskraft vernünftig aufbrauchen – und zwar über einen möglichst langen Zeitraum hinweg. Der Unterschied zwischen unserm Streß-Konto und unserm normalen Bankkonto besteht darin, daß wir aufs Konto unserer Lebenskraft, oder, wie Selye es nannte, in das Maß unserer Anpassungsenergie, keine Einzahlungen machen können. Wir können nur davon zehren.

Der Alterungsprozeß von Menschen geht in derart unterschiedlicher Weise vor sich, weil einige Menschen mit ihrer Anpassungsenergie sehr verschwenderisch umgehen, während andere sie sehr viel sparsamer aufbrauchen. In den letzten Jahren veröffentlichte wissenschaftliche Studien über das Verhalten des ersteren, des sogenannten A-Typs stimmen sehr stark mit dem überein, was Dr. Selye schon vor Jahrzehnten geäußert hat. Aber was hat das Verhalten des A-Typs im Gegensatz zum Verhalten des B-Typs mit unserer Frage nach der Liebe zum Leben und zu den Mitmenschen zu tun? Sehr viel, wie wir sehen werden.

Die Gefahren des hastigen, aggressiven, ungeduldigen Leben des A-Typs wurden sehr drastisch in einer Veröffentlichung von Meyer Friedman und Ray Rosenman im Jahre 1974 herausgestellt. Friedman und Rosenman sind Herzspezialisten in Kalifornien. Seit den späten 50er Jahren hatten beide Ärzte Untersuchungen zu diesem Thema angestellt, nachdem eine ihrer Sekretärinnen eine merkwürdige Beobachtung gemacht hatte: Das Polster der Stühle im Wartezimmer war nur am vorderen Rand abgescheuert. Keiner der beiden Ärzte war über diese Beobachtung überrascht. Viele ihrer Herzpatienten kamen auf die Minute genau an und wollten so schnell wie möglich die Praxis wieder verlassen. Solche Leute haben im allgemeinen die Angwohnheit, ihr Leben sozusagen am Rande ihrer Sitzplätze zu leben, und sie haben große Schwierigkeiten, zu warten.

Das größte Risiko nimmt man auf sich,
wenn man gar nichts tut!

Friedman und Rosenman nannten dieses »Stuhlrand«-Verhalten zunächst einmal die »Eile-Krankheit« und prägten später dann den Ausdruck »das Typ-A-Verhaltensmuster« dafür. Die Persönlichkeit vom A-Typs zeichnet sich dadurch aus, daß sie ehrgeizig, aggressiv, wettbewerbsorientiert und ungeduldig ist. Ein solcher Mensch ist angespannt und wachsam und redet sehr schnell und voller Nachdruck. Er lebt sein Leben sozusagen wie eine Kerze, die an beiden Enden brennt. Zu seinen gefühlsmäßigen Reaktionen gehören häufig Gereiztheit, Ärger und eine vermehrte Feindseligkeit.

Der B-Typ (nach der Definition von Rosenman und Friedman) ist eher entspannt, mit sich im Einklang, leicht zufriedengestellt und nicht in dem Maße von dem Bedürfnis, etwas erreichen zu wollen, getrieben. Offensichtlich ist der B-Typ besser disponiert, seine Anpassungs- und Lebensenergie zu bewahren.

Der A-Typ hat auch oft eine recht zynische Einstellung, die dem insgesamt eher übelwollenden, neidischen, mißgünstigen, verbitterten und mißtrauischen Charakterbild dieses Menschen entspricht. Eine andere Einstellung, die mit dem Verhalten des A-Typs einhergeht, ist eine sehr starke Beschäftigung mit sich selbst. In einer Studie über 59 Hochschulstudenten erwies sich, daß der A-Typs zweimal so häufig Pronomina wie »ich, mich, mein« etc. gebrauchte wie der andere Typ – natürlich verbunden mit einem entsprechenden Anstieg des Blutdrucks. In anderen Studien wurde deutlich, daß Menschen, die sich sehr stark mit sich selbst beschäftigen, sehr viele Gefühle von Feindseligkeit und Isolation – und sehr oft einen zweiten Herzinfarkt haben.

In den letzten Jahren gab es verschiedene Kontroversen über den Zusammenhang zwischen dem Verhalten des A-Typs und Herzkrankheiten. Einige Studien zeigen, daß es zwischen beiden eine direkte Verbindung gibt, während manche wieder zu anderen Resultaten kommen.

Forscher, die mit Friedman und Rosenman zusammenarbeiten, sind auf jeden Fall davon überzeugt, daß es so etwas wie das Typ-A-Verhalten gibt. Das Programm zur Verhaltensmodifikation des A-Typs wird im Mount-Zion-Krankenhaus in New York angewandt, und das medizinische Zentrum in San Francisco hat eine entsprechende Fünf-Jahres-Studie über Patienten erarbeitet, die bereits einen Herzanfall hatten. Das Resultat dieser Studie war, daß Patienten, die eine Beratungsstelle aufsuchten, um ihr Typ-A-Verhalten zu verändern, deutlich weniger unter Herzbeschwerden litten.

Ein Teil des Beratungsprogramms besteht darin, daß sich acht bis zehn Patienten regelmäßig mit einem ausgebildeten Therapeuten zur Gruppentherapie treffen. Einer dieser Therapeuten meinte dazu: »Stecken Sie einmal zehn Patienten vom A-Typ zusammen in einen Raum, wobei natürlich alle miteinander rivalisieren und sich dauernd gegenseitig unterbrechen, und führen Sie ihnen dann ganz einfach einmal vor Augen, wie abscheulich eine solche Verhaltensweise im Grunde genommen ist.«

Die Beratung konzentriert sich auf vier wesentliche Gefühle und Verhaltensweisen: Ärger, Ungeduld, Erbitterung und Gereiztheit. Die Patienten machen bestimmte Übungen, um ihr Verhalten zu modifizieren. So tragen sie beispielsweise einmal eine Woche lang keine Uhr, oder man schlägt ihnen vor, sich vor einen Spiegel zu stellen und sehr viel zu lächeln.

Es ist nicht leicht, das Verhalten des A-Typs zu ändern. Wenn Sie nicht wissen, ob Sie zum A-Typ gehören – hier sind einige Hinweise: Der A-Typ bewegt sich zuwenig und ißt immer sehr schnell. Dieser Typ denkt häufig an zwei oder drei Dinge zugleich und fühlt sich fast immer irgendwie schuldig, wenn er sich gelegentlich auch noch einen kleinen Augenblick entspannt.

Offensichtlich passen das Verhalten des A-Typs und die positive Einstellung von der Liebe zum Leben und zu seinen Mitmenschen nicht besonders gut zusammen. Aggressivität, Ungeduld, Reizbarkeit und Wut tragen wenig dazu bei, Gefühle von Dankbarkeit für das Leben und für das, was es den Menschen schenkt, zu entwickeln. Eine Studie, die sich über einen Zeitraum von 20 Jahren erstreckt, hat gezeigt, daß aggressive Kinder, die schon früh der Tyrann der Klasse waren, als Erwachsene weniger erfolgreich sind, daß sie meistens schlechter bezahlte Jobs haben, und daß sie häufig schließlich arbeitslos oder sogar kriminell werden.

Dies wurde von einem Psychologieprofessor so kommentiert: »Ich glaube, Eltern sollten daraus den folgenden Schluß ziehen: Die überlieferte Ansicht, daß Dominanzbedürfnis und Aggression dazu führen, daß man sehr viel erreicht und im späteren Leben Erfolg hat, hält den wissenschaftlichen Ergebnissen nicht stand.« Tatsächlich kann sich ein hohes Maß an Aggressivität für den einzelnen sehr nachteilig auswirken. Eine statistische Analyse von Menschen, die in ihrer Kindheit bereits als Tyrannen bekannt waren, zeigt, daß die Wahrscheinlichkeit, daß sie bereits im Alter von Dreißig kriminell geworden sind, sehr hoch ist. Hinter Dominanzbedürfnis und Aggressivität finden wir immer wieder die folgende falsche Einstellung: »Nimm dir ohne Rücksicht auf andere, was du bekommen kannst. Der Zweck heiligt die Mittel.«

Die Wahrheit aber lautet:

Wenn du keine Rücksicht auf andere nimmst,
dann wirst du bald isoliert und erfolglos sein!

Die A-Typen schmoren in ihrem eigenen Saft vor sich hin und stehen sich selbst im Wege. Hans Selye meinte, unsere Vorfahren hätten es tatsächlich sehr viel leichter gehabt. In der Frühzeit der Menschheitsgeschichte gab es nur eine Alternative: Fliehe oder kämpfe! Heute, mit aller unserer Zivilisation und hohen Entwicklung, können wir nirgendwo hinflüchten, und wir können niemandem auf den Schädel schlagen, ohne es später zu bedauern. Die meisten von uns stecken in einer Art unsichtbarer Falle, und das kann zu einer ganzen Reihe von Streßkrankheiten, einschließlich Herzversagen, führen.

Um noch einmal Selye anzuführen: Angst und Widerstand als eine Art Lebensform führen zu früher Erschöpfung. Menschen, die dauernd in einem gefühlsmäßigen Aufruhr leben und sich fortwährend mit sich selbst beschäftigen, verbrauchen praktisch alle ihre Energiereserven schon vorzeitig, altern frühzeitig und verabschieden sich häufig nur allzu früh vom Leben.

Die Typus-B-Persönlichkeit lebt dagegen ein gelassenes und liebevolles, an Stelle eines streßerfüllten Lebens. Ein solcher Mensch ist dankbar für das, was das Leben ihm schenkt, und strahlt eine sehr seltene Eigenschaft aus: Zufriedenheit. Um der Beste zu sein ist es sicherlich günstiger, dem B-Typ als dem A-Typ anzugehören.

Setzen Sie sich besonders ein – und zwar jeden Tag?

In Viktoria der Hauptstadt der kanadischen Provinz British Columbia, in die sich jeden Sommer ein ganzer Strom von Touristen ergießt, welche die wunderlichen alten englischen Traditionen noch einmal genießen wollen, kann man in einer bestimmten Straße immer sehr viel – für dieses Städtchen ungewöhnliche – Aktivität und sehr viele Menschen beobachten. Schließlich gibt es doch eigentlich nichts Wichtigeres als die nachmittägliche Teestunde im Empress Hotel. (Übrigens heißt es, daß man in Victoria ins Gefängnis kommen kann, nur weil man zu schnell gegangen ist!)

Zuerst sieht das Gebäude aus wie eine typische Tankstelle, aber wenn Sie näher heranfahren, dann fallen Ihnen ganz bestimmte Dinge auf – das Firmenschild beispielsweise. Es ist nämlich nicht einfach nur das übliche Tankstellenzeichen. Auf dem Schild heißt es nämlich »Dunsmuir Super Service«, und der Inhaber Bob Dunsmuir meint das ganz ernst.

Sie haben sicherlich auch eine ziemlich lange Autoschlange vor sich, aber Sie sind bereit zu warten, weil Sie sofort erkennen, daß die Autofahrer sehr schnell und sehr tüchtig von einer kleinen Mannschaft von Hilfspersonal bedient werden, die über jedes Auto herfallen wie ein Bienenschwarm über den Honigtopf. Und wenn Sie einmal bei Dunsmuir Super Service auf den Geschmack gekommen sind, dann fühlen Sie sich, als hätten Sie zur Abwechslung einmal eine andere, sehr viel elegantere Art des Lebens genossen. Sie werden niemals mehr Ihr Auto an einer Station mit Selbstbedienung tanken wollen.

Die Hilfskräfte umschwirren das Auto, füllen den Tank und prüfen den Ölstand und die Reifen.

Natürlich können Sie das auch ablehnen und den jungen Leuten sagen, Sie möchten bitte keine Umstände machen – und man wird sich freundlich nach Ihren Wünschen richten.

Schließlich ist das oberste Ziel dieser Firma, den Kunden zufriedenzustellen. Das Hilfspersonal wird Ihnen dann versichern, daß es nur seine routinemäßigen Serviceleistungen erfüllt, und man wird Sie bitten, einmal ganz kurz auszusteigen. Wenn es Ihnen ähnlich ergangen ist wie mir, dann sind Sie bisher nur ein paar Mal von einem Polizisten oder vielleicht einmal von einem humorlosen Typen, der es nicht haben kann, daß man ihm von hinten ein wenig gegen die Stoßstange fährt, gebeten worden, auszusteigen. Sicherlich werden Sie, wenn auch etwas verwirrt, tatsächlich aussteigen und dann ziemlich verdutzt dabeistehen, während die jungen Leute dann die *Innenseite* Ihrer Fenster putzen und schließlich noch die Vorder- und die Rücksitze mit dem Staubsauger säubern.

Einmal ist ein ganzer Bus mit einer Baseballmannschaft bei Dunsmuir-Super-Service vorgefahren, um zu tanken. Während die Dunsmuir-Mannschaft die Innenseite von 32 Fenstern putzte und den ganzen Bus von einem Ende bis zum anderen Ende säuberte, standen die Baseballspieler staunend daneben. Wenn Sie Ihr Auto einmal für längere Zeit dalassen sollten, dann seien Sie nicht erstaunt, wenn Sie zurückkommen und es – kostenlos – gewaschen wiederfinden.

Diese speziellen Serviceleistungen bekommt jeder – ohne Ausnahme. Und als besondere Aufmerksamkeit erhalten jeden Freitag alle Autofahrer, die ihr Auto überprüfen oder waschen lassen, eine frische Nelke geschenkt. An der Dunsmuir-Super-Service-Station scheint jeden Tag die Sonne. Die kleinen Dinge bedeuten eben wirklich sehr viel!

Eine ander Serviceleistung, bei der mancher Kunde aus dem Staunen gar nicht mehr herauskommt, ist das besondere Angebot im Bereich von Reparatur und Service. Nicht nur, daß alle Mechaniker, die hier arbeiten, wirklich hervorragende Kräfte und bis auf die Knochen ehrlich sind, sondern man macht Ihnen noch ein ganz besonderes Angebot:

Wenn Ihr Auto am nächsten Morgen nach einer Dunsmuir-Service-Leistung nicht anspringt, dann wird ein Abschleppwagen geschickt, um es abzuholen. Und auf der Ladefläche dieses Abschleppwagens ist ein Leihwagen, den Sie den Tag über benutzen können – kostenlos. Ich habe ein- oder zweimal festgestellt, daß dies für ganz bestimmte Kunden von Mercedes-, Rolls Royce- oder Cadillac-Händlern angeboten wurde, aber bei meiner Tankstelle um die Ecke ist mir so etwas nie passiert.

Der Tankstellenbesitzer Bob Dunsmuir versteht, was eine besondere Leistung und ein besonderes Engagement für den Kunden zu bewirken vermögen. Wenn Sie andere so behandeln, wie Sie selbst behandelt werden möchten, dann werden Sie im geschäftlichen Bereich und in persönlichen Beziehungen langfristig erfolgreich sein. Dunsmuir hat eine sehr ungewöhnliche Taktik bei der Einstellung seines Personals. Er sucht ausschließlich Gewinner-Typen. Wie schafft er es, sich solche guten Kräfte an Land zu ziehen? Ganz einfach. Er macht seine Interviews mit Bewerbern für einen Job *ausschließlich* um sieben Uhr morgens.

»Auf diese Art und Weise«, so argumentiert er, »sehe ich sie schon, bevor sie sich herausgeputzt haben. Und wenn sie dann bei mir mit leuchtenden Augen und voller Energie um sieben Uhr morgens auftauchen, dann ist das bereits ein gutes Zeichen.«

Seine Hilfskräfte sind vor allem junge Männer und Frauen, die noch Studenten oder sonstwie auf dem Wege zu einem größeren Ziel sind. Dunsmuir ist der Ansicht, daß seine Super-Service-Station nicht nur der Ausgangspunkt für eine Tankstellenkarriere, sondern auch eine Art von »Karriereabschußbasis« sein kann. So wie bei den meisten Besitzern einer Tankstelle wechselt auch bei ihm ständig das Hilfspersonal, aber das macht ihm nichts aus. Er meint: »Wenn diese jungen Leute zu mir kommen und sich um einen Job bewerben, dann sage ich ihnen: ›Sehen Sie einmal,

Sie sind jetzt nur ein Sieger in einer Übergangsphase. Der Schlüssel zum Erfolg ist, das, was man macht, gut zu machen. Wenn Sie für Dunsmuir Super-Service-Benzin in Tanks füllen, dann müssen Sie versuchen, es so gut zu machen, wie Sie überhaupt können. Wenn Sie Benzin einfüllen und Leute bedienen, dann müssen Sie ihnen Ihr Bestes geben. Sie müssen sich bewußt sein, daß Ihr nächster Kunde auch Ihr nächster Chef sein kann!«

Und einige der Kunden sind vielleicht wirklich die zukünftigen Chefs dieser jungen Leute. Zu seinen Kunden gehören die in dieser Gegend führenden Persönlichkeiten – plus viele Besucher, die von weither kommen, um eine Kostprobe dieser schon fast ausgestorbenen Art von hervorragendem Service zu genießen. Bob ist häufig mit seinen früheren Hilfskräften in Kontakt geblieben und er weiß, daß Dutzende von jungen Männern und Frauen, die bei ihm gearbeitet haben, heute in ganz verschiedenen Bereichen hervorragende Positionen einnehmen. Einige davon sind erfolgreiche Versicherungsdirektoren, andere sind Verkaufsleiter für große Firmen oder auch Manager von großen Warenhausketten geworden. Es ist ganz einfach so, daß Leute, die einen Job bekommen und sehr schnell nach oben streben, diejenigen sind, die jeden Tag eine besondere Anstrengung machen – sogar dann, wenn sie Benzin in Tanks einfüllen und wenn sie in Autos staubsaugen.

Ein kleines »bißchen besser« macht den Riesenunterschied aus

Ich war schon immer der Meinung, daß es einfach einen kleinen Unterschied gibt zwischen denen, die von sich selbst das Beste geben und deshalb erfolgreich sind, und denen, die frustriert und erfolglos sind. Der Unterschied besteht darin, daß die einen eine gleichgültige und nega tive, die anderen eine positive und liebevolle Einstellung haben.

Als Bob Dunsmuir jene Tankstelle in Victoria aufkaufte, da hatte er eine Vorstellung davon, was eine Einstellung bewirkt. Statt einfach nur das Geld seiner Kunden im Austausch für Benzin anzunehmen und sie so schnell wie möglich wieder davonzuscheuchen, entschloß er sich, ihnen die Rote-Teppich-Behandlung zukommen zu lassen. Anstatt gleich darauf abzuzielen, einen riesigen Profit herauszuschlagen – warum es nicht mit einem exzellenten Service versuchen und abzuwarten, ob das gute Geschäft nicht von selbst kommt?

Und genau das tat er. Sicherlich kostete ihn das ein wenig mehr – aber vor allem an Anstrengung, nicht an Geld. Jene kleinen Extras wurden dann bei ihm zur Gewohnheit: ein Lächeln, etwas Höflichkeit, eine kleine Blume, jedes Auto mit dem Staubsauger zu reinigen – sowohl die Vorder- als auch die Rücksitze! –, das Bereitstellen von kostenlosen Ersatzautos und hochwertige Reparaturleistungen.

Anstatt eine Reparaturwerkstatt zu besitzen, die ihren Kunden vor allem das Geld aus der Tasche zieht und vielleicht sogar schlampige Arbeit leistet, sollte man besser wirklich tüchtige Mechaniker einstellen und sie gut bezahlen, so daß sie auch bleiben, erstklassige Leistungen anbieten und darüber hinaus jenes kostenlose Ersatzauto für seine Kunden bereitstellen. Schließlich schieben die meisten Leute die wichtigen Serviceleistungen nur deshalb immer wieder hinaus, weil sie es sich nicht leisten können, auch nur einen Tag ohne ihr Auto zu sein.

Die Idee von Dunsmuirs Super-Qualität-Service verbreitete sich sehr schnell und die Kunden kamen in Scharen. Mund-zu-Mund-Propaganda ist nicht nur kostenlos, sie verbreitet sich wie ein Schnellfeuer. Die Dunsmuir-Super-Service-Tankstelle macht wahrscheinlich ein um 100 Prozent besseres Geschäft als die nahe gelegenen anderen Tankstellen, die ähnlich günstig liegen und ähnliche Benzinsorten in ihren Tanks haben. Aber seine um 100 Prozent höheren Einkünfte kosten Dunsmuir nicht mehr als 10 Prozent dessen, was die anderen Tankstellen an Kosten verbuchen.

Als letzten Beweis, daß seine Philosophie wirklich stimmt, erzählte mir Bob Dunsmuir davon, wie er bei einem Motorradunfall in Boulder, Colorado, verletzt wurde. Er mußte insgesamt 7 Monate im Krankenhaus bleiben und sich dann noch lange Zeit zu Hause zur Erholung aufhalten. Während jener Zeit mußte er seine Tankstelle seinen Mechanikern und seinem Hilfspersonal überlassen. Wenn Sie über Tankstellen Bescheid wissen und darüber, wie leicht die Angestellten sich im Lager einmal ein Ersatzteil »beschaffen« und es zu einem »Freundschaftspreis« an Freunde verkaufen können, dann sollte man meinen, Bob Dunsmuir wäre bei seiner Rückkehr nahe am Bankrott gewesen. Aber sein Personaltraining machte sich bezahlt. Seine jungen Leute überprüften während seiner Abwesenheit wie üblich den Ölstand und den Reifendruck und putzten blitzschnell die Windschutzscheibe – von innen und von außen. Sie setzten sich voll ein, so als wäre Bob da.

Und, was vielleicht noch bedeutungsvoller ist: Alle seine Angestellten konnten seine Bücher einsehen. Sie wußten genau, wie hoch seine Kosten und seine normalen Einkünfte waren. Sogar als er nicht anwesend war, wurde nach derselben »Philosophie der Ehrlichkeit« gearbeitet.

Während der gesamten sieben Monate fehlte kein Cent in der Kasse, es gab keine Gewinneinbußen und keine fehlenden Werkzeuge oder Ersatzteile. Der einzige, der fehlte, war Bob Dunsmuir, aber das machte nicht viel aus. Er war sozusagen im Geiste anwesend – mit seiner Einstellung zu Tüchtigkeit, Freundlichkeit und Qualitätsbewußtsein, die sich nicht mit Geld erkaufen läßt.

Fragen Sie in Amerika einen Kanadier aus Toronto oder einen Amerikaner aus Vancouver und Victoria, ob sie jemals von Dunsmuir-Super-Service in Victoria gehört hätten. Sehr häufig werden Sie dann beobachten, wie die Augen leuchten und sich im Gesicht ein Lächeln breitmacht: »Natürlich! Ist es nicht unwahrscheinlich, wie der Laden läuft?«

Ich hörte zuerst von Bob Dunsmuir und seinem besonderem Engagement in einem Vortrag von Bill Gibson, einem bekannten Verkaufs- und Marketing-Berater. Bill und ich hielten gemeinsam ein Seminar in Vancouver ab, und ich war von der wahren Geschichte von Dunsmuir Super Service sehr beeindruckt.

Seltsam: Ich fuhr nach Kanada, um einen Kursus darüber, wie man der Beste ist, abzuhalten, und ich kam heim und hatte von Kanadiern gelernt, wie man es anstellt, der Beste zu sein. Nachdem ich mir Dunsmuir Super Service angesehen hatte, war ich darüber eigentlich nicht erstaunt. Ich habe niemals allein durch Redenschwingen etwas gelernt. Ich habe fast alles, was ich weiß, dadurch gelernt, daß ich mir das Leben ansah und die Wahrheit am eigenen Leib erfuhr.

Jeder dieser Menschen, Bob Dunsmuir, der Tankstellenbesitzer, Warren Spahn, der frühere Baseballstar, Sam Walton, der reichste Mann Amerikas, und Graciela Gonzales, die Lehrerin und Mutter, hat auf eine einzigartige, unerwartete Weise gelernt, wie man anderen Menschen dient und erfolgreich ist. Und doch haben alle ein unverwechselbares, wunderbares Geheimnis gemeinsam, die ganz besondere Eigenschaft, die einen »Fünf-Sterne-Menschen« auszeichnet: Sie alle glauben, daß es besser sei, anderen liebevoll zu dienen, als immer nur auf seinen eigenen Vorteil bedacht zu sein. Diese liebevolle Einstellung zum Leben und ihren Mitmenschen gegenüber ist das Geheimnis des Erfolgs.

Nachwort: Wie mißt man den Erfolg?

Erfolg ist etwas sehr Persönliches. Für jeden von uns bedeutet er etwas anderes. Für 95 Prozent aller Familien dieser Erde besteht Erfolg bereits dann, ein wenig Land zu besitzen, irgendeine bezahlte Arbeit zu haben, um die Kinder so großziehen zu können, daß sie gesund aufwachsen.

Erfolg wird heutzutage bei uns gewöhnlich mit materiellem Wohlstand in Zusammenhang gebracht, mit Berühmtheit und sozialem Status. In diesem Buch dagegen habe ich etwas anderes zu zeigen versucht: daß Sie nicht dadurch, was Sie bekommen, erfolgreich werden, sondern dadurch, *was Sie mit dem, was Sie bekommen haben, machen.*

Es scheint, daß Glück und Erfüllung in dem Reichtum der Erfahrungen, die man macht, liegen und nicht in dem flüchtigen Moment, in dem man erkennt, daß man angekommen ist. Sie können nicht den Erfolg erlangen und sich dann zurücksetzen und sich daran erfreuen wie an einem riesigen Lutscher, der niemals aufgeschleckt ist. Deshalb bleiben wir bei vielen der irreführenden Selbsthilferatschläge innerlich leer und sehnen uns nach der Wahrheit. Erfolg ist kein Ziel, er ist eine Möglichkeit zu reisen. Wie einer meiner Seminarteilnehmer es einmal formulierte: »Der Weg zum Erfolg wird immer gerade im Moment gebaut.«

Ein Gefühl von innerer Freude und Erfolg scheint sehr viel schwerer zu erlangen sein als ein luxuriöses Auto, ein Reitpferd oder ein Schloß mit einem Weinkeller. Um uns tief innen erfolgreich zu fühlen, müssen wir verstehen, warum wir erschaffen worden sind, wer wir sind und was wir im Leben eigentlich wollen.

Ein reicher, glücklicher und erfolgreicher Grundstücksmakler in Manhattan sagte mir einmal: »Ich hätte in mei-

293

nem Leben noch sehr viel mehr Geld machen können, aber ich habe es vorgezogen, nachts gut zu schlafen.« Dieser Makler hatte die ideale Harmonie von innerem und äußerem Erfolg gefunden, aber nur, weil er erkannte, daß aller Erfolg von innen nach außen gebaut werden muß.

Eine der Freuden des Lebens ist es, nach einem guten Tag ehrlicher Arbeit zufrieden einzuschlafen. Menschen, die in ihren eigenen Betten keinen Frieden finden können, suchen ihn häufig auf der Couch des Psychiaters. Psychiater werden oft dadurch reich, daß sie Menschen beraten, die ihren Verdienst nicht genießen können. Menschen, die alles zu haben scheinen, gehen von einem Therapeuten zum anderen. Sie konsultieren Psychologen, Gurus und Bestseller und dann erneut einen Therapeuten bei dem Versuch, ein wenig mehr Freude in ihrem Leben zu finden. Trotz aller äußeren Erfolgs»dekorationen« tragen sie die schwere Last der inneren Leere.

Menschen, die sofort das »Vergleichsspiel« spielen, werden leicht von Gefühlen von Wertlosigkeit und Frustration überwältigt. Wenn sie andere sehen, die schicker, jünger oder klüger sind und dazu auch noch besser aussehen, dann ist die automatische Schlußfolgerung, daß die anderen eben besser seien als sie selbst, daß die anderen, nicht man selbst, das Beste verdient hätte.

Wirklicher Erfolg kommt Schritt für Schritt an jedem Tag!

Wir haben gesehen, daß der Erfolg, den andere haben, nur wenig mit dem persönlichen Erfolg zu tun hat. Wirklicher Erfolg wird nicht daran gemessen, was andere sagen oder erreichen. Obwohl wir alle dazu neigen, uns dauernd mit anderen zu vergleichen, wissen die Leute, die wirklich glücklich sind, genau, daß sie im Grunde genommen nicht mit anderen wettstreiten müssen. Ihr Erfolg kommt daher, daß sie einfach ihr Bestes geben – auf der Grundlage ihrer Talente und Fähigkeiten.

Anstatt deshalb etwas erreichen zu wollen oder eine Sache zu tun, um die Welt oder die Menschen seiner Umgebung zu beeindrucken, versuchen Sie lieber, etwas zu tun, das schön und ausgezeichnet ist und die Herzen anderer Menschen erwärmt. Nehmen wir beispielsweise einmal an, Sie versuchen, ein bestimmtes Stück auf dem Klavier zu spielen. Sie üben lange und ausdauernd und dann beherrschen Sie es schließlich. Vielleicht spielen Sie das Stück wirklich eines Tages für einen oder viele Zuhörer, aber das ist nicht der Grund, warum sie versuchen, es zu meistern. Sie tun es, weil es Ihnen Freude macht, Ihr Bestes zu geben. Sie brauchen niemanden, der Sie selbst oder Ihre Fähigkeiten beurteilt. Ihr eigentliches Publikum ist Gott und Ihre eigene Selbstachtung.

Deshalb ist es auch sinnlos, Erfolg in einem tollen Paket mit der Aufschrift »An der Spitze« zu suchen. Wie wir in der Geschichte von der Raupe Stripe und dem Falter Yellow gesehen haben, ist dort oben nichts Dauerhaftes oder Befriedigendes. Wirklicher Erfolg entsteht jeden Tag in kleinen Schritten: in einem Lächeln, einer Umarmung, einem Sonnenaufgang oder Sonnenuntergang, im Sand zwischen den Zehen, durch einen zufriedenen Kunden, das glückliche Plappern eines Kindes, den Duft von Lilien, er kommt von einer Hand, die sich ausstreckt, einem Telefonanruf von einem Freund, einem Baum, einer leckeren Mahlzeit, die ohne Hast eingenommen wird. Die Möglichkeiten sind endlos, aber die Minuten, die uns gegeben sind, um die kleinen Erfolge des Lebens zu genießen und wertzuschätzen, sind es nicht.

Wenn es besonders eines gibt, von dem ich möchte, daß meine Kinder es von mir lernen, so ist es die Fähigkeit, mich an den kleinen Schätzen, die das Leben mir jeden Tag schenkt, zu erfreuen. Es ist das Wichtigste, was ich bei meinem Nachdenken und meinen Nachforschungen über den Erfolg entdeckt habe.

Die wichtigsten vier Worte, die Sie zu sich selbst sagen können, sind: Ja, das kann ich!

Und seien Sie sich immer dessen bewußt: Es ist gar nicht so schwer, ein »Fünf-Sterne-Mensch« zu sein. Beginnen Sie zunächst einmal, indem Sie sich Ihren gottgegebenen inneren Wert bewußt machen. Hinzu kommt dann die Selbstachtung, die aus Ihrer absoluten und kompromißlosen Rechtschaffenheit erwächst. Fügen Sie dem ein höheres Lebensziel hinzu, gebrauchen Sie als nächstes einen Schuß Disziplin und ergänzen Sie das Ganze mit dem fünften, seltenen Stern der liebevollen Einstellung zum Leben, dann haben Sie alle fünf Sterne beisammen. Erfolg zu haben, bedeutet nicht mehr und nicht weniger, als sein Bestes zu geben und in allem, was man tut, nach eigenen Maßstäben der Beste zu sein.

Pastor Charles Swindoll, einer der führenden Prediger in Amerika, schickt den sechstausend Mitgliedern seiner Kirche eine wöchentliche Zeitschrift mit einer Kommentarspalte mit der Überschrift: »Zum Nachdenken.« In einer der letzten Ausgaben wurde betont, wie wichtig es ist, das Herz vor Heuchelei zu bewahren, denn seine unbezahlbaren Schätze sind in Gefahr, wenn der Kopf durch den sogenannten süßen Duft des Erfolgs umnebelt ist. In derselben Kolumne zitierte Swindoll Worte von Ralph Waldo Emerson, die auf wunderschöne Weise den Kern der Wahrheiten, nach denen wir in diesem Buch gemeinsam gesucht haben, zusammenfassen. Dieses Gedicht hängt auch an der Wand über meinem Schreibtisch, wo ich es häufig ansehen kann. Es ist eines meiner Lieblingsgedichte, und ich hoffe, es gefällt auch Ihnen:

Wie mißt du den Erfolg?
er bedeutet, häufig und viel zu lachen;
die Achtung von intelligenten Menschen zu gewinnen;
die Wertschätzung ehrlicher Kritiker zu gewinnen
und den Betrug falscher Freunde aushalten zu können;
Schönheit schätzen zu können;
das Beste in anderen sehen und finden zu können;
die Welt ein wenig besser zurückzulassen,
sei dies nun durch ein gesundes Kind,
ein blühendes Gartenbeet,
eine soziale Tat oder eine gut gemachte Arbeit;
zu wissen, daß es einem anderen Menschen
freier und leichter ums Herz war,
weil du gelebt hast –
das heißt: Erfolg gehabt zu haben.